本书是内蒙古自治区经济学品牌专业建设项目成果之一
本书是内蒙古自治区重点建设专业的教学研究成果之一

经济学专业课教学方法改革与探索

杨蕴丽 乌日陶克套胡 刘涛 等编著

中国社会科学出版社

图书在版编目（CIP）数据

经济学专业课教学方法改革与探索/杨蕴丽等编著．—北京：中国社会科学出版社，2015.12
ISBN 978-7-5161-7454-8

Ⅰ.①经… Ⅱ.①杨… Ⅲ.①经济学—教学法—教学改革—研究—中国 Ⅳ.①F0-42

中国版本图书馆 CIP 数据核字（2015）第 309677 号

出 版 人	赵剑英
责任编辑	戴玉龙
责任校对	韩海超
责任印制	戴 宽
出　　版	中国社会科学出版社
社　　址	北京鼓楼西大街甲 158 号
邮　　编	100720
网　　址	http://www.csspw.cn
发 行 部	010-84083685
门 市 部	010-84029450
经　　销	新华书店及其他书店
印刷装订	三河市君旺印务有限公司
版　　次	2015 年 12 月第 1 版
印　　次	2015 年 12 月第 1 次印刷
开　　本	710×1000 1/16
印　　张	17.5
插　　页	2
字　　数	281 千字
定　　价	65.00 元

凡购买中国社会科学出版社图书，如有质量问题请与本社营销中心联系调换
电话：010-84083683
版权所有　侵权必究

设法提高本科教学质量(代序)

乌日陶克套胡

一所大学之"大",源于本科教学之"大"。这个"大"不是数量之大,而是质量之"大"。本科教学质量是大学的基石,抓好本科教学质量是办好大学的基础。内蒙古师范大学经济学院成立于2006年,是师范大学里的非师范专业学院。目前有经济学、人力资源管理、会计学和农村区域发展四个本科专业。本书主要是经济学本科专业16门主干课程近十年教学实践的总结,也是开展教学研究的阶段性成果,更是落实本科教学质量工程的大胆探索和实践。大学教师研究和探讨教学方法是提高本科教学质量的重要环节,也是提高教学能力和科研能力的重要手段。

一 充分认识提高本科教学质量的重要性

首先,教书育人是任课教师神圣的职责。每一位大学教师,都要始终牢记我们是光荣的人民教师,是道德高尚、人格健全、学生学习的榜样。我们的学生、家长、用人单位都关注着大学教师的一举一动,一言一行。我们是立德树人的倡导者、引领者和实践者。对大学生进行人生观、世界观、价值观教育,培养有正能量的接班人是党和政府交给我们的重要任务。高尚的人格是大学教育的"灵魂",更是大学生人文素养提升的重要标志。著名的教育学家陶行知先生说过:"学高为师,身正为范"。我们应倒过来说,"身正为范、学高为师",即先做人,后为师。"身正为范"就是修身立德,立德就要塑造良好的人格、提升自己的道德水准。我们做到了信念坚定、情操高尚、心情稳定、行为优雅、形象洒脱,才能得到学生的拥护和爱戴,才能影响、感染和引导学生,使他们逐渐养成高尚的人格和健全的人性。兢兢业业"立德树人"的过程,也是感受学生成长、成功和成才的过程。

有什么样的教育理念和教学方法，就有什么样的教学行为，就能培养出什么样的学生。因此，为了提高人才培养质量，必须更新教学方法，培养学生的科学精神。科学精神主要包括怀疑精神、批判精神、实证精神和分析精神。马克思在《〈黑格尔法哲学批判〉导言》中提到：即"批判的武器不能代替武器的批判"。学生具备了科学精神，才能发挥他们的创新思维潜能和创造能力。提高学生学习主动性、提高学生的动手能力和创新能力是评判教学质量的主要标准。

（一）提高本科教学质量是落实国家教育方针政策的举措

2002年4月，教育部正式启动"高等学校教学质量和教学改革工程"，2005年通过了"关于进一步加强高等学校本科教学工作的若干意见"，2010年颁布了"国家中长期教育改革和发展规划纲要（2010-2020年）"，2012年召开全面提高高等教育质量工作会议，颁布了"关于全面提高高等教育质量的若干意见"，启动实施了"高等学校创新能力提升计划"。目前，教育部正在各地进行本科教学审核评估工作。为了贯彻落实国家、自治区关于加强本科教学的一系列文件精神，学校全面总结了"十二五"时期的教学工作，制定了"十三五"时期教学工作的基本思路和主要任务。学校各二级学院的首要任务就是落实这些方针和政策，为社会输送高质量的人才。人才培养是大学的第一使命，是高等教育的生命线，是国家实现可持续发展和增强综合国力的关键。教学是人才培养的主渠道。通过教学改革，提高教学质量，提高教学效果，激发学生学习的积极性，是任课教师的基本职责。

随着社会主义市场经济体制的不断完善和经济结构的战略性调整，包括家长、学生、教师、用人单位在内的社会各方，都对高校教育质量问题给予了越来越多的关注，提出了更高的要求。我们必须始终坚持教学工作的中心地位不动摇，把教学质量视为大学发展的生命线，正确处理好提高人才培养质量与发展规模、教学与科研、教学与社会服务、文化传承与创业等关系，抓住机遇，迎接挑战，严把质量关，使我们的本科办学质量迈上一个新台阶。

（二）提高本科教学质量的关键在于"教能得法"

一名高校教师，必须具备扎实的专业基础和渊博的知识体系，才能做到"学高为师"。教师作为人类文明的传承者和传播者，不仅要严格要求学生在学业上有所成就，更应严格要求自己熟悉专业领域的相关课程和课程体系，构建自己的专业架构，成为行家里手。

一个大学教师，不仅讲好课程，还要进行科学研究。科学研究中的一个重要内容就是教学研究，这是本科院校教师的基本职责之一。"教学"二字，可以分为"教"和"学"。何谓"教"？如何"教"？何谓"学"，如何"学"？"教"的前提就是自己"学"好。教师首先要"学"，不仅自己学习专业领域相关课程的基本原理、基本知识及其知识发展脉络，还要学习党的主要会议和决议、学习专业经典著作、学习专业学术前沿、学习教学方法、学习和熟悉社会经济实际情况，才能做好"教"的环节。不仅自己要"学"，而且要教会学生掌握"学"的方法，使学生养成独立学习的能力。"教"不是灌输，而是一种艺术或技能。研究"教"和"学"，就是我们教学研究的主要内容。

我们的教师，必须熟悉人才培养方案，在比较不同版本的教科书（教材）、熟悉教学大纲、教学目标、教学日历、教学参考书和实验教学的基础上写好教案、制作PPT，不断充实教案，才能在讲课时思路清晰、深入浅出，圆满完成学校交给的教学任务，使学生学到了真知识、真本事、真功夫，为社会培养合格的人才。

（三）加强本科教学是经济学院创建一流本科教育的必然选择

学生选择学院和专业、学院吸引优秀生源、毕业生的就业率等都取决于学院的教学质量和人才培养质量，经济学院要遵从教育部"关于加强高等学校本科教学工作提高教学质量的若干意见"，努力做到把人才培养放在首要地位，实现教学工作规范化、制度化，探索新形势下，具有经济学院特色的人才培养模式，培养出基础扎实、素质全面、专业突出、动手能力强、具有创新精神、能满足西部民族地区经济和社会发展需要的经济管理人才。

二 适应"新常态"，认真修改人才培养方案

提高本科教学质量工程中的一个关键环节就是制定"人才培养方案"。人才培养方案质量的高低直接影响整个教学过程和教学效果。目前，我校正在全面修订人才培养方案。本次修订的人才培养方案，尽量贴

近社会经济实际，努力提高学生的适应新的经济发展现状、提高学生观察经济现象，发现经济规律，解决现实经济问题的能力。适应新常态的经济学专业培养方案应该注意三点：

一是体现厚基础、宽口径，发挥学科综合优势和发展更新的能力，面对"新常态"、面对经济领域的新变化，适度增加跨学科教育、跨专业教育、通识教育和创新创意教育，使我们培养的学生能够适应社会需求，适应"大众创业"、"万众创新"的新要求。

二是要体现培养人才的专业特点。要优化课程体系，打破学科课程之间的壁垒，加大选修课的比重，让学生有更多选择的机会，有自我组建知识结构的机会，有一定个人兴趣爱好的自学时间。

三是认真研究课程之间，必修课、专业必修课、专业任选课和任选课之间的教学内容的重叠、空缺及裂缝等问题。

本书在梳理经济学专业主干课程发展历程及建设现状的基础上，概括教材体系演进及其特点，评价传统教学方法的效果及其挑战，重点研究某一教学方法的创新运用或构建课程教学方法体系。梳理已有研究成果，"思维脉络图"教学法、双语互动教学法、EDP教学模式、案例教学法、比较教学法、项目教学法、参与式教学、"教学研"一体化教学、主体讨论法、研究性学习等对经济学专业任课教师改革教学方法、提高课堂教学质量具有一定的参考价值。

本书是一个师范大学的非师范专业的教师们对如何在师范大学里办好非师范专业，提高非师范专业教学质量的探索。观点不一定全面，甚至不一定全对，却是教师们辛苦十年的结晶。虽然还有些像"爱因斯坦的第一支小板凳"，但是如果能在经济学专业课发展史、专业课教学方法、教材体系演进、教学设计优化等方面起到抛砖引玉的作用，全体作者就倍感欣慰了。

目　录

导　论 ··· 1
  一　研究背景：人才需求变化倒逼教学方法革新·················· 1
  二　研究目的：加强专业建设与训练培养师资······················ 1
  三　研究方法：问卷、访谈与文献法相结合························ 2
  四　研究思路：课程发展、教材演进与方法革新·················· 3
  五　研究意义：基于能力培养的教学方法革新······················ 3

第一章　《政治经济学》教学方法改革与探索 ····················· 4
  第一节　"政治经济学"发展史 ·· 4
    一　"政治经济学"的产生与发展 ································ 4
    二　新中国成立以来"政治经济学"的传播与发展 ·············· 7
    三　我国"政治经济学"课程设置的历程回顾 ··················· 10
    四　我国政治经济学教科书的体系演进 ·························· 13
  第二节　"政治经济学"课程教学研究述评 ···························· 22
    一　我国政治经济学课程教学研究回顾 ·························· 22
    二　传统教学法面临的时代挑战 ·································· 25
  第三节　"思维脉络图"教学法及其应用 ······························ 27
    一　运用思维脉络图的必要性 ···································· 27
    二　思维脉络图教学法的理论基础 ······························· 29
    三　思维脉络图教学法的主要工具 ······························· 31
    四　思维脉络图教学法的实施过程 ······························· 33
    五　运用思维脉络图教学法的初期效果 ·························· 35

第二章　《西方经济学》教学方法改革与探索 ····················· 37
  第一节　《西方经济学》课程教育发展史 ···························· 37

一　课程发展史 …………………………………………… 37
　　二　教材体系演进情况 …………………………………… 40
第二节　西方经济学教学问题及其成因分析 ………………… 42
　　一　西方经济学教学中存在的主要问题 ………………… 42
　　二　西方经济学教学问题成因分析 ……………………… 45
　　三　提升《西方经济学》教学效果的对策 ……………… 46
第三节　多媒体教学在微观经济学课程中的应用 …………… 48
　　一　微观经济学课程应用多媒体教学的意义 …………… 49
　　二　微观经济学多媒体教学的设计思路 ………………… 52
　　三　微观经济学多媒体教学中应该注意的几个问题 …… 53

第三章　非财会专业《会计学》教学方法改革与探索 ……… 54

第一节　《会计学》课程教育发展史 ………………………… 54
　　一　课程设置历程 ………………………………………… 54
　　二　教学目标与内容不稳定 ……………………………… 56
第二节　传统教学方法：效果评估与时代挑战 ……………… 58
　　一　传统教学方法概述 …………………………………… 58
　　二　传统教学方法的效果评估 …………………………… 58
　　三　传统教学方法面临的挑战 …………………………… 59
第三节　《会计学》课程教学改革与创新 …………………… 60
　　一　明确教学目标，在日常教学中始终贯彻这一目标 … 60
　　二　改革教学内容，充分考虑不同专业的需求 ………… 60
　　三　完善教学方法与手段 ………………………………… 61
　　四　完善教材的编著 ……………………………………… 64
　　五　改进教学效果评价机制，采取多种考核方式 ……… 64

第四章　《统计学》教学方法改革与探索 …………………… 66

第一节　《统计学》课程教育发展史 ………………………… 66
　　一　课程设置历程 ………………………………………… 66
　　二　教材内容更新 ………………………………………… 67
第二节　传统教学方法：效果评估与时代挑战 ……………… 68
　　一　传统教学方法概述 …………………………………… 68

二　传统教学方法的效果评估 …………………………………… 70
　　三　传统教学方法面临的挑战 …………………………………… 70
　第三节　《统计学》课程教学方法改革与创新 …………………… 71
　　一　以"学生自主"为核心，探索统计教学新模式 ………… 72
　　二　"六法"并用，实现教学方法多元化 …………………… 72
　　三　以多元统计能力综合测试为重点，实现考核方式多
　　　　样化 ……………………………………………………………… 75

第五章　《金融学》教学方法改革与探索 ……………………………… 76
　第一节　《金融学》课程教育发展史 ………………………………… 76
　　一　金融及金融学释义 …………………………………………… 76
　　二　金融学基础理论课程设置 …………………………………… 78
　　三　从《货币银行学》到《金融学》的转变 ………………… 79
　第二节　传统教学方法：效果评估与时代挑战 …………………… 84
　　一　传统教学方法概述 …………………………………………… 84
　　二　传统教学方法的效果评估 …………………………………… 86
　　三　传统教学方法面临的挑战 …………………………………… 86
　第三节　《金融学》课程教学方法改革与创新 …………………… 87
　　一　教师教法的改革 ……………………………………………… 88
　　二　学生学法指导 ………………………………………………… 88
　　三　课堂模式创新 ………………………………………………… 89

第六章　《国际经济学》教学方法改革与探索 ………………………… 91
　第一节　《国际经济学》国内外教育发展史 ……………………… 91
　　一　国外《国际经济学》的历史演进 ………………………… 91
　　二　国内《国际经济学》的发展历程 ………………………… 96
　第二节　《国际经济学》的典型教学法及其问题 ………………… 98
　　一　国际经济学的典型教学法 …………………………………… 98
　　二　国际经济学课程教学的问题分析 ………………………… 100
　第三节　《国际经济学》教学方法体系的构建 …………………… 103
　　一　国际经济学教学方法的构建路径 ………………………… 103
　　二　双语互动教学模式的应用 ………………………………… 104

第七章 《财政学》教学方法改革与探索 …… 107

第一节 《财政学》课程教育发展史 …… 107
一 课程设置历程 …… 107
二 教材内容更新 …… 109
三 教学方法演进 …… 111

第二节 传统教学方法：效果评估与时代挑战 …… 112
一 传统教学方法概述 …… 112
二 传统教学方法的效果评估 …… 113
三 传统教学方法面临的挑战 …… 114

第三节 《财政学》课程教学方法改革与创新 …… 116
一 深化"案例式教学" …… 116
二 培养"研究性学习" …… 118
三 注重"因材施教" …… 119

第八章 《计量经济学》教学方法改革与探索 …… 121

第一节 《计量经济学》课程教育发展史 …… 121
一 《计量经济学》的课程发展 …… 121
二 我国计量经济学教学与研究的演进 …… 123

第二节 传统教学方法的效果评估 …… 124
一 传统教学方法介绍 …… 124
二 传统教学方法的效果评估 …… 125
三 传统教学方法中的问题分析 …… 127

第三节 EDP教学模式的构建 …… 128
一 EDP教学模式概述 …… 129
二 EDP教学模式的构建 …… 129

第九章 《管理学》教学方法改革与探索 …… 132

第一节 《管理学》课程教育发展史 …… 132
一 课程设置历程 …… 132
二 教材内容更新 …… 134
三 教学方法演进 …… 136

第二节　传统教学方法：效果评估与时代挑战……………… 137
　　　　一　传统教学方法概述……………………………………… 137
　　　　二　传统教学方法的效果评估…………………………… 138
　　　　三　传统教学方法面临的挑战…………………………… 139
　　第三节　案例教学法在《管理学》中的运用……………… 140
　　　　一　案例教学在《管理学》教学中的重要性…………… 140
　　　　二　案例教学在我国《管理学》教学实施中的困境…… 141
　　　　三　推行案例教学、提高教学效果的对策……………… 143

第十章　《经济学说史》教学方法改革与探索………………… 147
　　第一节　《经济学说史》课程教育发展史………………… 147
　　　　一　课程设置历程………………………………………… 147
　　　　二　教材内容更新………………………………………… 149
　　　　三　教学方法演进………………………………………… 150
　　第二节　传统教学方法评价………………………………… 151
　　　　一　传统教学方法概述…………………………………… 151
　　　　二　传统教学方法的效果评估…………………………… 153
　　　　三　传统教学方法面临的挑战…………………………… 157
　　第三节　《经济学说史》课程教学方法改革与创新……… 160
　　　　一　《经济学说史》课程特点…………………………… 160
　　　　二　《经济学说史》教学中存在的问题………………… 162
　　　　三　教学方法的改革……………………………………… 164

第十一章　《〈资本论〉选读》教学方法改革与探索………… 168
　　第一节　《资本论》教学的历史沿革……………………… 168
　　　　一　《资本论》选读课程设置历程……………………… 168
　　　　二　教材内容的更新……………………………………… 170
　　　　三　教学方法的演进……………………………………… 172
　　第二节　新时期《资本论》教学方法面临的挑战与机遇……… 174
　　　　一　新时期《资本论》教学方法面临的挑战…………… 174
　　　　二　《资本论》教学的新机遇…………………………… 177
　　第三节　新时期改进《资本论》教学方法的措施………… 179

一　构建自主式、开放式、启发式教学方法……………… 179
　　　二　重点讲解《资本论》的脉络、结构及方法论 ………… 182
　　　三　在与西方经济理论比较中突出《资本论》的科学性 … 185

第十二章　《区域经济学》教学方法改革与探索　187

第一节　课程教育发展史……………………………… 187
　　　一　课程设置历程…………………………………… 187
　　　二　教材内容更新…………………………………… 188
　　　三　区域经济学教学中的主要问题………………… 190

第二节　传统教学方法效果评估……………………… 191
　　　一　传统教学方法概述……………………………… 191
　　　二　传统教学方法效果分析………………………… 191

第三节　课程教学方法改革与创新…………………… 193
　　　一　加强教学实践环节，提高理论联系实际能力… 193
　　　二　教学手段和方法多样化，着力提升教学效果… 195
　　　三　完善教学考核方式，保障教学效果…………… 196
　　　四　建立"教—学—研"一体化实践性教学模式 … 197

第十三章　《产业经济学》教学方法改革与探索　198

第一节　《产业经济学》国内外教育概况 ……………… 198
　　　一　国外《产业经济学》的演进概况……………… 198
　　　二　国内《产业经济学》的发展历程……………… 201

第二节　课程体系改革与教学方法研究述评………… 204
　　　一　课程体系改革研究……………………………… 204
　　　二　教学方法优化研究述评………………………… 207
　　　三　实践教学的组织方式问题……………………… 208

第三节　项目教学法在《产业经济学》中的应用 …… 209
　　　一　专业转型背景下的教学目标改革……………… 209
　　　二　典型的课程训练方式比较……………………… 209
　　　三　项目教学法在产业经济学中的运用…………… 211
　　　四　优化项目教学法的路径选择…………………… 212

第十四章 《劳动经济学》教学方法改革与探索 ……… 214

第一节 《劳动经济学》课程教育发展史 ……… 214
一 课程设置历程 ……… 214
二 教材内容更新 ……… 217
三 教学方法演进 ……… 218

第二节 传统教学法的内涵及其利弊 ……… 219
一 传统教学方法概述 ……… 219
二 传统教学法的优点 ……… 220
三 传统教学法的缺点 ……… 221

第三节 参与式教学法在《劳动经济学》教学中的应用 ……… 223
一 参与式教学方法概述 ……… 223
二 应用参与式教学法的程序与方法 ……… 225

第十五章 《人口、资源与环境经济学》教学方法改革与探索 …… 228

第一节 课程教育发展史 ……… 228
一 课程设置历程 ……… 228
二 教材内容更新 ……… 229

第二节 传统教学方法及其效果分析 ……… 231
一 传统教学方法概述 ……… 231
二 传统教学方法的效果分析 ……… 232

第三节 《人口、资源与环境经济学》教学方法改革 ……… 234
一 主题讨论法 ……… 234
二 案例教学法 ……… 235
三 多媒体教学法 ……… 237

第十六章 《新制度经济学》教学方法改革与探索 ……… 239

第一节 《新制度经济学》课程发展概述 ……… 239
一 《新制度经济学》的课程发展概况 ……… 239
二 《新制度经济学》的课程特点 ……… 240

第二节 《新制度经济学》教学效果评估 ……… 240
一 《新制度经济学》整体教学效果 ……… 241

二　《新制度经济学》教学方法效果评估……………… 241
　　三　传统教学方法中存在的问题…………………………… 244
第三节　《新制度经济学》研究性学习模式的构建………… 246
　　一　"研究性学习"的内涵特征…………………………… 246
　　二　研究性学习模式的构建……………………………… 247
　　三　研究性学习模式的教学效果………………………… 249

参考文献……………………………………………………… 251

后　记………………………………………………………… 265

导　论

一　研究背景：人才需求变化倒逼教学方法革新

管理学学者派瑞曼1984年指出："到下世纪初，美国将有3/4的工作是创造和处理知识。"持续不断地学习不仅是获得工作的先决条件，而且是一种主要的工作方式。对于很多行业来说，这种情况现在已经成为事实。知识经济时代，要求学生不断发现新规律，掌握新技能，提升学习力。学习的本质在于学习力，是把知识资源转化为知识资本的学习动力、学习毅力和学习能力的总和。然而，我国高等教育质量不容乐观。《国家中长期教育改革和发展规划纲要》（2010—2020年）提出，要把提高质量作为教育改革发展的核心任务，要求各高校"着力提高学生的学习能力、实践能力和创新能力"。

从学前班到大学毕业，学生在学校要度过十七八个年头，学校教育和教学方法对培养出什么样的人才会产生至关重要的影响。教学方法是教师和学生为达到教学目的而开展教学活动的方式方法。教学方法改革是实现人才培养目标、提高人才培养质量的重要因素，是深化教学改革的重要内容。教学方法改革，涉及每一门课程、每一位教师，教学方法优化的过程，就是教师端正教学观念、研究教学内容、分析教学对象、改进教学手段的过程。

经过二百多年的发展，经济学专业已经形成庞大而完整的体系。经济学专业课教学，对理论性和实践性都有较高要求。在经济迅速发展的历史阶段，社会需要大量的经济专业实践人才和经济理论人才。但是，过去"填鸭式"教学方法将学生看成知识"存储器"，忽略对理论思维能力和动手实践能力的培养。因此，知识经济时代的人才需求，倒逼经济学专业课的教学方法改革。

二　研究目的：加强专业建设与训练培养师资

内蒙古师范大学经济学专业，2009年被确定为内蒙古自治区品牌专业。在品牌专业建设过程中，基于社会对专业人才的需求和经济学专业教育本身的特点，经济学专业三次修改和完善人才培养方案、教学大纲，并鼓励任课教师开展教学方法研究和改革。通过教学方法研究，出了一批教学成果。2010~2013 年，经济学专业课任课教师发表教学改革论文 8 篇，"经济学专业主干课蒙汉双语教学团队" 2013 年被评为 "自治区级教学团队"，"经济学专业课教学改革与模式拓展" 2014 年被评为 "内蒙古师范大学第十二届教学成果一等奖"。

为了培养学生的思维能力和动手能力，提升经济学专业课教学质量，建设自治区品牌专业，拓展以上教学研究的受益面，经济系组织主干课任课教师加强教学研究，梳理课程发展历史，反思传统教学方法的主要问题与挑战，探索有效提升学习能力的新教学方法，编撰成本书。

通过本书，一是总结学术界已有的和任课教师自己探索的优秀教学方法，供同行探索借鉴；二是促动青年教师加强教学研究，实现教学与科研互动互促；三是加强新任课教师的教育学理论和课程教学论学习，培养教学研究意识。"教学有法，但无定法，贵在得法"，我们希望通过编写本书，促使更多的教师去探索如何改进教学方法，更新教学理念，优化教学模式，提高课堂教学质量。

三　研究方法：问卷、访谈与文献法相结合

（一）问卷调查法

问卷调查，是了解学生对所学课程评价的重要方法。教学研究中，国际经济学、计量经济学、新制度经济学等课程任课教师均通过问卷，获得学生对课程教学方法、教学过程与教学效果的评价与反馈。基于此，判断教师已采取的教学方法改革是否与学生的需求相一致，明确进一步改进的方向。

（二）重点访谈法

学生是教学的主体。有的学生对某些课程应该 "如何上、如何学" 有很多思考。有的教师在教学过程中，善于发现这些 "金点子" 学生，并和他们畅谈，进而了解学生的真实诉求、努力动机与课改建议，指导教学方法改革。研究中，产业经济学、劳动经济学、财政学等任课教师该方法运用突出，有很多意想不到的收获。

（三）文献检索法

本书的重要内容之一是梳理课程演进历史和学术界已有的教改成果，

其重要手段是进行文献检索。研究中，政治经济学、西方经济学、经济学说史、《资本论》选读等课程借助中国知网和其他互联网资源对课程发展历程、教材与教学方法改革等进行了细致的梳理。

科学研究本身必须尊重创新精神。对于专著、论文和教材等的创新性，国内外均采用书面公开原则。为了尊重各位专家学者的首创劳动，也为了将各门课程的课程发展、教材演进和方法革新按照逻辑与历史相统一的方法呈现给读者，本书作者尽量引注相关方面的较早研究，以便读者查阅和深入研究。

四 研究思路：课程发展、教材演进与方法革新

教学方法改革，伴随着课程发展与教材演进的历程。为了让教师对所任课程有更全面的认识，为了减少重复劳动和艰辛探索，各门课程在研究思路上主要把握以下四点。

第一，梳理课程发展历史及建设现状。

第二，概括教材体系演进及主要教材的特点。

第三，回顾已有教学研究成果，或对传统教学法的效果进行评价。

第四，重点研究某一教学方法的创新运用或构建各门课程教学方法体系。

五 研究意义：基于能力培养的教学方法革新

大学教育的目的在于培养学生的知识获取能力、知识运用能力和创新实践能力。教学方法得当与否，对以上能力培养至关重要。本书在教学方法上的探索分为两类，一类是构建了某课程的教学方法体系，另一类是重点探索了某种教学方法在某课程中的运用。梳理本书已有研究成果，"思维脉络图"教学法、双语互动教学法、EDP 教学模式、案例教学法、比较教学法、项目教学法、参与式教学、"教学研"一体化教学法、主题讨论法、研究性学习等对经济学专业课教学方法革新有一定的借鉴意义。

第一章 《政治经济学》教学方法改革与探索

第一节 "政治经济学"发展史

政治经济学是人类文明发展到工业时代出现的文化形式,是对以人为主体的经济生活和矛盾的认识。它因阶级和历史阶段的差异而分成若干学派①。政治经济学自产生以来已有二百余年的历史。

一 "政治经济学"的产生与发展

中国古代"经济"的原意是"经国济民"或"经邦济世",意指治理国家和拯救贫民。在英文中,"经济"(economy)这个词源于希腊文(Oikonomia)。这个希腊文名词最早就出现在《经济论》中。我国在20世纪初又从日本引进富有现代含义的"经济"一词。

(一)经济思想的产生

古希腊著名的思想家色诺芬(约公元前430—前355或354),是哲学家苏格拉底的学生。色诺芬有两本堪称开山之作的经济学著作:《经济论》和《雅典的收入》(中文本把这两本书合为一册出版)。《经济论》以记录苏格拉底与他人对话的形式阐述了收入与支出、财富与管理、农业及其管理、分工的必要性等问题,这本书中最早提出了"经济"这个词。

古希腊哲学家亚里士多德(公元前384年—公元前322年),是柏拉图的学生。亚里士多德在《政治论》中把经济论当作广义政治论的一个组成部分,并将家庭管理置于奴隶制国家管理的范围,发展了色诺芬的思想。亚里士多德第一个区分使用价值与交换价值,真正的财富是由使用价

---

① 刘永佶:《政治经济学方法史大纲》,河北教育出版社2006年版,第1页。

值构成的①。亚里士多德还确立了公平的正义和交换的正义的均衡正义原则。

（二）资产阶级政治经济学的形成与演变

政治经济学作为一门独立的科学，是随着资本主义生产方式的产生和发展逐步形成的。在经济学说史上，最初经历了由重商主义向资产阶级古典政治经济学的演变。重商主义是资产阶级最初的经济学说。它以流通为对象，主要研究商业和海外贸易，对于推动资本主义原始积累起了重大作用。在经济学说史上，最早使用"政治经济学"概念的是法国重商主义的代表安徒万·德·蒙克莱田（1575—1622年）。1615年他在《献给国王和王后的政治经济学》一书中第一次使用了这个概念，是指研究国家范围和社会范围的经济问题，突破了原来只局限于研究家庭经济或庄园经济的范畴。自蒙克莱田使用政治经济学一词以后，许多经济学家都沿用这一概念，并使该学科体系逐渐丰富（见表1-1）。

表1-1　　　　　以"政治经济学"命名的经济学经典著作

作者	著作名称	出版时间
萨伊	《政治经济学概论》	1803年
大卫·李嘉图	《政治经济学及赋税原理》	1817年
西斯蒙第	《政治经济学新原理》	1819年
马尔萨斯	《政治经济学原理》	1820年
李斯特	《政治经济学的国民经济体系》	1841年
詹姆斯·穆勒	《政治经济学原理》	1848年
卡尔·马克思	《政治经济学批判》导言	1857年
卡尔·马克思	《资本论——政治经济学批判》（第一卷）	1867年

资料来源：作者整理而得。

政治经济学具有科学意义的理论体系，是由古典政治经济学建立起来的②。古典政治经济学在英国从威廉·配第开始，到大卫·李嘉图结束，在法国从布阿吉尔贝尔开始，到西斯蒙第结束③。威廉·配第（William

---

① 郭爱民：《略论亚里士多德的经济思想》，《学术交流》2006年第6期。
② 姚开建：《经济学说史》，中国人民大学出版社2003年版，第49页。
③ 《马克思恩格斯全集（第13卷）》，人民出版社1962年版，第41页。

Petty，1623—1687）被马克思称为"现代政治经济学的创造者"和"最有天才的和最有创见的经济学家"。威廉·配第的经济学著作主要有《赋税论》（1662）、《献给英明人士》（1664）和《政治算术》（1672）等，他力图应用自然科学的实验方法来研究社会经济问题，不仅把研究对象从以往的流通领域转向了生产领域，而且通过对大量统计资料的分析探讨了资产阶级社会生产关系的内部联系，在商品的价值、价格、货币以及工资、地租、利息和地价等问题上提出了独创性的见解。英国古典政治经济学最主要的代表人物亚当·斯密（1723—1790年）于1776年出版的《国民财富的性质和原因的研究》，最先为资产阶级经济学建立了一个比较完整的理论体系。大卫·李嘉图（1772—1823年）以劳动价值论为研究的基础和出发点，把古典政治经济学推到理论顶峰。

19世纪末期，随着资产阶级经济学研究对象的演变，即更倾向于对经济现象的论证，而不注重对国家政策的分析，有些经济学家改变了政治经济学这个名称。英国经济学家W.S.杰文斯在他的《政治经济学理论》（1879年）第二版序言中，明确提出应当用"经济学"代替"政治经济学"，认为单一词比双合词更简单明确；去掉"政治"一词，也更符合学科研究的对象和主旨。1890年A.马歇尔出版了《经济学原理》，从书名上改变了长期使用的"政治经济学"这一学科名称。到20世纪，在西方国家，"经济学"逐渐代替了"政治经济学"。

19世纪30年代，资产阶级政治经济学不断偏离古典政治经济学的原有基础，抛开其科学因素，继承并发展其中的庸俗成分，着重于经济生活的现象描述和制度辩护，如法国的萨伊、英国的马尔萨斯和詹姆斯·穆勒等。

（三）马克思主义政治经济学的诞生

19世纪40年代开始，马克思吸收英国古典政治经济学和法国空想社会主义的合理成分，批判资产阶级庸俗经济理论，"运用辩证唯物主义和历史唯物主义，研究作为人类社会发展的各个时代基础的生产关系，尤其是着重研究了资本主义社会的生产关系，创立了无产阶级的政治经济学。这是马克思主义理论最深刻、最详细的证明和运用"。①

---

① ［美］大卫·科兹：《马克思主义政治经济学的历史及未来展望》，《学术月刊》2011年第7期。

1876年，马克思《资本论》（第一卷）出版。它从分析资本主义基本细胞——商品开始，创立了劳动价值论、货币理论和剩余价值理论；通过对整个资本主义生产、分配和流通的研究，创立了资本理论、工资理论、再生产理论和经济危机理论；通过对剩余价值具体形式的研究，创立了利润理论、利息理论和地租理论。马克思主义政治经济学揭示了资本主义的本质、基本矛盾及其发展规律，成为无产阶级革命的思想武器。从政治经济学的研究对象、研究方法开始，实现其全部范畴和理论体系的全面变革，完成政治经济学的革命。

19世纪下半期以来，资产阶级政治经济学在英国的马歇尔和凯恩斯，以及美国的萨缪尔森和斯蒂格利茨等人那里，得到进一步的发展，其中含有错误的或庸俗的内容，也有某些科学成分；而工人阶级政治经济学在其他马克思主义经典作家和学者那里，也不断得到继承、发展和创新。

二 新中国成立以来"政治经济学"的传播与发展

政治经济学是关于物质财富的生产和再生产及其分配机制的系统论证。从政策主张倾向来看，政治经济学可以分为资产阶级政治经济学和无产阶级政治经济学。无产阶级政治经济学是马克思主义的重要组成部分，它的传播和发展与马克思主义紧密相连。

19世纪末，马克思主义开始传入我国。1921年7月，中国共产党宣告成立，马克思主义成为指导中国革命的一面思想旗帜。在中国共产党的领导下，经过28年的浴血奋战，1949年中华人民共和国宣告成立。新中国成立以后，政治经济学及马克思主义在中国的发展经历了四大阶段。①

（一）马克思主义理论研究艰难起步阶段

新中国成立以后，适应学习、宣传和普及马克思主义的需要，马克思主义经典著作的翻译和出版工作有计划地展开。1950年5月，中共中央成立毛泽东选集出版委员会，编辑出版《毛泽东选集》（1—4卷）。1953年1月，中共中央马克思恩格斯列宁斯大林著作编译局成立，开始有计划有系统地翻译、编辑、出版马恩列斯的全部著作，详见表1-2。此外，《资本论》、《剩余价值学说史》、《反杜林论》、《家庭、私有制和国家的起源》、《哲学笔记》等马克思主义经典著作单行本以及一些苏联的理论

---

① 程恩富、胡乐明：《中国马克思主义理论研究60年》，《马克思主义研究》2010年第1期。

专著和教科书也在此期间翻译出版。与此同时，我国马克思主义理论工作者围绕社会主义改造、社会主义建设、社会主义发展的重大关系和问题，积极开展马克思主义经典著作和基本原理的研究，发表了一批重要的论著，如李达的《〈实践论〉解说》、《〈矛盾论〉解说》，艾思奇的《历史唯物论——社会发展史讲授提纲》，吴黎平的《社会主义史》等等。

（二）马克思主义理论研究的僵化停滞阶段

从1966年"文化大革命"开始到1978年党的十一届三中全会召开之前，我国马克思主义理论研究工作遭受严重挫折，基本陷入僵化停滞状态。"文化大革命"开始之后，马克思主义经典著作的编译出版工作被中断，马克思主义理论研究机构和研究队伍被破坏。1970年11月中共中央发出通知，要求党的干部尤其是高级干部，必须认真学习《共产党宣言》、《法兰西内战》、《哥达纲领批判》、《反杜林论》、《国家与革命》、《唯物主义和经验批判主义》等6部著作，以及《实践论》、《人的正确思想是从哪里来的?》等5部著作。之后，中断四年的马克思主义经典著作编译出版工作开始恢复，不少马克思主义理论工作者开始对"文化大革命"及其相应理论和现实问题进行冷静反思，并艰难地坚持着自己的研究工作。

（三）马克思主义理论研究的复兴发展阶段

党的十一届三中全会之后，我国的马克思主义理论研究从复兴走向大发展。马克思主义经典著作编译出版工作不断取得新的成果：一是我国开始自行编译出版《马克思恩格斯全集》和《列宁全集》的中文第2版；二是毛泽东、邓小平等老一辈革命家的著作编辑出版也硕果累累，详见表1-2；三是马恩列斯生平事业研究、马克思主义经典著作版本比较、文本研究、名篇解读等领域均全面展开并取得重要进展，《资本论》、《关于费尔巴哈的提纲》、《反杜林论》、《哲学笔记》、《帝国主义是资本主义的最高阶段》等经典名篇引起广泛研究；四是马克思主义经典作家思想史研究、斯大林和"苏东模式"研究、毛泽东思想研究、马克思主义发展史研究、国际共运史研究、社会主义思想史研究、"西方马克思主义"研究等领域及其相关重大问题研究，都取得了很大进展。这一时期，我国马克思主义理论发展取得的最大成果，是创立了邓小平理论。学者们围绕"什么是社会主义、如何建设社会主义"的主题，深入研究社会主义初级阶段理论、社会主义本质、社会主义发展战略、社会主义市场经济和社主义精神文明建设等问题,加深了对相对落后国家建设社会主义道路和规律的认识。

表 1-2　　　　新中国成立后马克思主义经典著作出版情况

著作名称	卷册	出版时间
《毛泽东选集》	第 1—4 卷	1951 年 10 月到 1960 年 9 月
《斯大林全集》中文版	第 1—13 卷	1953 年底—1956 年
《斯大林文选》	(上下册)	1962 年
《列宁全集》	第 1—39 卷	1955—1963 年,1974 年重印
《列宁选集》	4 卷本	1960 年,1972 年重版
《马克思恩格斯全集》中文版	第 1—21 卷	1956—1966 年
《马克思恩格斯选集》	第 1—4 卷	1972 年
《马克思恩格斯全集》	第 22—39 卷	1974 年
《列宁文稿》	第 1—10 卷	1977 年
《斯大林选集》	上下卷	1979 年
《邓小平文选》(1975—1982 年)		1983 年
《列宁全集》中文第 2 版	第 1—60 卷	1984—1990 年
《马克思恩格斯全集》中文第 1 版的补卷	第 1—11 卷	1985 年
《马克思恩格斯全集》中文第 2 版		1986 年开始
《毛泽东著作选读》	(上下册)	1986 年
《建设有中国特色社会主义》(增订本)		1987 年
《邓小平文选》(1938—1965 年)		1989 年
《毛泽东选集》第 2 版		1991 年
《邓小平文选》	第 3 卷	1993 年
《邓小平文选》第 1、2 卷第 2 版	第 1、2 卷	1994 年
《马克思恩格斯选集》	第 1—4 卷	1995 年
《列宁选集》	第 1—4 卷	1995 年
《列宁专题文集》	第 1—5 卷	2009 年
《马克思恩格斯文集》	第 1—10 卷	2009 年
《马克思恩格斯全集》中文第 2 版	第 1—20 卷	1995—2007
《马克思恩格斯全集》中文第 2 版	第 21 卷以后	计划到本世纪 20 年代出齐,共 60—70 卷

资料来源:作者根据有关资料整理而得。

（四）马克思主义理论研究的繁荣创新阶段

这一阶段，随着马克思主义理论研究和建设工程逐步推进，马克思主义经典著作的出版和研究更加全面、系统、深入。随着市场经济体制在我国逐步建立，许多学者的思想获得非常大的解放，对社会主义和资本主义的认识有很大提升，研究重点从对社会主义优势的论证发展成社会主义如何搞好市场经济，从纯理论争论走向服务实践。中央编译局2004年牵头承担马克思主义经典著作基本观点研究课题，联合中国社会科学院、中央党校、教育部、国防大学、军事科学院等单位200多名专家学者参与研究，设置18个子课题，致力于科学阐释马克思主义经典著作的基本观点，出版了《马克思主义研究论丛》。此外，随着对外学术交流的深入开展，《马克思恩格斯全集》历史考证版第2版（MEGA2）等国外马克思主义经典著作文本的研究，也引起了国内学界的关注。

三 我国"政治经济学"课程设置的历程回顾

政治经济学既是马克思主义原理的重要组成部分，也是马克思主义专业、思想政治教育专业和经济学专业的基础课，我国"政治经济学"课程设置与马克思主义学科体系逐步建立密切相关，其设置大致经历四大阶段。

（一）1949—1965年，我国马克思主义学科体系开始建立

新中国成立以后，在马克思主义经典著作的翻译和出版事业全面推进的同时，马克思主义理论研究和教学机构不断设立，研究队伍不断壮大，马克思主义学科体系开始建立。1950年8月，政务院发出《关于实施高等学校课程改革的决定》，要求开设新民主主义的政治课程。1952年10月，教育部发出《关于全国高等学校马克思列宁主义、毛泽东思想课程的指示》，要求高等学校开设"新民主主义理论"、"政治经济学"及"辩证唯物论与历史唯物论"。1953年2月，教育部确定"马列主义基础"为各类型高等学校及专修科（二年以上）二年级必修课程。1954年，全国高等院校普遍开设了"马克思主义哲学"、"政治经济学"、"联共（布）党史"、"中国革命史"等四门课程。相应的，全国高等院校相继设立了马列主义教研室，负责马列主义基础课程的教学，见表1-3。

（二）1966—1978年，正常的马克思主义教学工作基本停滞

1966年5月16日，由中共中央政治局扩大会议通过《中国共产党中央委员会通知》（即《五一六通知》），指出"混进党里、政府里、军队

里和各种文化界的资产阶级代表人物是一批反革命的修正主义分子，一旦时机成熟他们就会要夺取政权，由无产阶级专政变为资产阶级专政"。因此，要"高举无产阶级文化革命的大旗，彻底揭露那批反党反社会主义的所谓'学术权威'的资产阶级反动立场，彻底批判学术界、教育界、新闻界、文艺界、出版界的资产阶级反动思想，夺取在这些文化领域中的领导权"。《五一六通知》标志着"文化大革命"全面爆发。"文化大革命"开始后的数年内中国各级、各大教育机构基本都受到了毁灭性的打击，图书馆藏书被焚烧，在校园内发动武斗，教师被当众羞辱、打骂，一切教学科研工作全部停止。"无产阶级专政下继续革命的理论"被作为马克思主义理论的重大发展而广为宣传①。中国共产党第十一届六中全会通过的《关于建国以来党的若干历史问题的决议》对"文化大革命"性质的界定是"一场由领导者错误发动被反革命集团利用给党、国家和各族人民带来严重灾难的内乱"。

（三）1978—1992 年，马克思主义理论人才培养体系逐步完善

经过 1978 年"真理标准问题"大讨论之后，特别是党的"十一届三中全会"以后，我国马克思主义理论工作者把马克思主义理论研究同总结历史经验教训结合起来，一批马克思主义理论研究和教学机构得以恢复和新建，具体见表 1-3。

专业和课程设置方面，从 1981 年我国恢复学位制度起，一些高等院校和研究机构陆续设立了马克思主义哲学、政治经济学、科学社会主义、国际共运史等学科的硕士和博士学位授予点。1984 年，教育部决定在部分高等院校设置思想政治教育专业，开办本科班、第二学士学位班、大专起点本科班；1987 年，首次将"思想政治教育"列入本科专业目录；1988 年，复旦大学、武汉大学、南开大学等 10 所院校招收首批思想政治教育专业硕士研究生；1990 年，国务院学位委员会决定在法学门类政治学一级学科下设马克思主义理论教育和思想政治教育两个硕士学位授权点。

在教学大纲制定和修订方面，中国人民大学政治经济学教研室 1953—1954 年曾制定《政治经济学教学大纲》，并公布在《教学与研究》

---

① 靳辉明：《马克思主义研究 50 年》，载中国社会科学院科研局编《中国社会科学五十年》，中国社会科学出版社 2000 年版。

上，以征求各界同人的意见和建议。"拨乱反正"以后，1979年我国组织高等学校哲学、政治经济学教研室编写"教学大纲"，并试用；"十二大"以后，在改革开放和社会主义探索有所创新的形势下，教育部政教司于1982年12月在河南省洛阳市召开会议，对这两门课的教学大纲进行了讨论和修订，以研究新情况，充实新内容。① 复旦大学蒋学模、中国人民大学吴树青、北京大学辛守良等部分高校教师参加了这次教学大纲的修订和讨论，这次教学大纲修订，考虑到了文科、理工农医科学科特点和教学时数的差别②。党的十二届三中全会通过《中共中央关于经济体制改革的决定》以后，财政部教育司委托中南财经大学政治经济学教研室编写了《高等财经院校政治经济学社会主义部分教学大纲》。③

（四）1993年至今，以马克思主义理论为核心的学科体系趋于完善

1993年以来，马克思主义理论研究和教学机构不断壮大，以马克思主义理论一级学科为核心的整个学科体系趋于完善。1993年2月13日，上海社会科学院成立全国首个邓小平理论研究中心，其他研究机构和高校也相继成立了邓小平理论研究机构。2004年，中共中央启动实施了规模宏大的马克思主义理论研究与建设工程，极大地团结凝聚了马克思主义理论研究队伍。经党中央批准，2005年12月26日，中国社会科学院成立马克思主义研究院，全国数十所高等院校随后相继成立了马克思主义研究院、研究中心或学院。

与此同时，马克思主义理论学科设置也趋于完善。1995年，国务院学位委员会和国家教育委员会将"马克思主义理论教育"和"思想政治教育"两个学科整合为"马克思主义理论教育与思想政治教育"，隶属于法学门类，为政治学科下的一个二级学科。1996年，武汉大学、中国人民大学、清华大学成为首批"马克思主义理论教育与思想政治教育"学科博士点。2005年12月23日，国务院学位委员会和教育部颁布学位[2005]64号文件即《关于调整增设马克思主义理论一级学科及所属二级

---

① 陈道源：《研究新情况，充实新内容——全国高等学校哲学、政治经济学教学大纲修订会议记实》，《高教战线》1983年第3期。

② 蒋学模、吴树青、辛守良等：《〈政治经济学教学大纲〉（修订稿）的若干说明》，《高教战线》1983年第5期。

③ 中南财经大学政治经济学教研室：《高等财经院校政治经济学社会主义部分教学大纲》，《中南财经大学学报》1986年第3期。

学科的通知》,"马克思主义理论"一级学科暂设置于"法学"门类内,下设"马克思主义基本原理"、"马克思主义发展史"、"马克思主义中国化研究"、"国外马克思主义研究"、"思想政治教育"5 个二级学科。2008 年 4 月又增设"中国近现代史基本问题研究"1 个二级学科。目前,马克思主义理论学科学位点拥有一级学科博士点 21 个、硕士点 73 个;二级学科博士点 213 个,二级学科硕士点 842 个。

十一届三中全会以来,马克思主义教育受到国家的重视。尤其是党的十六大以来,马克思主义经典著作编译、出版和研究工作继续稳步推进;马克思主义理论研究领域和研究主题不断拓展和深化;以马克思主义理论一级学科为核心的整个学科体系趋于完善。

表 1-3　1949 年以来我国马克思主义理论研究和教学机构情况

时间	筹办单位	理论研究和教学机构
1954 年以后	各高等院校	马列主义教研室
1955 年	中国科学院	哲学社会科学学部
1956 年	中国人民大学	马列主义基础系
1964 年	中国人民大学	马列主义思想史研究所
1978 年 5 月	中国人民大学	马列主义发展史研究所
1979 年 7 月	中国社会科学院	马克思列宁主义毛泽东思想研究所
1980 年 6 月	北京大学	马克思列宁主义毛泽东思想研究所
1978 年以后	中央党校、国防大学等高校和地方社会科学院	马克思主义研究所或毛泽东思想研究所
1989 年	国务院发展研究中心	世界社会主义研究所
1993 年 2 月 13 日	上海社会科学院	全国首个邓小平理论研究中心
1993 年以后	中央党校、中国社科院及各省市社科院、高等学校	邓小平理论研究中心
2004 年以来	中共中央宣传部	马克思主义理论研究与建设工程
2005 年 12 月 26 日	中国社会科学院	马克思主义研究院
2005 年以来	全国各高校	马克思主义研究院、研究中心或学院

资料来源:作者根据有关资料整理而得。

四　我国政治经济学教科书的体系演进

政治经济学课程的内容可以体现在马克思主义原理中,也可以体现在经济学专业主干课中。按照《中共中央宣传部教育部关于进一步加强和改进高等学校思想政治理论课的意见》的要求，原来为本科生单独开设的"政治经济学"课程作为思想政治理论课将不再单独开设，而是并入"马克思主义基本原理"课程中，但它依旧作为专业基础课为财经类专业学生单独开设。鉴于本书的特点，这里重点讨论作为经济学专业主干课的教材演进情况。

（一）以苏联政治经济学教科书为主导的体系

1949年以后，在各大学经济系，资产阶级经济学的课程退出大学讲台，马克思主义政治经济学的课程成为主要讲授内容。但是，当时的师资和教材均准备不足。1950年秋开始，教育部选派财经、文教、农业等专业教师75人到中国人民大学、北京师范大学、北京农业大学进修，他们在那里接受了苏联专家的授课指导。该培训使财经教师有机会系统学习马克思、恩格斯、列宁、斯大林的政治经济学著作，为其成长为各院校相关专家奠定了良好基础。

教材方面，新中国成立初期的无产阶级政治经济学教材，都是由具有深厚马克思主义著作功底的专家撰写的。1949—1954年间，许涤新教授所著的《广义政治经济学》陆续出版。1952年，于光远教授主编的《政治经济学》出版。中国通行的政治经济学教科书是以上世纪50年代的苏联《政治经济学教科书》①为基本框架的。1955年6月，该教科书由中共中央马恩列斯著作编译局首次译成汉语，由人民出版社出版，立即被中国各高等院校广泛采用，直到中苏关系破裂。1961年，于光远、苏星教授主编的《政治经济学》由人民出版社出版，该教材体系在苏联教科书的基础上，在社会主义部分增加了对中国经济制度的阐述。1973年，徐禾等教授编写的《政治经济学概论》由人民出版社出版，体系上与《资本论》几乎完全一致②。

十一届三中全会以后，在教育领域，我国也开始纠正极"左"思潮的影响。在教育部的支持下，政治经济学教材呈现南北繁荣、合作发展的局面。1979年，北方13所高校联合编写了《政治经济学：社会主义部分》③，由南开大学谷书堂教授担任主编，俗称"北方本"，到目前为止，

---

① 苏联科学院经济研究所：《政治经济学教科书》，人民出版社1955年版。
② 朱巧玲：《新中国60年政治经济学教材体系的演变》，《社会科学战线》2010年第6期。
③ 谷书堂：《政治经济学：社会主义部分》（第一版），陕西人民出版社1979年版。

已出版第 8 版。该书资本主义分册，由南开大学魏埙教授担任主编，由北方 14 所高校联合编写①，1986 年出版。"北方本"成为我国北方高校经济学专业课应用的主要教材，"北方本"社会主义部分（1985 年的修订本）在全国首届（1987 年）高等学校教材评奖中被授予国家级优秀教材奖。与此同时，南方 16 所大学联合主编的《政治经济学：社会主义》②于 1979 年由四川人民出版社出版，"南方本"的《政治经济学：资本主义》于 1980 年出版。1980—1981 年，许涤新主编的《政治经济学词典》③出版。该词典分为上、中、下三册，近 200 万字。上册包括导论、前资本主义和资本主义三部分；中册包括帝国主义和世界经济、半殖民地半封建经济和新民主主义经济、中国经济思想史和外国经济思想史四个部分；下册包括社会主义，部门与专业经济两个部分。1981 年，陈岱孙主编的《政治经济学史》（上、下册）出版。这两部重要著作对政治经济学教学起到了重要的辅助作用。

1993 年，国家教育委员会社科司等组织吴树青、卫兴华、谷书堂等专家编写《政治经济学（资本主义部分）》④和《政治经济学（社会主义部分）》⑤，作为国家教委推荐、高等学校财经类专业核心课程教材。卫兴华、顾学荣教授主编的《政治经济学原理》⑥被定为全国高等教育自学考试指导委员会指定为自学考试教材。陈征等教授主编的《政治经济学》⑦被全国高等师范院校经济类课程教材。

除了教育部组织各高校联合编写的版本之外，一些《资本论》研究专家也积极承担起教材建设的任务。出版较早，影响也较大的是蒋学模教授 1980 年的《政治经济学教材》⑧，该书到 2011 年共再版 13 版⑨，截至目前，是我国政治经济学教材历史上再版最多的一个版本，共印刷 67 次，

---

① 魏埙：《政治经济学：资本主义部分》（第一版），陕西人民出版社 1986 年版。
② 蒋家俊、吴宣恭：《政治经济学：社会主义》（第一版），四川人民出版社 1979 年版。
③ 许涤新：《政治经济学词典》，人民出版社 1981 年版。
④ 吴树青、卫兴华：《政治经济学：资本主义部分》（第一版），中国经济出版社 1993 年版。
⑤ 同上。
⑥ 卫兴华、顾学荣：《政治经济学原理》，经济科学出版社 2004 年版。
⑦ 陈征：《政治经济学》（第 4 版），高等教育出版社 2008 年版。
⑧ 蒋学模：《政治经济学教材》（第一版），上海人民出版社 1980 年版。
⑨ 蒋学模：《政治经济学教材》（第十三版），上海人民出版社 2011 年版。

发行量接近 2000 万本。其他著名的版本还有宋涛①②、吴树青、卫兴华、谷书堂、陈征、张维达③、程恩富④⑤专家担任主编的教材。

这些教材历经多次修改，不断探索马克思主义理论与中国具体实践的结合，大部分教科书在"资本主义部分"保留对《资本论》的缩编，包括剩余价值理论、资本积累理论、再生产理论、平均利润理论、剩余价值的具体形式以及垄断资本主义。对社会主义部分，一直是学者探索的焦点，但是至今尚没有形成统一的体例。特别是在中国共产党历史上有重要文件出台以后，政治经济学社会主义部分的内容会及时吸收其新观点、新主张。例如，1980 年代初的教材，吸收了十一届三中全会、六中全会的决议精神；1988 年以后的教材，吸收了十三大报告及"社会主义初级阶段理论"；1993 年之后再版或出版的教材，吸收了 1992 年邓小平同志南方讲话、十三届四中全会的决议精神。党的十四大至十八大的会议精神，也都被各版本教材再版时不同程度地吸收，并向理论高度提升。

随着改革开放和高等教育不断发展，针对将政治经济学教学内容分为资本主义、帝国主义和社会主义的体例，有学者在 1986—1994 年就提出，该体系虽然也取得了一定的效果，但也暴露了一些问题。主要是脱离现实，前后重复，衔接不紧密⑥，因此建议"把政治经济学的资本主义部分和社会主义部分合并起来教学"。⑦⑧ 现实中，随着西方经济学逐步引入国内各高校，占用学时越来越大，使政治经济学课程开设逐渐由 2 学期变为 1 学期，学时由 140—180 学时缩减为 50—70 学时，迫使政治经济学必须合并体例。教师们认为，我国高校当时的政治经济学教学在内容体系方面存在一系列缺陷：首先，有些理论同现实相脱节，不能正确反映现实和解释现实；其次，内容既陈旧又空洞；最后，理论体系首尾不一贯，自相矛

---

① 宋涛：《政治经济学教程》（第一版），中国人民大学出版社 1982 年版。
② 宋涛：《政治经济学教程》（第九版），中国人民大学出版社 2013 年版。
③ 张维达、谢地、宁冬林：《政治经济学》（第 3 版），高等教育出版社 2008 年版。
④ 程恩富：《政治经济学》（第一版），高等教育出版社 2000 年版。
⑤ 程恩富：《政治经济学》（第四版），高等教育出版社 2013 年版。
⑥ 张炳根：《试行政治经济学合并体系教学的一点体会》，《桂海论丛》1987 年第 4 期。
⑦ 苏毅之：《把政治经济学的资本主义部分和社会主义部分合并起来教学》，《桂海论丛》1986 年第 3 期。
⑧ 王晨光：《浅谈如何搞好政治经济学的合并教学》，《齐齐哈尔师范学院学报》1989 年第 6 期。

盾之处甚多①。因此，教师必须通过科学整合与教学改革，才能提升教学效果。具体包括：在研究对象方面，由过去的对生产关系的研究变为对生产方式的研究；在结构上，由过去的"三大块"变为一体；在内容上，由过去浓厚的学说史色彩变为对经济运行的基本原理和基本规律的阐释；在方法上，大胆借鉴西方经济学的研究方法，充实了已有的分析方法。②

在教材编写方面，在资本主义和社会主义部分之外，南开大学专家提出将"政治经济学一般理论"设为单独的一篇③，包括生产关系、商品、货币、资本的循环和周转、社会总资本再生产、信用制度和虚拟资本、竞争与垄断等内容；而将剩余价值的生产、资本主义的分配制度、企业制度以及国家垄断资本主义等归入资本主义部分。这种体例，说明我国学者开始思考：在资本主义社会，哪些是商品经济本身的特征？哪些是资本主义制度导致的结果？这种思考方式是以马克思主义为指导，吸收人类文明成果，对政治经济学体例创新的有益探索。

1998年，根据教育部"两课"教学改革的总体要求，发布了《"马克思主义政治经济学原理"教学基本要求》（征求意见稿）④。随着我国市场经济体制进程加快，教育部组织有关专家于2003年对该要求进行修订，在内容框架上增加政治经济学社会主义部分，对经济全球化背景下当代资本主义经济关系的新变化做出新的理论阐述⑤，形成导论、社会经济制度与经济运行的一般原理、资本主义部分、社会主义部分、经济全球化与国际经济关系五大内容体系。

（二）广泛借鉴西方经济学的理论体系

随着改革开放以及留学归国学者逐渐增加，特别是西方经济学的知识被广泛介绍到中国之后，政治经济学的研究视野也逐步扩大。程恩富等著名学者认为，传统的和现有的某些政治经济学理论模式存在五大缺陷：第一，在规范分析层面，单纯进行社会主义与资本主义的范畴和规律对比，

---

① 亓文恭：《正确分析政治经济学教科书内容体系的现状，探寻适宜的教学方案》，《公安大学学报》1989年第5期。
② 李相合：《顺应时代要求更新政治经济学教学内容与方法》，《内蒙古师范大学学报（哲学社会科学版）》1994年第3期。
③ 逄锦聚、洪银兴、林岗等：《政治经济学》（第四版），高等教育出版社2009年版。
④ 《"马克思主义政治经济学原理"教学基本要求》，《教学与研究》1998年第8期。
⑤ 顾海良、顾钰民：《关于"马克思主义政治经济学原理"教学基本要求修订的几点说明》，《思想政治教育导刊》2003年第4期。

缺乏研究深度。第二，在实证描述层面，没有继承马克思经济学高度重视数学方法的优良传统，缺乏定量分析。第三，在政策研究层面，一味地"唯上"和"跟风"，缺乏反思意识。第四，在学科重构层面，以社会主义市场经济学取代社会主义理论经济学，缺乏本质揭示。第五，在方法变革层面，简单照搬西方经济学的范畴和理论，缺乏创新精神。因此，在政治经济学创新方面，主张依据马克思《资本论》体系和政治经济学六分册体系的精神，依据"五过程体系"——直接生产过程、流通过程、生产总过程、国家经济过程和国际经济过程——的逻辑展开①。摈弃将政治经济学分作资本主义和社会主义两部分叙述的方法，或者将有交叉联系的经济制度、经济运行和经济发展分割为几篇。编者们力图广泛吸收古今中外先进和合理的经济思想，在科学的超越马克思经济学和西方经济学的基础上，重建政治经济学新范式。为了适应不同层次读者的需要，该套教材出版了简明版、通用版和完整版三类版本，并配有《现代政治经济学案例》、《现代政治经济学习题集》、音像资料库、网络课程平台等。以教材为突破口，重视体系重构、配套课程资源建设和团体协作的学科建设模式在国内政治经济学发展中具有示范作用。上海财经大学政治经济学课程于2005年被评为国家精品课程。

也有学者主张政治经济学应该有选择地借鉴当代西方经济学的某些理论，如将电子货币、网络经济、增长模型、投入产出、市场规则、交易费用、长波问题、金融工具、金融风险、不完全信息、博弈模型和比较利益陷阱等引进教材之中，体现了新的理论探索精神。

（三）建立"中国政治经济学"的艰难探索

还有学者指出，中国通行的政治经济学教科书是以苏联50年代的教科书为基本框架的，而在社会主义部分是将西方资本主义经济学有关"市场经济"的内容拼接进来，但其大路数，依然是在苏联教科书中定下来的②。并不是说苏联教科书一无是处，它作为"苏联模式"经济体制的理论概括，有其时代意义，但亦有时代的局限。其原因，一是对社会主义理论的片面理解，二是由于资本主义不发达导致工业化的落后，三是行政集权体制的留存与作用。社会主义政治经济学的发展，就要解决这些问

---

① 程恩富、冯金华、马艳：《现代政治经济学新编》（第三版），上海财经大学出版社2008年版。

② 刘永佶：《政治经济学大纲》，中国经济出版社2007年版。

题。因此，应该建立"以理论上的充实发展指导工业化和对行政集权体制改革"的社会主义政治经济学体系，并先后出版《中国经济矛盾论——中国政治经济学大纲》[①]、《中国政治经济学——主体 主义 主张 主题》[②] 等教材。与以往的教材不同，《中国经济矛盾论——中国政治经济学大纲》以劳动社会主义为指导，强调中国政治经济学的国别特色，分析了中国经济矛盾的形成、初级公有制的内在矛盾及其缺陷，深入探讨了现代中国经济矛盾系统及其改革路径问题。《中国政治经济学——主体 主义 主张 主题》突出"中国政治经济学"的主体是中国、中国人、中国劳动者；其主义是劳动社会主义；主题是规定中国现实经济矛盾系统；主张是以改革发展劳动公有制主导现实中国经济矛盾的解决。通过对系统抽象法和矛盾分析法的高超运用，该系列教材形成严谨的逻辑体系，并对现代中国主要经济矛盾给出恰当的解释，是中国政治经济学体系建立过程中成功的典范。

（四）构建"高级政治经济学"体系的尝试

为了对马克思主义政治经济学的基本理论和重大的现实经济问题进行深入探索，推进马克思主义经济学理论的创新与发展，建立马克思主义经济学现代形式，为硕士、博士研究生提供参考教材，一些学者呕心沥血，着手编撰高级政治经济学教材。已有的版本包括已故著名经济学家蒋学模主编的《高级政治经济学》[③]，中国人民大学张宇、孟捷主编的《高级政治经济学》，程恩富、马艳主编的《高级现代政治经济学》，总体来说还没有形成统一的理论体系，教材内容多以专题形式呈现。

蒋学模教授等主编的《高级政治经济学》是高级政治经济学社会主义的总论，该书主要阐述社会主义政治经济学的对象、任务和方法，社会主义政治经济学的形成过程，社会主义的物质鼓励和精神鼓励，社会主义所有制，社会主义经济中的产权关系，经济落后国家向社会主义过渡的理论与实践。每一个问题，既从学说史的角度阐述了理论观点的来龙去脉，又从经济史的角度阐明理论观点的时代背景及其对社会主义建设实践的影响。该教材有助于读者对社会主义政治经济学的形成和发展过程，对苏联社会主义制度的兴亡，对中国改革开放的由来与前景，有一个清晰的总体

---

① 刘永佶：《中国经济矛盾论——中国政治经济学大纲》，中国经济出版社 2004 年版。
② 刘永佶：《中国政治经济学——主体 主义 主张 主题》，中国经济出版社 2010 年版。
③ 蒋学模、张晖明：《高级政治经济学——社会主义总论》，复旦大学出版社 2001 年版。

认识。《高级政治经济学》适合经济等专业高年级学生及研究生阅读。《高级政治经济学》是复旦大学出版社推出的"复旦博学"精品教材《经济学》系列中的一本，开创了我国学者构建高级政治经济学体系的先河。

张宇、孟捷、卢荻等教授集合该领域的国内外专家编写的《高级政治经济学》①，收录了林岗教授、吴易风教授、卫兴华教授、裴小革博士、胡钧教授、约翰·威克斯教授、詹姆斯·奥康纳等人的高水平论文。该书从马克思主义经济学的研究方法和创新问题、价值理论和剩余价值理论、产权与企业理论、货币与金融理论、积累和增长理论、全球化与世界经济的理论、社会主义市场经济与中国的转型模式理论等方面反映了马克思主义经济学的最新发展，成为我国政治经济学专业硕士研究生权威教学用书。

针对传统的政治经济学教材有意或无意地回避了许多政治经济学研究中的前沿问题——价值转型为生产价格、联合生产中的价值决定、劳动生产率变动与价值量变化、资本有机构成提高与平均利润率变化、经济危机的发生机理等问题，程恩富、马艳等专家认为，应编辑一套体现政治经济学教学和研究深度的递进性的教材。他们主编的《高级现代政治经济学》②与其《初级现代政治经济学》和《中级现代政治经济学》保持一致，以博士研究生为教学对象，在理论内涵上，主要围绕政治经济学的核心和前沿问题进行深入的专题分析；在表达方式上，运用数学工具来描述前提、建立模型、分析结果，是国内借鉴西方经济学成果的版本。

自20世纪60年代起，西方经济学界悄然兴起了一股新政治经济学潮流。这些研究者认为，经济学与政治学的彻底分离使作为政治经济学直接继承者的经济学，在理论建构和实践运用上取得巨大成就的同时，也开始趋向于衰落。为了达到数学准确性或科学准确性，经济学付出了高昂的代价，抛弃了将历史、社会整体性、道德哲学与实践融入研究和知识生活内涵的努力。这导致了经济学的根本缺陷，它对社会的理解并不充分，对复杂的权力、社会结构、组织行为及文化实践的理解也不深刻，所以很难全面理解经济行为。经济学的内在缺陷导致经济学理论本身出现危机，许多经济学家开始认识到脱离政治学的经济学是"无用的"，经济学与政治学

---

① 张宇、孟捷、卢荻：《高级政治经济学》（第二版），中国人民大学出版社2006年版。
② 程恩富、马艳：《高级现代政治经济学》，上海财经大学出版社2012年版。

之间天然的内在关联难以割舍。新政治经济学主要研究三个方面的关系，即社会和个人、政治和经济、国家和市场，并在此基础上研究政策选择、发展、环境、经济转轨、国际组织、经济一体化和国际关系等问题。相对于新古典经济学以资源配置为研究对象、以物质福利为研究目的提出经济学三大问题：生产什么、生产多少、为谁生产，新政治经济学则以权利配置为研究对象、以自由权利为研究目的提出经济学三大问题：得到什么、得到多少、如何得到。① 在吸收国外理论经验的基础上，著名经济学家汪丁丁将其为研究生讲课的录音稿整理并出版《新政治经济学讲义——在中国思索正义、效率和公共选择》。在这本书中，他将新政治经济学的基本问题界定为：与个人选择互补的公共选择问题，②它是一门关于冲突及其协调的社会科学。

（五）政治经济学的主要学术专刊

教材是关于某一学科的成熟的知识体系，高级别的专业学术期刊定期刊登本学科内的重要研究成果，为学术争鸣、观点借鉴提供平台，也是教材获得新鲜血液的源泉。在国外，是否有专业学术期刊是检验一个学科发展程度的重要标准之一。改革开放以来，我国有关政治经济学的学术论文迅速增加，特别是进入21世纪以来，已经出版了3种专门的政治经济学期刊。

一是张宇等主编《政治经济学评论》，从2002年开始到2009年，曾由中国人民大学出版社连续出版了15辑，2006年被列为中文社会科学引文索引（CSSCI）来源刊③，从2010年开始出版季刊。该刊以马克思主义为指导，着力推进马克思主义政治经济学的中国化和时代化。

二是汪丁丁主编的《新政治经济学评论》，它是浙江大学经济学院主办的一份学术论文集，于2006年开始公开出版。截至目前，该论文集8年间陆续出版26卷，主要"介绍国外新政治经济学的动态发展，并将之引入到中国的背景之中，针对当下的政治经济问题，进行具体的评论与研究"，④ 注重研究多重价值的优化组合，挖掘"新政治经济学"理论对当

---

① 宋胜洲：《理解西方新政治经济学》，《经济评论》2005年第5期。
② 汪丁丁：《新政治经济学讲义——在中国思索正义、效率和公共选择》，上海人民出版社2013年版，第21页。
③ 杨瑞龙、张宇：《政治经济学评论发刊词》，《政治经济学评论》2010年第1期。
④ 汪丁丁：《新政治经济学评论》（第26卷），上海人民出版社2014年版。

下问题的解释能力。

三是刘永佶教授主编的《经济中国》，它是中央民族大学经济学院主办的一份以书代刊的论文集，于2006年开始出版①，其主要特点是从"劳动社会主义"的视角研究中国经济社会发展和改革问题。

四是人大复印资料的《理论经济学》与《社会主义经济理论与实践》两册，作为国内最权威的再版文献，收录了有关方面的优秀研究成果。

从总体上来看，蒋学模和程恩富教授等带领的学术集体，已经形成政治经济学的初级、中级和高级教材体系。蒋学模、张宇等教授均有深厚的《资本论》功底，对马克思主义理论有深入的研究。刘永佶教授的教材摒弃了苏联政治经济学教科书的羁绊和当代西方经济学的干扰，对当代中国的经济矛盾界定是最深刻的。汪丁丁教授运用"心智地图"勾勒了新政治经济学研究中的正义、效率和公共选择问题，将国外新政治经济学的核心思想介绍给中国的研究生和广大读者，并提出自己的创建，是多年研究经济思想史的结晶。一系列有创建的政治经济学教材的涌现，为政治经济学专业学生和广大研究者提供了很好的阶梯，也为经济管理工作者提供了理解社会的思想和路径。但是，从目前来看，由于教学方法、教学手段等问题，在我国，影响广大学生的是传统的政治经济学教材，优秀成果推广缓慢。

第二节 "政治经济学"课程教学研究述评

一 我国政治经济学课程教学研究回顾

教学是将课本知识向学生传递的过程。优秀的教材必须借助于一定的教学过程和教学方法才能内化为学生的知识架构。政治经济学教学方法选择与教学过程管理，事关"传道"、"授业"、"解惑"的效果，也是大多数政治经济学任课教师关心的问题。笔者以"政治经济学"为篇名，并含"教学"在中国知网进行检索，找到1954年至2014年底的相关研究文章620篇，减去《中学政治教学参考》有关刊载政治经济学教学参考资料的资料类文章18篇，研究高校、党校、电大中的《马克思主义政治经

---

① 刘永佶：《经济中国》（第1辑），中央民族大学出版社2006年版。

学》或经管类《政治经济学》专业课教学的文章有602篇。

(一) 新中国成立至20世纪80年代初

新中国成立至20世纪80年代初,是学科培养基地与交流平台初步建成阶段。由于相关刊物少、信息交流困难、没有相关激励机制等原因,20世纪80年代以前发表的有关政治经济学教学的文章不多,1954—1981年共发表18篇,其中1962—1974年没有相关文章发表。发表的18篇文章多出自宋涛、蒋学模、苏星、吴树青、王亚南等著名经济学家之手。公开发表相关教学研究论文较早的是宋涛教授。1954年,他提出"教学中结合党在过渡时期的总路线,从政治经济学这门科学来说,也就是理论联系实际问题"。[①] 当时,在中国人民大学政治经济学教研室,教师们在苏联专家帮助下集中精力依据斯大林"苏联社会主义经济问题"等修订讲授大纲和课堂讨论提纲,同时着手编写出适用于本专学科生的讲义[②]。这一时期的政治经济学教学研究成果,内容上以社会主义政治经济学的教材体系构建为主;从主体来看,中国人民大学政治经济学教研室成为培养新中国政治经济学教师和专家的摇篮,《教学与研究》成为该领域的重要交流平台。

(二) 20世纪80年代初至20世纪末

这个阶段是通过多种教学方法积极传播党的社会主义建设理论阶段。粉碎"四人帮"以后,各高校重建政治经济学教学体系,哲学社会科学研究逐渐繁荣。20世纪最后20年,我国年均发表政治经济学教学论文12篇。这一时期的主要特点是,学者们主要探索了社会主义政治经济学的教学内容更新、教学原则和教学方法优化问题。教师们结合学习十一届三中全会精神、十一届六中全会精神、十二大精神、《中共中央关于经济体制改革的若干决议》、十四大精神等党的历次大会决议和《邓小平文选》、建设有中国特色社会主义理论,不断改革和完善政治经济学社会主义部分的教学内容,并总结了通过讲授法、图表法、图解法、目标教学法、启发式教学和案例教学等方法讲授政治经济学的主要经验。

---

① 宋涛:《在社会主义政治经济学的教学中怎样联系党在过渡时期的总路线(初稿)》,《教学与研究》1954第8期。
② 中国人民大学政治经济学教研室:《上学年教学基本情况(摘要)》,《教学与研究》1954年第8期。

(三) 新世纪以来的政治经济学教学研究

面对西方经济学的冲击，马克思主义政治经济学何去何从？它需要进行怎样的改革、创新与发展来适应时代的需求？应怎样加强其作为各类经济学科基础指导思想的地位？1998年底，全国高校政治经济学教学研讨会①集中讨论了这些问题。会上提出，为适应新的教育环境和教学对象，要改革教学内容、教学原则和教学方法。

西方经济学的冲击激起了马克思主义政治经济学教师们的求新求变思维。新世纪以来，一些教师致力于通过教育理论和教育技术新成果来提升学生的认同感和接受度，有关研究成果迅速增多，年均发表学术论文25篇（见图1-1）。学者们根据教育社会化理论、学习迁移理论、合作学习理论等研究了如何在政治经济学中借助多媒体、电子书、互联网等实施比较教学、研究型教学、交互式教学和案例教学。

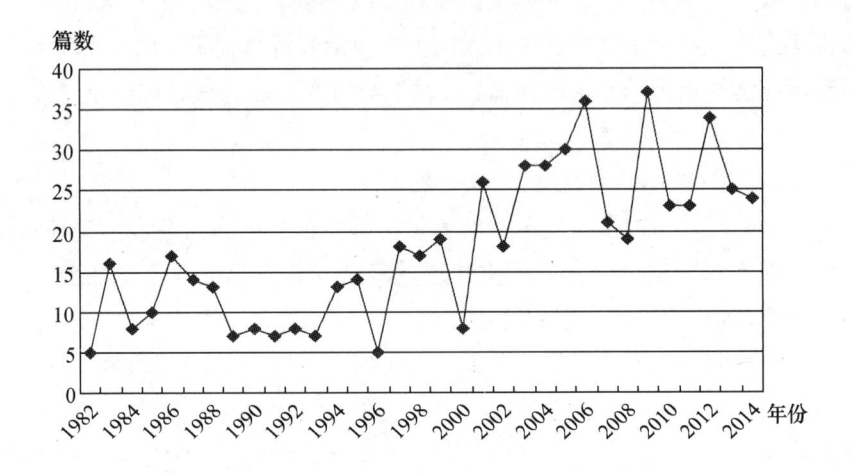

图1-1　国内"政治经济学"教学论文统计（1982—2014年）

资料来源：作者根据有关检索整理而得。

曾有人担心"搞无产阶级政治经济学的人越来越少"。但是，基于对中国知网相关论文的检索，从数量上看，新世纪以来的年均发表教学论文数量比1949—1982年发表的总量还多，是20世纪后20年的年均发表论

---

① 孙小东、祝慧：《全国高校政治经济学教学改革研讨会纪要》，《教学与研究》1999年第3期。

文数的2.2倍；从研究范围来看，本世纪以来相关研究已经超出了就政治经济学谈教学方法的领域，很多学者尝试运用先进的教育理念，借助多种教育技术手段，构建更符合学生实际要求的教学模式，跨学科研究正逐步兴起，定量研究对定性研究的支撑作用逐步增强；从研究主体来看，政治经济学教学研究已由少数学者的艰辛努力变为任课教师的必修课。

2010年，著名经济学家们对新中国成立60周年以来的教材建设、学科体系发展、教学和研究的特征等均作了回顾与展望[1]。专家们认为，政治经济学未来发展应坚持马克思主义政治经济学的主流地位，实现政治经济学理论的创新和发展，处理好基础性与先进性的关系，推进马克思主义政治经济学研究的多元化，提倡经济学的多学科的交叉与融合，增强马克思主义政治经济学定性分析和数理分析的特征[2]。

政治经济学教学研究逐步深入，其深刻的社会背景：一是党和国家越来越重视"两课"教育；二是"马克思主义工程"提升了政治经济学教师学历水平和科研水平；三是当前师范院校的"教学研究型"职称评价机制激励有关教师从事教学研究；四是发表教学研究类论文的期刊不断增加。从这些方面来看，虽然政治经济学教学面临西方经济学的冲击，但是依然有广阔的发展空间。

二 传统教学法面临的时代挑战

政治经济学教学研究增多，也从另一个侧面说明问题与挑战的严峻性。

（一）传统教学方法饱受师生质疑

虽然有学者在政治经济学教学方法优化上做出很多研究，但是，实施优化教学的占比太低，在大多数情况下，依然沿袭着传统的僵化的教学方法：以教师讲解为主，注重理论灌输。1995年，有学者提出，我国政治经济学教学的主要误区是教条主义和"理论垄断"[3]，"教师背书本，学生记笔记，一条条，一句句，不敢越雷池一步"。另一方面，将类似文章作

---

[1] 逢锦聚、刘灿、白永秀、何自力：《新中国经济学教育60年——回顾与展望》，高等教育出版社2010年版。

[2] 何爱平、任保平：《新中国60年政治经济学教学与研究的特征总结与展望》，《经济纵横》2010年第2期。

[3] 陈克勇、张岩秋：《走出教条主义误区，赋予"政治经济学"教学活的灵魂》，《齐齐哈尔师范学院学报》1995年第1期。

为教学研究成果的多,真正落实的少。因此,政治经济学教学中的灌输模式并未有多大改观。2002 年,有学者对政治经济学课程教学效果的随机调查显示:87% 的学生认为这门课程的原理抽象、枯燥;65% 的学生觉得教师授课方法过于简单刻板;79% 的学生认为这门课程理论脱离实际,教材内容老化、过时;60% 的学生害怕这门课程的考试,认为概念、原理难以背熟;25% 的学生建议不必开设该课程①。总之,近 20 年来,学生对政治经济学课程教学的认同感和接受度在逐渐降低②,高校政治经济学教学出现了学生厌学、教师厌教的尴尬困境③。要使政治经济学教学走出困境,应当立足于当代社会实践,加强政治经济学理论体系创新,加强教学技能培训和教师队伍建设,适当增加社会实践的环节。

(二) 政治经济学被边缘化

自 20 世纪 90 年代开始,政治经济学教学面临着西方经济理论的冲击、新的历史条件对传统经济理论的挑战、学生缺乏兴趣等问题④。随着经济社会的不断进步、社会主义市场经济的发展,政治经济学在大学教育中有被边缘化的趋势⑤。政治经济学教学面临着开课范围缩小、课时减少的问题,学生厌学、师资队伍不稳的现象十分普遍。教学内容创新不足、片面强调西方主流经济学、教学模式与教学方法落后是政治经济学教学面临困境的重要原因⑥。

要扭转政治经济学被边缘化的趋势,陆丽芳 (2001) 等学者指出"必须在教学中处理好政治经济学与西方经济学的关系,马克思主义的基本立场、观点和方法与个别具体理论之间的关系,理论学习和社会实践之间的关系,理论的严谨缜密与教学方法的灵活多样之间的关系"。

政治经济学在教学内容、评估体系、教学方法和学科地位上面临的问题是系统性的。只有在这四个方面都实现较大突破,才能逐步实现用马克

---

① 张君玉:《浅谈案例教学法在政治经济学课堂教学中的运用》,《海南广播电视大学学报》2002 年第 2 期。

② 陆爱勤:《政治经济学课程的教学探究——兼论提高学生的认同感和接受度》,《上海师范大学学报》(哲学社会科学·教育版), 2001 年第 10 期。

③ 戴青兰:《我国高校政治经济学教学的尴尬困境与对策思考》,《黑龙江教育》2011 年第 7 期。

④ 陆丽芳:《政治经济学教学中应该处理好的几对关系》,《南京医科大学学报》2001 年第 4 期。

⑤ 张洁:《关于政治经济学教学模式改革的探索与思考》,《文科资料》2012 年第 5 期。

⑥ 张桂文:《政治经济学创新应从高校教学改革入手》,《经济纵横》2011 年第 5 期。

思主义武装学生、提高大学生的理论素养、打好专业学习基础之目的。政治经济学教学的出路在于：一是探索商品经济的基本规律，改革教学内容，促进政治经济学的创新和发展；二是构建以学生素质技能提升为主导的现代大学和课程评估体系，形成有利于政治经济学教学与研究的学术氛围；三是创新教学模式与教学方法，搭建晦涩的概念、判断、推理与学生可接受能力之间的桥梁，构建师生互动型教学模式；四是提升对经济热点、难点问题的研究，从基本理论层面构建解释和解决框架，使之回到主流学科地位。

第三节 "思维脉络图"教学法及其应用

一 运用思维脉络图的必要性

（一）政治经济学的学科特点使然

政治经济学的学科特点决定了，很难用讲课本—记笔记—背考题的方式来完成这门课程的学习。导致政治经济学教学困境的一个原因是"片面地理解马克思的经济理论"[1]。要建立起完整的知识体系，必须探究《资本论》、政治经济学教材的概念、判断、推理之间的逻辑联系。

概念、判断、推理是构成知识体系的基本要素。政治经济学的特点是概念抽象、判断深刻、推理逻辑性强。马克思在《资本论》中运用了"表象—抽象—具体"的研究方法和"概念运动"的表述方法。马克思在观察了资本主义社会形式多样的商品之后，抽象出价值、社会必要劳动时间、抽象劳动、剩余价值、平均利润、生产价格等概念，形成以剩余价值为核心的概念体系。其中有些抽象概念在现实生活中很难找到具体的例证，因此理解难度很大。《资本论》中的一些判断，涉及很多相似的概念，如资本主义工资是劳动力的价值或价格，而不是劳动的价值或价格。若未能充分理解劳动和劳动力，就无法理解这些基本判断。基于抽象概念和判断基础上的推理对读者更有挑战性。

（二）完善政治经济学内容体系的需要

我国政治经济学学科体系不健全。例如，马克思主义政治经济学是阶

---

[1] 倪学志：《从加强方法论教学角度来理解和讲授马克思政治经济学——以"前提假设运用"为例》，《内蒙古财经学院学报》2012年第2期。

级性和科学性的统一。那么，阶级性是什么？马克思主义政治经济学是工人阶级政治经济学，它为工人阶级和人类解放事业服务。工人阶级的利益诉求有哪些？这些诉求和人们普遍的期望是否一致？人们对经济交往的普遍期望是什么？马克思主义政治经济学比较注重分析资产阶级和无产阶级之间的利益冲突。但是，人们在追求物质财富时，应该坚持什么样的原则？西方经济学的利润最大化将人变成资本的奴隶，显然已不适合现代社会发展的需要。社会主义核心价值观已被我们党总结概括，但是如何融入政治经济学理论体系，进而升华为人们的共同价值观呢？以上这些问题，在我们的政治经济学教科书中均没有涉及，因此使马克思主义政治经济学离人们越来越远，成为纯理论说教。开展马克思主义政治经济学理论的创新，就要充分吸收人类社会创造的一切文明成果①。这些成果包括我国古代的经济思想，特别是诸子百家的义利观；包括欧洲思想启蒙运动及文艺复兴时期的政治思想，也包括西方经济学有益的分析方法。

在当前我国的政治经济学教材体系中，存在一定的分析偏离主题问题。如，政治经济学的研究对象是生产关系，生产关系的本质是物质利益关系，"生产资料所有制是生产关系的基础②，它决定着生产关系中的其他方面"③④。那么，如何解释有些人并不参加生产，但是却在二次分配中掌握着相当大的资源/财产配置权？政治经济学教材体系以生产资料所有制的分析代替了对生产关系的分析；又以法律上的生产资料所有制代替了生产资料所有制的具体现实；以国家机关对公有生产资料的管理权、占有权、经营权代行了人民的收益权和处置权；以 GDP 增长代替了经济发展；以"五保户"增加代替了社会保障提高，等等。如何矫正这一系列的偏离，增强该学科知识的实用性需要在严密的逻辑思维指导下进行科学推理。

在当前我国的政治经济学教材体系中，偶尔能发现公式及推理有值得斟酌之处。如 2008 年出版的某教材第三版中"劳动力（日）价值的计

---

① 何爱平：《新中国 60 年马克思主义政治经济学教育的回顾与展望》，逢锦聚、刘灿、白永秀等：《新中国经济学教育 60 年——回顾与展望》，高等教育出版社 2010 年版，第 161 页。

② 宋涛：《政治经济学教程》（第八版），中国人民大学出版社 2008 年版，第 12 页。

③ 程恩富、冯金华、马艳：《政治经济学新编》（第三版·通用版），上海财经大学出版社 2008 年版，第 2 页。

④ 程恩富、周光召、徐惠平：《政治经济学》（第四版），高等教育出版社 2013 年版，第 2 页。

算"公式是否正确？2008年出版的某教材第八版中对资本主义简单再生产的分析，有这样一句话，"下一年投入生产的资本数量及生产的产品价值就同上年一样，仍为5000"，在剩余价值率100%的情况下，即使是简单再生产，资本数量和产品价值也不可能相等。对类似问题的发现，需要教师和学生发挥质疑精神，运用逻辑思维得出真理性认识。

（三）提升学生逻辑思维能力的需要

政治经济学是以它特有的思维方式，即用科学概念（范畴）的严密逻辑体系，认识和把握具体经济关系的科学①。恩格斯说"马克思的整个世界观不是教义，而是方法。它提供的不是现成的教义，而是进一步研究的出发点和供这种研究使用的方法"。因此，坚持马克思主义经济学，从根本上来说就是坚持马克思的思维方法和研究方法，逐步引导学生运用马克思主义的立场、观点和方法去观察新事物，分析新情况，解决新问题。

二　思维脉络图教学法的理论基础

思维脉络图教学法是倡导学生通过反映某类思维规律的图形把握概念、判断、推理之间的相互关系，开拓分析和解决问题的思路，自主完善知识体系，不断探究事物发展规律和思维方法，进而获得真理性认识的一种教学法。在政治经济学课程教学中运用思维脉络图，目的在于提高学生的记忆能力、分析能力、规划能力和行动能力。思维脉络图教学法的理论基础是脑神经科学。

（一）大脑的功能分区理论

获得1981年诺贝尔奖的美国加州大学的Roger Sperry和Robert Ornstein两位博士认为，人的左右脑负责不同的思考活动。左脑负责逻辑、文字、数字、分析、次序、数列及其他类似活动，右脑负责颜色、音乐、想象、做白日梦、空间感觉、韵律及其他类似活动。

Ornstein博士亦发现，那些经常侧重运用一边大脑的人，当需要用到另一边大脑时，运用方面有一定困难。Ornstein博士又发现，若刺激较弱的半边大脑，以便促使它和较发达的一边合作，思考的能力和效率会提升数倍以上。只注重左脑或右脑开发的教育，会扼杀大脑均衡发展，降低思考能力和效率。爱因斯坦正是用右脑塑造了一次美丽的思想旅程（白日

---

① 段若非：《抽象力·抽象思维过程及其它——关于政治经济学方法论的几个问题》，《晋阳学刊》1981年第2期。

梦或灵感），跟着再用左脑发展一套崭新的数学及物理理论，用来解释他所见到的幻境。爱因斯坦左右脑的合作，为人类带来意义重大的相对论。

中国教育中的"文中有理"、"理中有文"都只是左脑的教育而已。每个人的大脑都有科学的和艺术的潜质。如果某一时刻有不均衡的发展，这并不是先天有什么缺乏，而只是大脑的一边不如另一边有充分发展的机会而已。思维脉络图教学法在要求学生把握逻辑思维规律的前提下，通过图片、箭头、概念、线条等形式，结合字体大小、线条粗细、延伸方向等建立知识之间的逻辑联系，形成一定的情境和画面，在锻炼左脑的同时，也开发右脑，能有效减少记忆量，提高记忆效果和分析能力。

（二）智力的决定因素是联结机制

心理学家 Pyotr Anokhin 教授指出，决定智力的不是脑细胞的数目，而是细胞与细胞之间的相互联系（interconnections）。科学家发现，人的大脑大约由 100 亿个神经细胞构成，每个神经细胞就像一只八爪鱼一般，有许多触须，每条小触须均附有数千个细小结节，由神经细胞—触须—结节组成的每条通路均代表一项资料存储。因此 Anokin 博士说，大脑的潜能是无限的。每个细胞触须上的结节，可以和其他细胞的结节联系起来；借助生化电作用，组成一个电路（Circuit）。整个大脑就是一个极度复杂的电路网络。

智力的高低取决于这些网络的有效性；高智力的人，有丰富的网络，细胞与细胞之间的沟通较佳；低智力的人，网络较为贫乏，以致每个细胞只能独立工作，思考当然较为迟钝。我们常常碰到，一些知识学习过，当时也弄懂了，但就是想不起来了，这是因为起关键作用的联结机制不能建立。传统教学，重视知识的传播，但忽视思维训练，学生不知道如何建立起能快速回忆知识的联结机制。思维脉络图教学法能有效弥补传统教学的缺陷，帮助学生在已有知识体系的基础上，按照思维规律和事物发展规律，探索建立新知识的联结机制。

长期以来，人们都假定大脑随年龄增长而老化，包括记忆力、计算能力、创造力、警觉性及词汇能力等的衰退。但是，大脑科学专家 Mark Rosenzweig 教授成功证明，当大脑被刺激时，不管任何年岁，在脑细胞触须上都会长出更多结节，这些新结节可以增加大脑内电路通道的数目，即增加大脑的总体智慧。抱怨年纪越大记忆力越差的人，主要是用脑较少的缘故。要大脑不断进步，一定要不断给他刺激，包括逻辑思维训练、形象思维训练、构建知识网络、遐想、创新活动等。

三 思维脉络图教学法的主要工具

在学习过程中，学生往往知道一些零散的知识点，但是由于不能有效建立各知识点之间的逻辑联系，导致遗忘，无法应用，进而产生厌学情绪。为了提高记忆能力、理解能力、规划能力和执行能力，国内外很多专家进行了相关研究和实践，取得了良好的效果。

（一）知识结构图

知识结构图是用箭头、字词、数字、几何图形、图案或其他符号相连接将知识点分层次表达出来的一种手段。知识结构图往往见于教师对新课程内容的总结，或者在总复习时帮助学生理清教学要点。知识结构图重在对教材知识点的索引。在传统教学模式当中，该方法以教师的总结和分析为主，学生只要能看懂知识结构图即可，被当成是一种有助于记忆的工具。

为了使学员在有限的时间内比较全面、系统、准确地掌握政治经济学的内容，原野等在 1987 年就提出，教学中应用图表有助于学生正确地把握范畴概念的内在规定、所表示的数量关系，严格区分相似概念的不同归属、相关范畴的联系与区别[1]。张翠玉（1990）等也认为"图解法"能使教师在讲授时遵循本学科知识体系本身的规律性，注意前后衔接，做到循序渐进。[2] 目前，有许多版本[3]的《政治经济学》复习手册和考研大纲解析，在总结各章知识点时，均用到知识结构图。

（二）思维导图

思维导图，也叫思维脑图或心智地图，是 20 世纪 60—70 年代东尼·博赞兄弟基于脑神经科学发明的一种记忆工具和思维工具。该方法建立在大脑寻求完整的自然倾向基础之上，以某一问题为中心图像，运用曲线、符号、单词、颜色以及图片，绘制模拟大脑发散性思维过程的一种可视图表。思维导图适合于发散思维的问题，是一种整体思维工具，可以应用到所有认知功能领域，尤其是记忆、创造、学习和各种形式的思考。

---

[1] 原野：《图表在政治经济学教学中的作用》，《教学与管理》1987 年第 1 期。

[2] 张翠玉：《谈〈政治经济学〉教学的条理性》，《黑龙江财专学报》1990 年第 1 期，第 3 页。

[3] 圣才考研网：《宋涛〈政治经济学教程〉笔记和课后习题详解》，中国石化出版社 2012 年版。

政治经济学学习的难点之一是"记不住",即学生不能确切地回忆出已经学过的知识。回忆的两大主要因素是联想和强调。但是,这些因素在课本及线性笔记中很难一目了然。应用思维导图,以某一要解决的问题为中心,通过手绘思维导图,以概念和图像为节点,利用分级、分类组织联想的内容,可以使大脑的各个物理方面与智力技巧彼此协同工作,进而提高记忆效果;通过头脑风暴式的联想练习,可以获得更多的有创新性的想法;通过电脑直观、友好的图形化操作界面,可以将个体或集体的思想、策略转化为行动蓝图,提升学生运用理论解决实际问题的能力。

目前,实践上,汪丁丁将"心智地图"运用于课堂教学和由课堂教学录音编辑出版的诸多教材及专著中,①②③ 对梳理教学要点,降低理解难度有一定作用。理论文章"思维导图"在"政治经济学"课堂教学中的相关研究还较少,中国知网仅有一篇研究在中学政治课中的应用,但对思维导图的起源、概念、类型、生成机制等几乎并未涉猎。因此,相关教学研究有必要加强。

(三) 经济地图

经济地图是反映一定范围内经济现象及其发展变化趋势的专业地图。政治经济学研究建立在一定生产力状况基础之上的生产关系及其发展的规律性。利用经济地图,可以将一定时期内的典型生产工具、经济交往形式、国民经济总量、各产业发展指标等标注于相应的地理位置上,既有利于开展横向比较研究,也有利于了解经济发展的历史线索。例如,可以基于15—17世纪的世界地图绘制地理大发现的航线图、三角贸易图,进而了解资本原始积累的本质。随着电子计算机、遥感技术及程序开发技术的使用和发展,制作经济地图越来越简单。学生可以通过符号法、范围法、底色法、点法、等值线法、动线法和分级统计图等,对各类网上地图进行再加工,制作简单的经济地图。MapABC 支持用户在地图上添加图标。数据地图网可利用上传的数据制作各种地图。

---

① 汪丁丁:《新政治经济学讲义:在中国思索正义、效率与公共选择》,上海人民出版社2013年版,第9页。
② 汪丁丁:《经济学思想史讲义》(第2版),上海世纪出版集团2012年版,第8页。
③ 汪丁丁:《行为经济学讲义:演化论的视角》,上海人民出版社2011年版,第8页。

四 思维脉络图教学法的实施过程

（一）起点：掌握科学的理论思维方法

思维活动是由思维主体、思维对象和思维方法构成的动态系统。思维方法是人们通过思维活动为了实现特定思维目的所凭借的途径、手段或办法，也就是思维过程中所运用的工具和手段。按其作用范围的不同，可以把思维方法划分为三大层次：一般的思维方法、各门具体科学共同的思维方法和各门科学所特有的思维方法。

理论思维是以概念为思维细胞进行理性认识的思维类型，是经过科学抽象，从感性认识达到理性认识的思维运动。它不是停留于对对象的外部特征和表面联系的认识，而是以科学理论为指导、借助于科学抽象力和理论洞察力深入分析矛盾和问题，形成关于对象的本质和发展规律的理性认识[1]。恩格斯认为，没有理论思维方法，人们就不可能认识客观事物，也就不可能了解客观事物之间的联系。

从思维进程来看，对某一学科或问题的研究要遵循科学的理论思维方法。什么是科学的理论思维方法？学术界曾普遍认为：研究方法是"从具体到抽象"，叙述方法是"从抽象到具体"。但是，施正一教授根据对亚当·斯密、黑格尔及马克思的思维方法深入研究之后发现，"由具体到抽象再由抽象上升到具体的方法，这是理论思维中的一种科学方法"[2]，它"不是先后继起的两个不同的思维阶段"，而是"一个对立统一的辩证思维过程"[3]。科学的理论思维方法是把握一门课程的前提。

了解各学科的理论思维方法是分析相关知识逻辑结构的基础。教学过程中，在最初的几节课内，必须介绍该课程的主要研究方法。综合各版本教材的研究成果，政治经济学的思维方法有：辩证法、科学抽象法、归纳和演绎、分析和综合法、逻辑和历史法、分类和比较法、数学方法等。针对政治经济学基本概念教学的难点问题，姚迪生等专家提出运用归纳抽象法、层层剖析法、含义辨析法、图表说明法、追根寻源法、对比分析法、

---

[1] 杨蕴丽：《表象—抽象—具体：对马克思科学理论思维方法的突破性研究》，《集宁师专学报》2006年第2期。

[2] 施正一：《由具体到抽象再由抽象到具体是理论思维的科学方法——读马克思的〈《政治经济学批判》导言〉第三节"政治经济学的方法"》，《中央财政金融学院学报》1983年第3期。

[3] 施正一：《科学的理论思维方法》，民族出版社2004年版，第24—25页。

数字引用法、成分分析法、比喻阐述法、作业巩固法等十个方法[①]来提升教学效果。

（二）关键：展开头脑风暴与合作学习

建构主义学习理论强调，教学的本质特征不在于"强化"业已形成的心理机能，而在于激发、形成目前尚未成熟的心理机能。因此，教学应该成为促进发展的决定性动力，只有走在发展前面的教学才是好的教学[②]。开拓性的思维，需要头脑风暴与合作学习。

在政治经济学教学中运用思维脉络图主要体现在三个方面：一是依据教材理顺主要问题的核心概念、判断及推理，构造知识网络图；二是联系已有知识体系和科学的理论思维方法，判断其逻辑思维和知识体系的科学性，并补充自己的科学认识；三是将国民经济主要指标及其变化标注在经济地图上，并作横向对比研究，或分析主要变量之间的相关关系。

对以上三个方面的应用，对第一环节，可以布置学生在预习或总结一个知识点、一章的知识点时完成知识结构图；对第二环节，可以采取代表讲解其知识结构图，小组其他学生以头脑风暴的形式提出改进建议、对已有知识点的质疑、补充知识或创新性认识，最后修改完善，并在班级讲演本组成果；也可以拟定某些与本章内容相联系的待解决问题，头脑风暴式地设计研究思路和要点，最后撰写学术论文；对第三环节，拟定若干本课程的主要知识点或章节，安排一个或一组学生完成一个经济地图，其他学生提出修改建议，学期末汇集成册。

（三）结果：建立形成性评价与反馈机制

有没有科学的形成性评价与反馈机制是各类教学法能否真正落实的保障。思维脉络图，不仅要求学习者掌握课程内容和知识架构，还必须运用文字、色彩、图像、线条等使知识体系可视化；同时通过分类、分层和发散思维，形成系统集中、准确完整、简明清晰的表达形式，进而提升学习者对知识的消化、吸收和运用能力。

在贯彻思维脉络图教学法过程中，建立形成性评价与反馈机制要注意：一是确定明确的任务清单。清单中需列清每个人的任务、完成时间、讨论地点、汇报地点及改进验收时间和形式。二是确定并公布相应的评分

---

① 姚迪生：《政治经济学基本概念教学十法》，《成人教育》1989年版，第6期。
② 刘雍潜、齐媛、李文昊：《学与教的理论与方式》，北京大学出版社2011年版，第34页。

机制。对知识结构图、头脑风暴式小组讨论、汇报演讲、经济地图绘制、经济地图的修改与完善、学术论文的发表等都必须赋予相应的分数，并分为3—5个等级。分数是监督学习过程和肯定劳动成果的有效而公平的工具。三是形成有效的反馈机制。即通过小组讨论、汇报演讲阶段的学生点评、教师点评和可视化成绩单，使学生了解自己的不足和改进的方向，督促落后，鼓励先进。

五 运用思维脉络图教学法的初期效果

（一）使学生克服了畏难心理

2014年，某校经济学专业开始招收理科生。理科生的政治类课程基础薄弱，很多学生反映学不会政治经济学。当我们在学生中推行思维脉络图教学法以后，一部分学生开始看《政治经济学》教材，绘制知识结构图，在班级做报告，接受点评，逐步改进。学生和教师的肯定、合理的评分增加了他们学习的信心，使他们克服了畏难心理。

（二）培养了逻辑思维和创新能力

掌握科学的理论思维方法是学好一门课程的关键。构建思维脉络图的前提是要掌握基本的研究方法，并分析教材在每章或主要知识点上运用的是哪种思维方法。思维脉络图可以在预习、学习和复习中使用。要教会学生画思维脉络图，必须在课前、课后用自己喜欢的方式画出结构图来理清思路，使所学知识连贯，从而提高学习效率。同时，教师要学会编写、设计画知识结构图的作业，这就要求教师不但自己会画，而且要使学生学会画知识结构图。通过反复练习绘制知识结构图或思维导图，能逐步掌握分析各类经济问题的基本思路，并做到抓住重点，科学分类，层层深入，逐步培养起逻辑思维能力，为其他课程的学习及学年论文、毕业论文的创作奠定基础。

（三）使发现新知和探索成为乐事

在《政治经济学》课程评价体系中，不仅给制作和讲解脉络图的学生评定成绩，也给积极发言和提出优良建议的学生评定成绩，积极思考和参与给他们带来了收获。有些学生逐渐将经济热点与政治经济学的某些原理结合，提出教材中的校对错误或很有意义的论文选题，将学习变为不断构建和发现知识的过程，并逐步培养了探索和创新精神。因此，思维脉络图既是一种创造、交流、学习、评价的工具，也是分析问题和解决问题的一种技能、策略。

(四) 提高了记忆效果和学习效率

记忆力只有通过锻炼和训练才能表现良好。思维脉络图既可以是知识结构图、概念图、树形图，也可以是思维导图或经济地图；既可以是某一方面的知识或某一问题的分析，亦可以是某一学段或某一层次的知识。学生可以运用"位置记忆法"，将每一个分支看做一个"房间"，里面储存着许多东西，通过想象力和联想力用来触发记忆。在绘制思维脉络图的时候，通过颜色、形状、联系、结构等进行分类组合，在放松的专注中储存信息。当创作思维逻辑图的时候，加工好的部分一直在视野范围内，这也就意味着大脑经常重复这些数据，有助于提高记忆效果，或者为寻找"失去"的记忆提供线索。

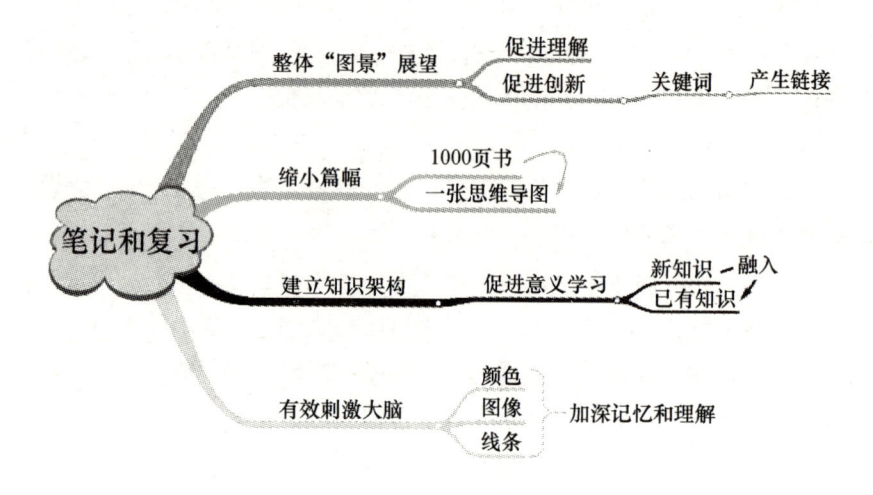

图 1-2　思维脉络图教学法的作用

第二章 《西方经济学》教学方法改革与探索

第一节 《西方经济学》课程教育发展史

一 课程发展史

（一）国外《西方经济学》发展史

西方经济学最早可以追溯到古希腊产生的经济学，现在我们熟知的西方经济学是从古代、多流派发展变化而来的。对其发展历程简单回顾：古代和中世纪的西方经济学说（公元前4世纪至公元15世纪），是为适应奴隶主阶级利益的需要，对当时的一些经济问题进行了研究，提出了最早的经济学概念和思想；近代西方经济学理论（16世纪至19世纪60年代），主要是资产阶级古典经济学理论的形成和发展，实行经济自由主义思想盛行；现代西方经济学体系的产生和发展（19世纪70年代至20世纪30年代），该时期的经济学也被叫做新古典经济学；现代西方经济学理论体系和流派（20世纪30年代中期以后），凯恩斯的国家干预主义经济学成为主流，此后西方经济学不断发展变化，出现诸多流派。可以说，国外《西方经济学》课程发展史主要是重商主义学说之后，即亚当·斯密（1776，《国富论》）以来的西方经济学理论及流派的思想发展历程。

近现代西方经济学发展过程中出现了诸多的流派及著名的经济学家，其中具有重大影响的是：亚当·斯密1776年的著作——《国民财富的性质和原因的研究》（简称为《国富论》），力主实行经济自由主义，反对国家干预经济生活，开创了经济学进一步研究的方向；从"边际主义革命"到20世纪初期阿尔弗雷德·马歇尔的经济学体系，最终形成了"新古典经济学体系"，为现代微观经济学奠定了理论基础；约翰·梅纳德·凯恩斯1936年出版的《就业、利息和货币通论》，变革传统新古典经济学，凯恩斯经济理论体系的出现使西方经济学发生了极大的变化，导致了现代宏观经济学的产生；美国经济学家米尔顿·弗里德曼为代表的现代货币主义者的理论和政策主张使得凯恩斯的正统地位受到动摇；20世纪60年代的"斯拉法"革命，提出生产价格理论；20世纪70年代以后的理性预期学派，主张由市场机制对经济自行加以调节；20世纪80年代—90年代的新凯恩斯主义经济学，对经济理论不断加以综合、寻求经济问题的合理解释等。国外西方经济学跟随时代不断发展，新理论新观点也不断形成与发展。

（二）国内《西方经济学》课程发展史

我国介绍和研究西方经济学始于20世纪初，新中国成立前，大学经济系讲授当时流行的西方经济理论。新中国成立后，从20世纪50年代中期到60年代中期，我国少数重点高校开设当代西方资产阶级经济学，侧重介绍和批判凯恩斯主义等西方资产阶级经济学主要流派。"文化大革命"期间，这门课程的教学和研究停止。改革开放之后，这门学科的教学和研究工作逐步得到恢复和发展，现已成为各高等院校财经类专业核心课程之一。在经济管理等社科类学科中，西方经济学被确定为本科教育的专业基础课和专业核心课，在这些学科的研究生入学考试中，西方经济学成为必考的专业课之一，西方经济学已经成为社科类专业的一门公共课。由于西方经济学属于经济学，高校中开设西方经济学本科专业的学校相对较少，而西方经济学课程是经济学专业必开设的基础课程，因此笔者选取部分地区高校经济学专业的设立情况来反映西方经济学课程的重要地位（见下图）。

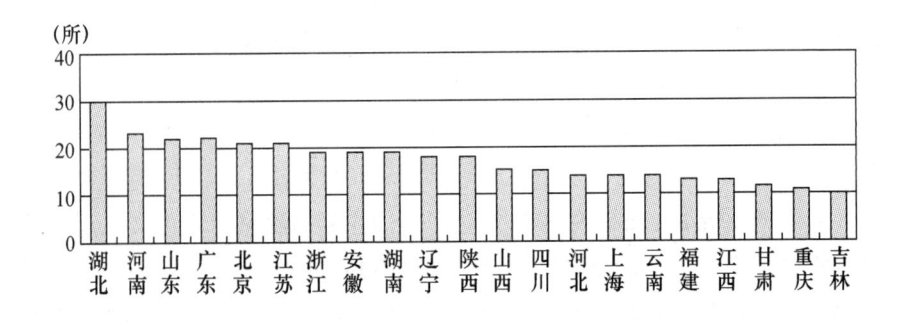

图2-1　西方经济学课程在各省高校开设情况统计（≥10所）

西方经济学在我国的发展时间相对较短，虽然没有国外西方经济学悠久的发展历史，但经过几十年的发展西方经济学课程也取得了一定成就。本选取较有代表性的学校作简单介绍：

中国人民大学西方经济学专业是全国高校中建立最早、培养人才层次最为齐全的教学和科研单位，分别于1981年和1984年获得外国经济思想史（含西方经济学方向）硕士和博士学位授予权，是最早获得这两个学位点的单位之一。1993年国务院学位办决定设立西方经济学硕士和博士点，又分别于1993年和1996年获得西方经济学硕士和博士学位授予权。2007年该校西方经济学专业获得国家级精品课程。

南开大学西方经济学从30年代开始就是经济类基础课程之一。70年代末80年代初学校开始恢复西方经济学的课程，是高校中最早恢复西方经济学教学的院校之一。到90年代初学校出版了自己的具有中级水平的西方经济学教材且被许多院校采用多年。1993年经济学系成立西方经济学教研室，不久，经济研究所也成立了西方经济学研究室，西方经济学从一门课程建设转向了一个专业的建设。1994年建立西方经济学硕士点，1999年建立西方经济学博士点。西方经济学专业已经成为南开大学一个重要的二级学科。2008年获得国家级精品课程。

西北大学经济管理学院各专业自20世纪80年代以来，就开设《西方经济学》课程。20世纪90年代以来，随着经济学课程体系的改革，西方经济学分化为《微观经济学》和《宏观经济学》，进入21世纪后西方经济学课程体系进一步完善，围绕西方经济学的教学，又进一步开设了《西方经济学流派》、《西方经济学说史》、《西方经济学前沿专题》，且是双语教学。随着经济管理学院学科建设硕士点和博士点的取得，西方经济学课程的层次进一步完善，从本科、硕士到博士依次开设了初级西方经济学、中级西方经济学和高级西方经济学。2008年获得国家级精品课程。

西方经济学课程建设取得较好成绩的高校不在少数，如安徽财经大学，2006年获得省级精品课程；湖南大学、武汉大学，2008年获得国家级精品课程。另外，许多高校陆续增设西方经济学，进行学科建设，如内蒙古师范大学2006年经济学院成立并招收经济学（蒙、汉）专业学生，2014年招收西方经济学硕士研究生。

二　教材体系演进情况

（一）国外教材的演进

国外经济学发展早，因而关于西方经济学的教材或者是用于课堂参考的书目就比较多，下面简单介绍主要的西方经济学教材或书目。

马歇尔的《经济学原理》，1890年出版之后多次再版，其核心为均衡价格论，为微观经济学理论体系的建立奠定了基础。

保罗·A. 萨缪尔森的《经济学》（Economics）由美国麦格劳——希尔图公司1948年初版，现已通行全世界，且第16版是和诺德豪斯合写的，第18版是2005年修订的最新版，融入了时代变革的元素和最新的经济数据，在保持"把注意力始终放在经济学的基本概念和核心理论"这一风格的前提下，对金融市场、汇率与国际金融体系、经济增长、通货膨胀与经济政策、网络经济学、环境经济学，以及全球化背景下的国际经济与贸易做了重点论述或重写，对前沿的实践及理论成果，如国际化外包、股息税改革、品牌价值以及行为经济学等也给出了最新的介绍。

曼昆的《经济学原理》自1998年出版以来，备受学生欢迎，其主要特点是：行文简单、说理浅显、语言有趣，引用大量的案例和报刊文摘，与生活极其贴近；书中几乎没有用到数学，而且自创归纳出"经济学10大原理"。其解说性较强的特点对初学者来说能很好地理解、入门较快。第5版中对全书36章都做了精心修订，同时也更新了大部分"新闻摘录"和部分"案例研究"，现在已有第6版问世。

斯蒂格利茨《经济学》及系列辅助教材新增添了不对称信息经济学、不确定性分析部分，这部教材体现凯恩斯主义的特征稍多一点，很适宜做初学者的入门教材。

教材新版速度快以及新教材的涌现等促使西方经济学教材不断更新改进，整个教材体系也在逐步完善。作者仅对2000年之后的主要教材略作整理汇总如表2-1所示①。

（二）国内编写教材的演进

国内西方经济学教材的编写取得较好的发展与著名的经济学老师关系密切。《西方经济学导论》是梁小民老师在多年讲授西方经济学课程的基础上精心编写而成，内容全面系统，语言通俗流畅，自1984年出版至今

---

① 陈兴建：《高校西方经济学教材建设的思考与探索》，贵州师范大学，2009年。

已有第四版。该书内容主要包括当代西方经济学基本理论与主要流派思想：基本理论方面介绍了西方经济学的研究对象与方法、微观经济学与宏观经济学的内容；西方经济学主要流派，侧重于介绍西方经济学的基本概念、基本理论与基本方法。

表 2-1　　　　　典型汉译《西方经济学》教材情况

书名	编著者	出版社	时间
经济学基础（第四版）	布拉德利·希勒	人民邮电出版社	2004 年
经济学（第三版）	斯蒂格利茨	中国人民大学出版社	2005 年
微观经济学（第四版）	平狄克、鲁宾费尔德	中国人民大学出版社	2005 年
经济学原理（第四版）	曼昆	北京大学出版社	2006 年
经济学原理与政策	鲍莫尔、布林德	北京大学出版社	2006 年
经济学（第18版）	萨缪尔森、诺德豪斯	人民邮电出版社	2008 年

高鸿业版《西方经济学》系列教科书，是国家教育部组织统编的高校经典教科书。由中国人民大学高鸿业教授和吴汉洪教授、北京大学刘文忻教授、上海财经大学冯金华教授以及复旦大学尹伯成教授组成编写组，高鸿业教授任主编。该书初版于1996年，至今已经出到第六版，成为国内流行的西方经济学教科书之一。国内大多数高等院校经济类专业研究生入学考试将其作为指定参考书。

各高校依据学校自身学科发展实际，在教材使用中有不同的选择，根据国内西方经济学的发展，选取较有代表性的教材汇总如表 2-2 所示。

表 2-2　　　　　国内西方经济学教材简表

书名	编著者	出版社	时间
西方经济学导论	梁小民	北京大学出版社	1984 年
西方经济学	黎诣远	清华大学出版社	1987 年
西方经济学	管德华、汪著杰	浙江大学出版社	1991 年
西方经济学	吴亚卿	海洋出版社	1992 年
西方经济学	杨伯华	西南财经大学出版社	1993 年
西方经济学	许纯祯	高等教育出版社	1999 年

续表

书名	编著者	出版社	时间
西方经济学	厉以宁	高等教育出版社	2000年
微观经济学	黄亚钧、郁义鸿	高等教育出版社	2000年
宏观经济学	黄亚钧、袁志刚	高等教育出版社	2000年
西方经济学	牛国良	高等教育出版社	2002年
经济学原理（中国版）	卢锋	北京大学出版社	2002年
西方经济学	邱家明、李杨林	北京工业大学出版社	2004年
微观经济学十八讲	平新乔	北京大学出版社	2004年
西方经济学	张树安、李桂荣、曾阳	科学出版社	2007年
西方经济学（第四版）	高鸿业	中国人民大学出版社	2007年
西方经济学原理	丁卫国	上海人民出版社	2007

资料来源：根据作者整理获得。

第二节 西方经济学教学问题及其成因分析

纵观西方经济学的发展史，其发展与西方发达资本主义经济的发展紧密相连。作为对西方发达市场经济运行实践的经验总结和理论概括，西方经济学本身所包含的较完整的分析框架和分析方法无疑对我们提高对社会经济发展的分析能力和解决问题的能力具有重要意义[①]。然而，我国当前的市场经济毕竟不同于西方发达国家的社会经济发展历程，理论教学不能全部西式化，西方经济学在此种背景下存在的一些问题及如何更好学习利用值得我们探讨。

一 西方经济学教学中存在的主要问题

（一）教学指导思想的"两种倾向"

指导思想对于引导学生学习、对学科的认识等方面发挥重要作用，现在有部分教师特别是年轻教师忽略了作为一名老师的价值观引导作用，下面两种观点在教学过程中不可取，需要引起注意：一是认为西方经济学是

[①] 蒋满元、唐玉斌：《西方经济学教学过程中存在的主要问题及其化解对策探讨》，《铜陵学院学报》2008年第6期。

资本主义经济学，与我国国情、经济发展等不符，是庸俗的，是伪科学，应当全盘否定，在教学中只是简单地介绍一些基本概念，对其理论进行全面批驳，造成学生从心底批驳理论进而不去探索有价值的部分，使得学生的市场经济意识和经济思维能力缺乏，学生无法积极分析和解释实际经济问题。二是认为西方经济学描述和总结了社会化大生产和市场经济的运行规律，是超阶级的科学，没有意识形态，具有广泛的实用性，应当全面肯定和吸收，因此在教学中不加批评地、"原汁原味"地介绍西方经济理论，把其结论当作普遍真理。事实上，任何经济学都属于人文学科，带有明显的意识形态烙印，具有无可回避的阶级性，西方经济学却极力回避阶级性，故意隐瞒其为资产阶级服务的目的。[1]因而，西方经济学的教学课程中需注意指导思想的倾向问题，全盘否定和全盘吸收并不适宜当前我国经济发展的需要，应在借鉴西方经济学好的分析方法和某些结论的基础上为我所用，批判性地吸收和运用。

（二）教学内容不全面，理论难与实际联系

西方经济学的教学内容仍然停留在最初的教材内容上，注重对传统主流经济学的学习，而忽视了非主流学派的理论观点，内容有失全面。特别是 20 世纪 70 年代后期，出现了许多非主流的经济学流派，如货币主义、新剑桥学派、理性预期学派、新制度经济学等，并且近些年也产生了大量新的研究成果和前沿理论。[2] 但许多版本的教科书并没有对这些内容进行系统介绍，教师自身学习的不及时也未能将新理论讲授，造成学生知识面狭窄，对经济理论认识不够系统、全面。并且，我国高校多采用西方经济学家著作译本作为教材，且教材中的辅助阅读多以西方社会的经济现象作为案例进行分析，而我国从计划经济体制向市场经济体制转轨的背景下有许多经济现象完全不同于西方社会，这就造成许多学生觉得西方经济学离我们的实际生活很远，不能很好地用所学理论去联系实际。另外，由于西方经济学强调"均衡"，数学模型和公式的大量使用所推出的结论并不能为决策者所采纳，脱离实际需要。教科书仅是阐述理论知识，而忽略了案例解析和经济学实验的运用，致使原本理论性很强的西方经济学更加脱离

---

[1] 何天祥：《西方经济学教学中存在的主要问题及其对策研究》，《长沙铁道学院学报（社科版）》2003 年第 3 期。

[2] 牛亮云、李同彬：《西方经济学教学中存在的问题及改革方向》，《安阳师范学院学报》2010 年第 6 期。

实际，使得学生运用所学知识去分析和解决实际问题的能力得不到提高，更谈不上创新。[①]

(三) 教学方法以"填鸭式"灌输为主

许多高等院校经济与管理类专业讲授西方经济学的主要教学方法仍是课堂讲授法，教学方法相对单一，而西方经济学大体分为宏观经济学和微观经济学，属于理论经济学范畴，在教学上易出现"填鸭式"的理论灌输；随着高校基础设施的完善，多媒体教学越来越普及，但过多依赖多媒体的新式"照本宣科"并不是教学方法的创新，教学形式单一的现状并未改善。

教学的满堂灌表现为教师在课堂上全面讲授概念、原理，学生学习比较被动，课堂参与少及学习理解不强，使学生严重缺乏学习的主动性、积极性和创造性，导致学生为应付考试只会死记硬背，易产生"高分低能"现象。西方经济学包含大量的数学推理和图形分析，这些内容单纯利用多媒体课件"照本宣科"是很难让学生真正理解和消化的，需要配合使用板书等传统教学方式。在数学推理和图形分析中，板书可以使学生理解数学模型的推理步骤和几何图形的推演进程，并且学生可以跟随老师的思路自己画图推理，多媒体课件则无法具体到每一步的细细推理，过度依赖多媒体便会弱化学生的实际推理能力。即便不是数学推理和图形分析，对于一些关键的概念和名词，也很有必要通过板书形式加深记忆和理解，这都是多媒体课件不具备的。此外，由于过多依赖多媒体课件，部分教师备课不够充分，授课内容完全围绕多媒体课件展开，出现授课思路不清、逻辑混乱等情形，严重影响了教学效果。[②]

(四) 教学考核方式单一，综合知识运用能力弱

教学的主要目的就是让学生运用所学解决实际问题，而现在我们看到的情况多数是课程结束后进行考试，且基本上是闭卷考试，考核方式单一。西方经济学考试内容多侧重于基础理论的理解和识记，而较少注重综合分析和综合知识的实际应用。这使得学生为应付考试将考试范围内的理论知识强加记忆，更有甚者，学生对部分理论知识完全不理解，只为考试过关，与传统的应试教育并无本质区别。考核方式过于单一化会出现对学

[①] 李刚：《西方经济学教学中存在的问题及改进措施》，《教育与现代化》2009 年第 3 期。
[②] 姜鑫：《当前西方经济学教学中出现的新问题及改革措施》，《长春师范学院学报 (社科版)》2010 年第 5 期。

生综合学习考察不全面的情况，尤其是固定内容的卷面考试很难反映学生运用知识解释实际问题的能力，这一方面难以反映学生的真实水平，另一方面不利于学生综合素养的提升和学以致用。

二 西方经济学教学问题成因分析

（一）西方经济学的学科体系庞大

严格意义上说，西方经济学这门课程应该包括微观经济学、宏观经济学和主要经济学流派等三大部分内容。其理论涉及到经济生活的方方面面，随着社会实践的不断发展，西方经济学的理论体系不断丰富和完善，具有较强的综合性特点；课程内容和方法具有鲜明的阶级性，其阶级立场、意识形态和价值判断为资本主义经济发展服务；课程包含诸多的基础理论，教学内容理论性强，且涉及的学科和研究方法较多，新产生的边缘学科和新兴学科理论也不断被纳入西方经济学的理论体系。

（二）西方经济学先修课程较多

西方经济学理论本身涉及领域广，需要较多的先修课程做辅助才能很好地去把握。数学、统计学、金融学、财政学、社会学、法学、管理学等均与西方经济学联系紧密，特别是数学模型、公式推导需要较强的数学功底。据了解，许多高校高等数学的开设是与西方经济学同时进行的，有的学校甚至不开设高等数学，不利于更好地学习西方经济学。而国外西方经济学讲授之前就要求学生的高等数学、数理统计等课程自修完成并过关。没有先修课程的铺垫，往往导致初学者学习不太适应，容易产生抽象、枯燥、难学之感。

（三）西方经济学教材的中国"本土化"不足

教材内容的设置除了纯粹的理论知识介绍外，还应紧密联系现实，特别是我国师生在学习西方经济学的教与学过程中，需注重我国国情和经济发展的变化，在理论与实际相结合中学习本门课程。从现实案例中说明理论的具体运用价值，可以更好地为学生模仿和学习，并用所学知识联系生活实际解决问题。举例来说，萨缪尔森编写的经济学教科书，整本书至少三分之二以上的内容由案例构成，几乎每一个理论都有相应的案例进行说明，并且大部分案例都是采用美国本土案例，而且这些案例随着教科书的再版更新的速度非常快，以便学生能将理论与美国现实紧密结合起来，但在当前国内经济学者主编的教材多是纯理论的介绍与推论，很少介绍理论的具体运用，除习题外，理论说明部分基本占据了整本教材书的内容，没有具体运用的介绍,学生很难深入地理解理论。① 因而,教材编写逐步"中国本土化",即将案例理论分析与中国现实结合,或者采用我国的案例分析将更有助于学生理论联系实际能力的提升。

(四)课程发展及教师、学生自身的原因

改革开放后,西方经济学才正式进入我国众多高等院校,课程发展时间短使得教学体系不完整、科学性不强的问题很突出。再加上近年来随着高校扩招、师资紧张,各高校都进了很多新老师并立即充实到教学岗位上,他们承担了大量的教学任务。这些新老师绝大部分都没有受过系统的教学方法、教学技巧等的训练(极少数从师范院校毕业的除外),教师的教学经验不足,如对教学内容的把握不准、对教学方法的选择不当、对教学技巧的运用不熟练等,这些都会影响教学质量和教学效果;② 经济管理类的学生原是偏文科的比重较大,不善于理性思维和逻辑推理,对定量分析兴趣不大等原因。

三 提升《西方经济学》教学效果的对策

(一)正确对待西方经济学,取其精华

教师在把握好高校教学目标的同时,要对西方经济学有正确认识并进行辩证的分析。在意识形态上或整体理论体系上对西方经济学要持分析批判的态度,教师在实际教学中,需要树立现代社会主义制度必须要"利用资本主义一切肯定地成就"的观点,取其精华,去其糟粕。在其研究方法和某些具体内容上,看到其有用之处为我所用,作为发展社会主义市场经济的借鉴。比如边际分析法、弹性概念、机会成本概念、投资乘数与加速数原理、货币乘数原理、消费函数、基尼系数等都是可以借鉴的。需要注意的是,由于国情不同,对于西方有用的东西未必在中国产生同样的效果。③ 因而教学中在讲解较科学的概念和原理时,注意分析其适用的环境和前提;对其中庸俗的内容要注意引导学生批判;要注重培养学生的经济思维,培养学生分辨是非的能力。

(二)课程理论分析要与我国经济发展实际相结合

首先,高校在选择教材方面要适当考虑理论体系全面的书目,其次,

---

① 甘小军、王翚:《当前高校西方经济学教学中存在的问题及其解决方案》,《高等教育》2013年第2期。

② 李红霞:《西方经济学教学中存在的问题及其原因、解决对策》,《广西大学梧州分校学报》2005年第1期。

③ 高鸿业:《西方经济学》,中国人民大学出版社2000年版。

教师在课堂讲授中不局限于书本所包含的理论内容，适当添加非主流经济学内容和最新研究成果，将西方经济学较全面地介绍给学生，如公共经济学、信息经济学、博弈论、实验经济学、行为经济学、市场社会主义经济学和非均衡经济学等内容，指导学生课外阅读，扩充知识面，使学生全面了解西方经济学。理论分析时，与我国实际经济生活中的现象相结合，并引导学生用所学理论解释身边经济现象，深入理解西方经济学理论内涵。

（三）注意使用"启发式教学"和案例教学法

在教学中，教师在全面掌握经济学理论的同时，要根据学生知识水平和接受能力创造和谐的教学环境，通过设问、提问，结合灵活多样的方式与手段，由浅入深地引导学生思考问题、分析问题，最后解决问题，从而达到培养学生学习、研究的能力。[①] 如介绍理性预期学说时，可以将理性预期运用最为成功的事例——"理·卢卡斯（理性预期学派的主要代表人物，1995第获得诺贝尔经济学奖）前妻成功预期卢卡斯将会获得诺贝尔经济学奖并将此项列入离婚财产分配范围"讲给学生，引导学生进入课堂。案例教学有其优势，在使用过程中教师要把握好案例的目的性、代表性、启发性、客观性和综合性，采取讨论法或讲授法进行教学，培养学生运用知识的能力。因而教师在备课或教案中可多采用中国经济案例，理论结合我国实际案例分析，既使得学生对我国当前经济现象有所了解，又运用所学知识理论分析案例，有利于教学效果的提升。

（四）改革考核方式，重视考查学生能力和综合素质

西方经济学课程的学习目的主要是让学生了解社会化大生产的规律和市场经济运行规律，为促使我国走向市场经济服务。因而，西方经济学课程考核既要考查概念、原理等理论知识，又要考核学生运用知识分析和解决中国经济问题的能力以及其他素质。具体操作如下：(1) 通过课堂提问了解学生预习、学习和复习情况，及时调整教学方法，提升学习能力和识记效果。(2) 加强分组讨论，联系国内外经济社会发展实际，考查学生分析问题和解决问题的能力。该部分由助教或研究生担任组长，协助教师指导课堂讨论，并负责给学生评分。[②] (3) 建立试题库，涵盖本课程主要知识点和对重要理论的运用，考查学生掌握基础知识、基本理论的程度

---

① 束炳如、倪汉彬：《启发式综合教学理论与实践》，教育科学出版社1996年版。
② 何天祥：《西方经济学教学中存在的主要问题及其对策研究》，《长沙铁道学院学报（社科版）》2003年第3期。

及学生运用基本理论分析实际问题的能力。考试试题由教务处随机抽取，杜绝教师考前划范围及泄题等问题。

考核方式具体设置及成绩比重分配如表 2-3 所示，各高校可根据自身专业实际需要调整。

表 2-3　　　　　　　考核方式设置及各项比重

考核方式	考核成绩比重
出勤率	10%
平时作业	10%
课堂问题作答	10%
课堂分组讨论	10%—20%
期末成绩	50%—60%

第三节　多媒体教学在微观经济学课程中的应用

微观经济学作为经济学类 8 门核心课程之一 "西方经济学"的重要组成部分和工商管理类 9 门核心课程之一，在经济管理类各专业学科体系建设中处于基础地位，是理解和掌握其他知识的基础，在学生知识架构和经济管理能力素养培养中具有重要的作用。

内蒙古师范大学在 20 世纪 80 年代开始在思想政治教育专业中开设西方经济学课程，2002 年经济学专业招生后将微观经济学作为一门独立的课程开设。2006 年经济学院成立后，根据教育部《高等学校本科专业规范》和经济学类与工商管理类学科教学指导委员会提出的核心课程并参考其他高校修改制定了经济学和人力资源管理专业培养方案，强化了微观经济学核心课程的地位。

作为核心课程之一，如何采取有效的教学手段和方法，使之被学生掌握和应用是我们一直研究的问题。多媒体教学增强了教学内容的逻辑性和趣味性，给学生提供多层次的丰富的感官信息，可以将课前、课中和课后有机结合起来，提高学生对知识的理解和掌握，具有传统教学手段无可法替代的功能。随着信息技术的飞速发展，多媒体教学已经成为各高校一种普遍应用的教学手段，2001 年以国家级精品课程为中心构建的国家级、省级和校级三个层次的精品课程体系建设推动了各高校对多媒体教学和网络平台建设的重视，进一步推动了各学科专业多媒体教学研究和建设的发展。

多媒体教学手段与传统教学手段相比较的优势和多媒体教学研究与建设的进程使我们意识到，可以通过多媒体教学手段的丰富和完善提高微观经济学的教学质量。

一 微观经济学课程应用多媒体教学的意义

建构主义学习理论认为：知识的获得不是简单地接收来自外界的信息，而是对外界信息进行积极主动的选择和理解，对所有作用于感官的信息我们不可能兼收并蓄，而是在知识结构的影响控制之下，只对部分信息给予密切关注，通过选择加工，与学习目标、学习动机、已有知识构成和新知识结构中的原理或命题相互影响、相互作用，从而赋予新的意义。多媒体教学手段和方法的广泛使用，为教师提供了解决这一问题的有效的平台。[①] 微观经济学作为理论经济学的重要组成部分，与一个国家和地区的经济发展实际也密切相关，其主要内容如供求分析、消费者行为分析、企业成本分析、外部性分析、博弈论等均可以通过数据分析、案例分析等方式更好地传授给学生，在此过程中，多媒体教学方式发挥着重要作用。

（一）利用多媒体的动态演示，提升学生的理解内化能力

微观经济学教学内容在不同阶段侧重点有所不同，初级微观经济学以理论的文字表达方式为主，辅之以一定的几何表达方式（图解法）；中级微观经济学以几何表达方式为主，辅之以一定数量的函数表达方式（数学推导）；高级微观经济学以数学推导和数学建模为主。在本科阶段，主要以初、中级微观经济学为主，兼具文字表达法、几何表达法和函数表达法，以基础理论为主，微观经济学前沿和数学推导的比例较少、层级相对较低。主要采用高鸿业教授的西方经济学（微观部分）教材，属于国内较多高校硕士研究生入学考试的主要参考教材，介于初级和中级之间，这就决定了在授课过程中图解所占的比例，而多媒体课件的动态演示效果明显优于传统教学方式。如供求均衡理论分析，动态演示需求曲线和供给曲线移动对均衡的影响，使学生能够对均衡的实现有更直观的了解，辅之以

---

① 田芳、李乐群：《经济与管理类课堂运用多媒体教学的基本原则》，《湖南大众传媒职业技术学院学报》2005 年第 3 期。

数学推导和习题辅导，从而能够理解和掌握这一微观经济学的核心理论。弹性理论、蛛网理论、消费者均衡分析、生产者均衡分析、利润最大化原则分析、市场理论等大量的微观经济学理论均可以通过图解的方式加深学生的理解与内化。而且通过图解的方式可以让学生对微观经济学整体框架以及不同章节与内容的知识框架也能更好地把握和理解。

（二）利用多媒体课件内容的丰富性，提高了分层教学的实效性

从录取结构看，具体学生由本科第一批次、第三批次、预科生和蒙语授课生组成；从高中学科体系看，由文科学生和理科学生组成，不同的层次和不同的英语和数学基础决定在微观经济学的授课过程中，在培养方案设计、教学内容设计、教学过程设计和考核方式设计等方面采取有针对性的措施，经过微观经济学教学团队的多次研究，采取了滚动式分层教学模式。分层教学模式是在1868年由美国教育家哈利斯创立的，又称弹性进度制。20世纪60年代以来，分层教学的思想传播到世界各国，形式也日趋多样化[①]。这就要求以多媒体课件为主要载体的教学内容更加丰富，既有利于提高微观经济学教学团队人力资源的利用效率，又能够给学生以丰富的资源以满足不同学生的不同需求。在初级微观经济学基本知识框架的基础上，我们在课件中增加了知识拓展和知识链接环节，不同学生可以根据自己的需要拓展知识面、掌握基本数学推导和理论前沿知识。

我们将每章涉及的经济学家个人网站、个人简介和学校网站作为知识链接提供给学生，目前我们提供给学生的链接主要有哈佛大学、芝加哥大学、麻省理工学院、普林斯顿大学、哥伦比亚大学、加州大学伯克利分校和斯坦福大学等经济学知名学府，提供为微观经济学发展做出卓越贡献的诺贝尔经济学奖获得者科斯、道格拉斯·诺斯、纳什、泽尔腾、维克瑞、斯蒂格利茨、马斯金、威廉姆森等的网站链接，对于英语和数学基础较好的学生可以阅读这些学校和经济学家的论文，提高学生的兴趣，拓展延伸知识面。每章后面我们都会提供相关章节的数学推导并提供数学推导练习题，利用习题辅导课、网络教学平台和微观经济学公共学习邮箱，使数学基础较好的学生顺利达到中级微观经济学的水平。每章后面我们会提供相关理论的前沿进展，使学生在掌握基本微观经济学知识的基础上，及时了解微观经济学的理论前沿。

---

① 叶琳、刘文霞：《国外分层教学历史发展概况》，《教学与管理》2008年第1期。

（三）借助师生互动机制，调动学生学习热情

微观经济学的教学目标是培养学生掌握微观经济学基本理论，并能运用微观经济学基本理论与政策分析和解决现实问题。强化与学生的互动机制，调动学生学习的积极性，有助于教学目标的实现。目前，我院微观经济学教学过程中师生互动机制的构建主要包括课堂教学互动和课外网络互动两种类型。就课堂教学而言，将多媒体课件展示和教师灵活讲解相结合，既突出多媒体课件丰富的内容展示，又使教师走下讲台借助丰富的肢体语言和巧妙的设问技巧调动学生的积极性；通过课堂教学中案例讨论使学生积极参与、主动思考，并通过小组讨论和发言，提高学生对问题的理解能力和语言表达能力；通过微观经济学实验教学环节设计，借助于电脑、统计分析软件和相关数据库，以小组为单位完成实验报告，使学生在掌握基础理论知识的基础上，提高学生团队意识，强化理论理解，通过动手实验，提高经济分析能力和对经济运行的感知能力，从而提高教学质量。课外网络互动主要表现在网络教学平台建设和微观经济学公共教学邮箱建设上，网络教学平台按照精品课程申报的要求进行建设，并逐步完善教学录像，使学生能在课下进一步学习巩固，通过互动环节中习题设计、答疑释惑等环节，及时解决个别学生在学习中遇到的问题；微观经济学公共教学邮箱包含微观经济学教学课件、课程教学设计方案、习题及解答、微观经济问题设计等内容，并鼓励学生将学习中遇到的问题发到邮箱，由其他学生、研究生和授课教师予以解答，实现与学生的课外互动，使一些不能利用网络教学平台的学生也能参与互动。与学生互动的实践表明，学生的学习热情和学习效果有较大的提高。

（四）充分利用各类资源，充实完善教学内容

传统的教学模式主要依靠板书和教师的讲解，很难保证在45分钟内都吸引学生的注意力。多媒体教学可以充分利用多种资源，丰富教学内容。如在寡头垄断的讲解过程中，除了理论分析和利用统计数据进行分析外，还利用20世纪60年代日本丰田汽车对世界汽车业的垄断、波音公司和空中客车公司对飞机制造业的垄断、微软公司对计算机软件业的垄断等影音资料分析寡头垄断的成因、影响及应对之策。在外部性问题的讲解中，结合中国伴随着经济增长所带来的环境污染的图片和影音资料以及全球变暖对人类生存影响的影音资料，使学生认识到负外部性的消极影响。

二 微观经济学多媒体教学的设计思路

微观经济学多媒体教学的设计思路是：以学生微观经济学基础知识掌握和创新能力培养为目标，以多媒体课件制作为载体，以多种教学方法相结合为手段，以加强教学研究团队建设和网络教学平台建设为依托，不断提高微观经济学教学质量。

（一）以创新能力培养为目标

微观经济学是以马歇尔所创建的理论框架为基础，综合了罗宾逊夫人、张伯伦、科斯、纳什、瓦尔拉斯等学者的理论观点和政策主张，是一门理论性很强又与经济现实联系非常紧密的课程。因此，在教学中既要重视理论的讲解，又要重视学生利用理论分析现实经济的能力，培养学生的创新性思维和能力。这就要求在课程设计中，突出知识拓展与链接、案例教学和实验教学的重要性和比例，提高学生学习的积极性和参与度。

（二）以不断完善的课件内容为载体

微观经济学是一门课程体系相对稳定、知识环节不断发展的课程，因此，必须根据学生的具体实际、主要知识进展和国内外经济发展的实际不断丰富和完善。如在2008年后，结合国内外经济和理论的发展，我们适当增加了微观规制理论与政策、低碳经济等内容，2010年根据理论发展增加了博弈论的内容。在实验教学环节我们增加了阿莱悖论和卖方垄断两个选题。

（三）以多种教学方法相结合为手段

尽管多媒体教学具有很多优势，但决不能因此而否定传统教学手段。在多媒体教学课程中，仍然需要传统教学方式中经常采用的教学方法，将两种教学模式有机结合起来。因此，教师要吃透教学内容，根据两种教学模式的特点，认真分析哪些内容更适合用多媒体教学，哪些内容使用传统的教学方式效果会更佳。值得注意的是，在整个教学过程中，教师的使命始终是课堂教学的管理者和组织者，内容丰富的课件加上教师特有的人格魅力、诙谐幽默并富有情趣的讲解，再加上肢体语言、设问等方式，实现与学生课堂互动，可以活跃课堂气氛，增强学习兴趣。[①] 结合微观经济学课程的特点，还需采用案例教学法和实验教学法。多种教学方法的结合使用，有助于提升微观经济学教学质量，更有助于学生创新能力的培养。

---

① 王宝娥等：《多媒体教学与传统教学方式的有机结合——环境经济学教学的体会》，《世纪桥》2008年第12期。

(四）以教学研究团队和网络教学平台建设为依托

教学团队每年 6 月底均根据课程内容和现实经济的发展进行教学研讨，商讨内容的增减和案例、实验教学内容的变更，并根据研讨后形成的意见确定分工，在 8 月初进行汇总并讨论，将形成的新课件用于微观经济学教学中。同时，教学研究团队分工协作加强网络教学平台建设，依据精品课程建设的要求和标准将各部分逐一完成，经过论证和讨论形成精品课程建设基本框架内容，为学生互动和网络共享奠定基础，也使微观经济学于 2010 年成为内蒙古师范大学精品课程。持之以恒的研究和建设也必将提高精品课程建设质量。

三 微观经济学多媒体教学中应该注意的几个问题

多媒体教学有助于提高微观经济学教学质量和培养学生创新能力，但在教学中也应该注意以下几个问题。

（一）多媒体课件中教学内容的设计要合理

在多媒体教学课件的设计中，内容不是越多越好，而是要适合学生和教学的实际。多媒体课件毕竟只是教学纲要，不可能涵盖所有内容，要详略得当、突出重点难点。课堂内容、教学案例讨论和实验教学的比例要适当，要以基础理论知识的传授为基础，辅之以案例教学和实验教学，案例教学每章以一个经典的大案例为宜，实验教学以 8 学时为宜。

（二）课堂教学中要掌握讲课的技巧和速度

在多媒体教学中，要注意讲课的速度，充分考虑学生对知识的掌握和部分学生记笔记的习惯，不能因省去板书的时间而加快速度，可以通过内容渐进、举例讲解、设问等方式将课程内容和学生的思考联系起来。注意采用设问、比较分析、提问等相结合的方法掌控课堂教学的进度和内容，使学生尽可能在课堂中消化所学知识。在将传统教学复习旧课、引入新课、新课讲解、练习巩固、教学反思等环节引入多媒体教学的基础上，在第一次课采用鸟瞰微观经济学知识体系、在每一章采用全章概览的方式让学生了解知识脉络，在每一章后面和总复习时利用图解等方式及时复习巩固所讲内容，使学生加深理解。

第三章 非财会专业《会计学》教学方法改革与探索

在社会经济不断发展的过程中，经济管理各个领域中都已广泛渗透着国际通用的"商业语言"——会计语言，会计也无疑成为企业经济行为的基础和自身发展的必要依据。我国著名会计学家杨纪琬生前曾经指出："在现代，不懂得会计知识，不理解和不善于利用会计信息的人，是很难从事经济工作的。"由此可见，不论是经济发展的需要，还是企业成长的要求，都对新时期经济管理人员提出了具备一定会计学基础的迫切要求，因此国内的多数高校在培养方案和教学设置中，也相应地开设了《会计学》课程。但是，就目前的状况而言，会计教育界的关注重点还是落在了财会专业学生的培养问题上，而对于非财会专业的《会计学》教学问题研究还不够深入。

第一节 《会计学》课程教育发展史

一 课程设置历程

进入 21 世纪后，我国经济社会的高速发展对经济管理者的专业知识和综合能力提出了新的要求，会计相关知识的掌握也成为了其必备的基本素养。在此形势和要求下，我国教育部高等教育司于 2001 年组织编写了《全国高等学校管理类核心课程教学基本要求》和《全国高等学校经济类核心课程教学基本要求》，对于工商管理类专业以及对经济类专业中非财会专业的《会计学》内容进行了指导和规范，要求在这两类专业的非财会专业课程设置中开设《会计学》，通过会计学课程的学习让学生掌握基本的会计学原理，了解基本会计信息，并且能够灵活运用会计相关信息进行科学的决策分析。因而非财会专业的会计学课程学习目标不同于财会专业，不在于把学生培养成优秀的财务会计人员，而是要培养其会计信息的分析和应用能力，在此基础上提升其在经济管理活动中的决策与管理能力，以适应不断发展的现实需要，努力缩小我国经营管理者与国外发达国家经营管理者之间的差距。在此要求的指引下，《会计学》课程自然地成为经济管理类专业设置中的一门基础课程。

对于非财会专业学生开设的《会计学》课程，主要包含的内容是会计学的基本理论和基本方法，目的是使学生通过本课程的学习掌握企业的经济业务如何生成规范的会计信息以及如何对会计信息进行分析利用，以培养学生主动借鉴会计信息进行决策的能力，其建设与改革对经济管理类专业学生专业能力的构建至关重要。因而，针对非财会专业学生的教学目的，《会计学》的教学内容编排上与财会专业有所不同。在《全国高等学校管理类核心课程教学基本要求》和《全国高等学校经济类核心课程教学基本要求》中，非财会专业《会计学》相当于涵盖了财会专业主干类课程中的《会计基础》、《财务会计》和《管理会计》三门课程的主要内容，并对该课程的建议课时为144课时。而且，对高等院校非财会专业《会计学》的实际教学提出了较高要求，要求其不能是上述三门会计核心课程的简单汇总，而要对其进行系统性构建和重组。在教师的教学过程中，不仅要对重点教学内容进行详细讲解，还要在理论讲解基础上让学生明白会计信息是如何生成的，理解其来龙去脉，熟悉相关会计工作内容和程序，在相关会计知识体系构建的基础上，达到重点培养学生对会计信息分析运用的能力和进行科学决策的能力。

虽然教育部高等教育司在前述编著的《核心课程教学基本要求》中明确提出了高校教育中非财会专业《会计学》的教学宗旨与财会专业不尽相同，不是把学生培养成优秀的财会人才，而是让经济类和管理类学生能够通过对会计信息的运用进行科学的决策。但是在实际教学工作中，由于非财会专业《会计学》教材建设的滞后，加上大多数高校经济类和工商管理类的教学计划设计者并非对会计教学内容体系非常熟悉，或者干脆不太重视会计学教学，因而并未能按照国家教委高等教育司的要求将《会计学》教学时数设计为144学时，课时的限制也决定了教学中不太可能覆盖《会计基础》、《财务会计》和《管理会计》三门课程的基本内容。

内蒙古师范大学在2002年开始招收人力资源管理专业学生的时候，

本课程的设置严格按照国家教委的要求，共有 144 个课时，并分两个学期进行教学。但由于这样设置带来了一门课程需要两个学期分别登两次成绩的问题，给相关教学人员和教务工作管理人员带来了操作中的不便。于是又将该课程分解为两门课程，分别为《会计学（上）》和《会计学（下）》。后来随着学校教学改革的推进，为了给予学生更多自主学习时间而压缩教学时数，该课程的课时也不得不进行相应的压缩。比如笔者所在的内蒙古师范大学经济学院，在经济类和管理类各专业会计学课程设置中，有的教学时数为 72 课时，有的压缩为 54 课时甚至为 36 课时，在这样的情况下，涵盖《会计基础》、《财务会计》和《管理会计》三门课程内容的会计学只能简化为《会计基础》加《财务会计》或只是《会计基础》，类似这样的情况也同样存在于其他高校的管理类和经济类专业。

二 教学目标与内容不稳定

（一）教学目标定位模糊

非财会专业学生对于会计学的学习目的与财会学专业有所不同，不是会计信息如何生成，而是对会计信息的运用，因而读懂、分析和运用报表是关键。然而一些高校对非财会专业会计学课程的教学目标定位在实际中存在很大偏差。由于长期应试教育思维的影响和缺少必要的教学质量考核体系，非财会专业会计学的教学目标大多趋近于基本原理和基本概念的掌握，学生也往往忽略所学专业的特点，一味满足于对某些结论的死记硬背。这样使得在实际教学过程中，会计学无法与学生的特定专业有机结合，不仅影响学生学习的积极性，无法达到预期教学目标和教学效果，也显然违背了非财会学专业会计学课程教学的目的和初衷。

（二）教学内容缺乏特色

会计学教师对教学内容组织的一般依据往往是教材，但是就目前出版的会计学相关教材来看，基本上都是会计学专业教材的精简本，因此内容上重点还是会计信息的处理过程，而与会计信息的分析及利用有关的内容则相对比较少。如果非财会专业的学生在学习中依照这类型教材，那么其会计学课程的教学内容重心自然就落在了会计要素的确认、计量及会计核算方法的详细介绍上了。而对于非财会专业的学生来说，学习会计学这门课程的重点是掌握和利用会计信息的方法，不应该是详尽地掌握会计核算过程，此在教学内容上的重点无疑应该是会计报表的学习。然而在实际教学中，会计报表的相关内容往往只是被粗略地提及，谈不上详细讲解及其编制。因而学生对会计报表往往也是模糊不清，没有掌握报表数据的来龙去脉，就更不可能对其进行分析和利用了。

教学内容是落实高等教育培养目标的核心。会计学是一门经济管理类学科，它的内容也应该是不断丰富和发展的。从会计学专业课程设置的角度来看，会计学原理、财务会计、成本会计、管理会计、财务管理、审计、会计电算化等课程都应该是其涵盖的核心内容。但是对于非财会专业会计学课程的内容设置，则不可能也完全没有必要照搬财会专业的课程体系。非财会专业的学生不是会计信息的生产者，他们学习会计学的最主要目的应该是分析和应用会计信息。为了达到这样的目的，教学内容上不应该过分强调会计核算，而应该在兼顾会计基础理论知识的同时，更强调会计与经济活动和其专业学科的联系。但是就目前的情况来看，各高校的非财会专业的会计学课程的教学内容与财会专业基本相同，或者只是缩略版的财会专业教学内容，这样无法体现出财会专业与非财会专业不同的教学目标，因而无法满足各专业的不同需求。

（三）没有针对专业特点编著的教材

就目前的情况看，市面上会计学方面的教材种类比较多，看上去可选择余地比较大。但是出于各种各样的考虑，相关教材在介绍适用范围时，用词往往模棱两可，不能为教材选用者提供有价值信息。在高校非财会专业的会计学教学中，有的教师只能依照自己的教学习惯来进行教材选用，而有的教师虽然选用了标明非财会专业适用的会计学教材，但内容结构与会计学专业教材大同小异，主要内容依旧是填制凭证、登记账簿、企业主要经济业务的核算和编制报表等会计人员日常核算工作基础，其内容的组织是从培养学生的会计职业能力出发的，使得非财会专业人员日后的工作需要不能很好地得到满足。

随着我国经济体制改革的不断深化与市场经济的建立和完善，我国在会计方面的改革也不断加速，从1992年"两则两制"的颁布到2001年"会计法律法规体系"初步建立，再到2006年的"新企业会计准则体系"形成，通过我国会计准则与会计制度的不断变革，基本实现了与国际会计准则的实质性趋同，但是会计教材的建设却普遍比较滞后。在高校财务会计的教学过程中，不能仅仅局限于以教材作为讲授依据、教案多年不变的静态教学方式，而是要在会计学的课堂教学中与时俱进，努力采用动态教学方式，把会计改革中出现的新知识、新内容以及会计实务中面临的新问题等及时向学生进行传达和探讨，以便尽量缩短理论与实践的距离，保证非财会专业的学生也能获取会计学方面最新、最实用的知识。

第二节 传统教学方法：效果评估与时代挑战

一 传统教学方法概述

目前在非财会专业会计学课程的教学过程中，采用的还是传统课堂讲授方法，也就是说按照目录的内容依次讲授，学生只能在规定的时间内听事先确定的教学内容，只能是"老师教什么，学生学什么"，没有任何可以自主选择的空间。近年来，虽然很多高校在会计学教学手段上进行了一定改革，使用了多媒体等教学手段，可是大多数教师仅仅是简单地用 PPT 替代了板书，而比较受学生欢迎的案例教学法、网络技术及相关软件在教学中的应用却很少涉及，并未能够达到真正的多种媒体协同教学。就学生而言也并不完全认同目前这种教学方式，这无疑降低了其学习会计的积极性。从因材施教的角度来看，非财会专业的会计学课程教学应采取不同于专业会计的教学方法。

二 传统教学方法的效果评估

由于非财会专业会计学课程的授课时数在实际教学过程中相对较少，而在教学内容上又要求体系相对完整，所以在目前大多数高校中，会计学教学模式仍然是以教师为主体的，即以课堂讲授、布置作业和考试评分为主要表现形式。这种教学模式往往只着眼于传授会计基本知识，而忽视了学生在教学中的作用和地位。教师在完成基本授课任务之后，一般不再有时间针对教学内容开展小组讨论、案例教学以及社会调研。这样的情况下，一方面学生被动接受，常常抱怨教师授课内容太多、讲课进度太快而不易消化，而另一方面，教师则抱怨教学内容设置过多而时间授课时数过少。这也从一个侧面说明了会计学课程的教法与学法可能都存在一定问题，亟待改进。

目前，对于会计学专业的实验教学环节，财经类高校普遍是比较重视的，而对于非财会专业会计学的教学中存在着重理性认识轻感性认识、重理论轻实践的教学误区。因而很多高校非财会专业会计学课程的教学过程中缺少实验教学环节，即使个别设置会计实验教学环节的高校分配的学时也非常有限。这使得很多学生虽然学习了会计学,却始终没有见过会计凭证、会计账簿。与此同时,由于会计实验具体操作环节的缺乏,非财会专业的学生在会计实务的理解上往往只能靠想象,这显然使教学效果大打折扣。

三 传统教学方法面临的挑战

传统教学方法往往存在教学内容一刀切,教学要求一味低和教学方法一成不变的问题,使得在实际教学过程中教学内容不够完整,教学方法不够灵活以及教学效果不够显著。要想让非财会专业学生对会计学的学习真正达到学有所用,就必须根据各专业自身的培养目标来确定教学内容的重点、广度和深度,努力实现教学内容中广度与深度的最佳平衡,以体现各专业的特点。例如,在对会计学专业的学生讲授长期股权投资后续计量方法时,会系统地介绍成本法和权益法,但是对非财会专业学生而言,主要讲授成本法简单介绍权益法基本原理就可满足基本教学目标;在对会计学专业学生讲授存货核算方法时,会详细讲解实际成本法和计划成本法,但是对非财会专业学生而言,主要讲授实际成本法即可,对计划成本法,则只作简要的介绍,不必掌握具体的做法。

在教学计划的课程设置中,非财会专业与会计专业不尽相同,一般不会设置成本会计、管理会计、税务会计和高级财务会计等课程,这就要求非财会专业会计学课程的教学内容要适当拓宽广度,对成本核算、基本税务核算和会计报表分析等内容要有适当涉及。比如,对于市场营销专业的学生,应在其会计学课程中适当增加销售业务具体核算的比重,增加现金折扣、商业折扣、销售折让、销售退回等知识,让学生意识到销售业务的核算在营销实务中非常重要;对于工商管理专业的学生,应在其会计学课程中适当增加产品成本核算的比重,让学生意识到成本核算在工商企业成本管理中非常重要;对于财务管理专业的学生,应在其会计学课程中适当增加金融资产、应付债券核算等相关知识,让学生意识到其相关核算方法在投融资决策管理中非常重要。由于计量和传送会计信息是会计的基本目标,因而在非财会专业会计学课程教学中,应以学生能够理和运用会计信息为教学目标,因而教学内容上不应像会计专业那样,着重讲解会计报表编制的原理和方法,而应把重点落在会计报表的应用上,以达到提升非财会专业学生灵活运用会计信息以服务于经营管理与经济决策的能力。总而言之,非财会专业更要求会计知识的广度,而会计专业则更强调会计知识的深度。

第三节 《会计学》课程教学改革与创新

针对非财会专业的《会计学》教学中目前存在的上述显著问题，笔者针对自己的教学实践工作，以为可以从以下五个方面着手进行改革与创新。

一　明确教学目标，在日常教学中始终贯彻这一目标

明确教学目标是课程教学改革中首要的问题，教学目标不仅关系着人才培养的模式和规格，还决定着课程体系和教学的内容和设置。非财会专业学生学习会计学的目的与会计学专业学生学习会计学的目的显然不尽相同。会计学专业的学生通过一系列会计学课程的学习，目的是成为一个优秀的会计信息生产者。而非财会专业学生通过会计学课程的学习希望能够读懂这门世界通用的商业语言，从而成为一个优秀的会计信息利用者，就如同学计算机和英语知识，都是使其成为一个能够为以后工作而服务的工具。其目的不是"如何做会计"，而是为了"懂会计"。因此，在非财会专业会计学的教学过程中，重点自然是引导学生站在管理者的角度去思考应该掌握哪些会计知识，使其服务于学生日后的具体工作。由此可见，针对非财会专业学生的会计学教学目的不是把其培养成专门会计人才，而是使其成为会计信息的使用者，因而非财会专业会计学的教学目标可以定位为：引导学生树立会计思维方式和会计思想，了解会计信息的生成过程，懂得利用会计信息化技术获取会计信息，并能够利用会计信息进行科学的预测和决策，提高非财会专业学生的管理和决策能力。

二　改革教学内容，充分考虑不同专业的需求

"因材施教"、"因地制宜"是教育的基本要求。由于非财会专业的会计教育不是为达到培育专门会计人才的目的，而是培养能够懂会计、并能够运用会计信息为其专业服务的管理类人才；因而其教学内容的设置上也要首先满足教学目的，与会计专业会计学教学有所区别。具体体现在教学内容的选择上，应该与学生自身专业的特点有机结合，在会计学教学的过程中适当加入相关的专题，将各专业的业务特点在会计学中的反映进行专门的介绍。非财会专业会计教育的教学目标决定了其在教学内容的设置上应突出对会计信息的分析与利用,而不是像会计专业那样突出会计信息的生成过程,这决定了教学模式的选择上应着重利用案例分析来提升学生运用和分析会计信息的能力。比如,对于旅游管理专业来说,除了要求其掌握基本会计概念之外,还应介绍旅行社主营业务收入方式、成本核算方法等;饭店经营业务的会计核算、客房定价、客房税收和费用问题等。对于工程管理专业来说,则应重点介绍建筑施工类企业会计的特点、工程成本项目的核算等内容;而对于市场营销专业来说,教学内容则应该涵盖诸如票据的填制与审核,特别是出差人员差旅费的报销问题;在赊销过程中如何合理确定应收账款额度及收债方法,特别要掌握纳税筹划的相关知识等。由此可见,针对不同专业的特点和要求,在非财会学专业会计学教学中应调整教学内容的侧重点,来满足不同专业的不同需求。

三 完善教学方法与手段

就目前的教学方法而言,即使在会计专业的财务会计课程教学中,也往往主要采用"填鸭式"、"满堂灌"的传统的注入式讲授法,较少采用问题讨论法、案例教学法等启发式的教学方法。前者以"教为主、学为辅",把学生当成接受知识的"口袋",在教学过程中只注重知识的传授,而常常忽视了学生的主观能动作用;而后者则以"学为主、教为导",让学生作为教学过程中的主体,注重指导、启发和培养,能够体现出"以生为本"的教学理念。笔者认为,上述两类教学方法各有优劣,并具有各自的适用条件。因而在会计学课程的教学过程中,不太可能只采用其中一种,而是应该多种方法进行优化组合。除了应不断完善讲授法、练习法等传统教学方法外,还应该较多地采用启发式教学法,以促进教与学的积极互动,来化解内容过多而课时较少的矛盾,以提高会计学课程在非财会专业教学中的效率和效果。

(一)改进完善讲授法,要以"精讲"抓住学生

对于非财会专业会计学课程来说,"内容多,专业性强,课时少"无疑成为其突出特点,教师在教学中较多地采用讲授法,为帮助学生对会计学内容的吸收理解,往往在课堂上滔滔不绝,比较注重知识的讲解,而学生则常常听得一头雾水,收效甚微。仔细分析造成这样问题的原因何在?笔者认为还是在于教师的"讲"上,讲解过程太多平淡和宽泛,希望做到面面俱到而导致没有重点,缺乏吸引学生的亮点。针对这样的问题,必须推陈出新,改进传统的讲授方法,不仅讲,还要导;"讲"不是"泛

讲"，而是"精讲"。要达到这样的要求，首先，要精心备课，精心设计授课内容，剪掉粗枝末叶，留下精华精要；其次，要精心讲课，使得授课内容通俗易懂，符合逻辑，重点突出，把抽象问题形象化、复杂问题简单化、理论问题实务化，以"精讲"吸引住学生，让学生在教师的精彩讲解下听出味道，看出门道，从而理解并吸收知识。

（二）运用角色互动教学法，强化学生对企业经济业务关系的认识

企业的经济业务种类繁多，但是其中有着密切的联系，比如购进原材料的经济业务，首先需要涉及购买方、销售方，在企业内部则要经过采购、仓储、财务等相关部门，而商业汇票的贴现则要涉及贴现方、承兑方和银行等。针对这样的特点，在教学时可以进行角色扮演，来演示原始凭证的制作、传递、记录等过程，这样不仅能提高学生对会计知识学习的兴趣，体会借贷记账法的精髓，开拓会计学习的思路，还能强化学生对企业经济业务关系的认识，并使学生认识到做假账必定是会被发现的，进而培养其诚实守信的职业道德。

（三）运用问题讨论法，增强学生的参与意识及学习兴趣

问题讨论法是在教师指导下，学生围绕中心问题来相互交流个人观点，相互启发和学习的一种教学方法，有小组讨论、自由讨论或辩论等多种形式。问题讨论法可以激发学生的兴趣，活跃学生的思维，有利于培养学生独立思考的良好习惯，进而提升其分析和解决问题的能力。但在具体运用时，要注意开展讨论的问题不能是泛泛的，必须具有典型代表意义，具有承上启下的过渡作用，并且要结合各专业的自身特点来增强学生的参与意识。比如，针对财务管理专业的学生，可讨论金融资产核算的问题；针对工商管理专业的学生，可讨论产品成本核算的问题；针对市场营销专业的学生，可讨论销售折扣、折让与退回等问题。在讨论中，教师要及时纠正出现的认识偏差与方向偏离，引导讨论步入正轨，逐步靠近预期目标。运用讨论法时，教师还应采取一定措施鼓励学生积极地参与讨论，比如对主动发言的学生给予加分奖励或将讨论效果计入平时成绩等。

（四）运用自学指导法，解决课时少与内容多的矛盾

自学指导法是学生在教师的指导下，通过对自学教材和参考资料的学习，并通过研究和思考来获得知识和掌握技能的教学方法。自学指导法强调的是自学与指导的结合，先导后学，学后再导。离开教师的指导，自学的效果不可能好；而离开学生的自学，指导的效率也不可能高。对会计学

课程中的重、难点问题，采用这种方法效果会比较显著，比如存货、收入和长期股权投资的核算等都是非常重要而且难度较大的知识点。由于教学时数有限，如果教师一味采用"满堂灌"和"填鸭式"的讲授法，不可能讲得深入浅出。而如果采用自学指导法，将某些难度较大的问题在课堂上仅仅进行方法和原理的介绍，然后留给学生课外时间自学讨论，再在学生自学讨论基础上进行有针对的指导。这不仅有利于学生提高自学能力，提升学生自学过程中的自信心，培养其独立思考的良好习惯，还能较好地解决非财会专业会计学课程课时较少与内容较多之间的矛盾，取得教学效率与效果的同步提升。

（五）充分利用信息技术

会计学是一门理论密切联系实际的学科，因而在教学过程中的实验教学必不可少。非财会专业学生进行会计实验操作的主要目的不像财会专业学生那样为了掌握做账流程，而是在于熟悉各种经济业务的账务处理流程，进而利用相关会计信息进行科学决策。因此，教师应合理安排实验内容，使学生能较为完整地体验经济业务的处理过程与结果，进而从会计核算结果出发，掌握判断经济业务的性质和效益的技巧。信息技术对于教学活动来说同样有很大作用，因而有条件的高校可以购置会计模拟实验的相关软件，让学生通过会计软件操作，体验会计完整的账务处理流程，从而把所学的会计学理论知识贯穿起来。除此之外，学生还可以利用网络资源，登录在线会计网站，免费体验在线会计的快捷，以了解信息技术条件下会计信息的产生过程，并学会利用网络会计信息。由此可见，随着信息技术的不断发展，对非财会专业学生的会计学教学也应采用新教学方法，将新的信息技术融入到教学过程中。具体教学过程中，可以采用多媒体辅助教学，设计制作相关的计算机课件、视频素材等，让学生通过观看更形象直观地掌握相关知识。比如在对会计对象进行介绍时，可以通过播放视频影音资料或实地参观等形式来介绍企业生产经营的过程，使学生全面了解供、产、销的全过程，这样对于会计学的基本概念有助于理解和掌握。

同时，案例教学法在进一步提高非财会专业学生管理和决策能力中也有重要意义，该方法通过学生的讨论和教师的分析讲解，使学生更好地理解会计知识，并从实际案例中感受到会计就在我们身边，提升会计学学习兴趣。当然，采用教学案例法并不是要完全放弃课堂讲授，而是要以会计理论教学为主，会计案例讨论分析为辅。在会计理论中穿插会计案例的目的只是为了使学生将所学的知识融会贯通，使枯燥的理论变生动，增强会计学学习的趣味性。此外，教师还可充分利用网络资源，把教案、网络课程录像、视频资料、会计软件等放在服务器上，供学生随时学习，并开展网上答疑和讨论，及时快捷地解答学生的疑问，从而提高学生的学习效率和效果。

四 完善教材的编著

目前，非财会专业的会计学教材内容大多为理论知识，缺乏与社会实践活动的有机融合，已经不能适应新时期人才培养的需要。所以对于非财会专业会计学教材的编著，应该适当增加实践中的经典案例，通过对案例的分析，可使学生利用所学理论知识对实际问题进行判断与分析，进而巩固与掌握理论知识，做到理论与实践的有机结合。因此，各大院校应该尽快规范非财会专业的会计教材编著要求，组织具有相关教学和实践经验的教师来编写适用性强的教材是当务之急。

五 改进教学效果评价机制，采取多种考核方式

任何一门课程的考核评价机制都将对学生的学习起着"指挥棒"的指引作用。目前，在大多高校的非财会专业的会计学课程中，考核方式主要还是采用传统的方法：即根据出勤情况、平时成绩以及期末考试成绩来对学生进行评价，以分数论英雄，最终决定学生是否能够通过本门课程。这种考评方式存在着诸多问题，如考试成绩的单纯记忆成分比较大，而对学生的综合分析和判断能力很难进行考核，因而无法考察学生的自主创新和实践能力。

非财会专业学生学习会计学课程，主要是为扩大知识面，完善知识结构，开拓视野，从而为今后从事的经济管理相关工作打下基础。因此在课程考核阶段不适合单纯以卷面成绩作为评价标准，而应加大实践环节的考评比率，运用多种方式进行综合评定。比如，在平时成绩测评中可设立课堂提问、案例分析、小组讨论、撰写课文等多种方式相结合的评定指标。而期末考试内容则应主要考核学生的综合分析能力，使学生能够真正掌握会计基本方法，并能灵活运用基本理论对会计信息进行初步分析，这样才能进一步提高学生的综合素质与能力。

综上所述，会计学课程教学内容与方法的优化不能搞"一刀切"，要因培养目标和培养任务而异，要因具体专业特点而异，要因学生而异，因教师而异。尤其对于非财会专业的会计学课程，在教学内容的优化上，更

要本着"需求"的基本原则,来满足不同专业学生能力培养的实际需要以及会计知识更新发展的需要,在编制授课计划和授课教案时应把握"因大纲施教",不能"因教材施教",不能机械地仅仅依据某一本教材内容去进行教学,而是要按照教学大纲要求去精心组织;在教学方法的改进与优化上,应该本着"以生为本"的新型教学理念,真正做到以学生为主体,尊重学生,在教学过程中注重启发指导与沟通互动。

第四章 《统计学》教学方法改革与探索

第一节 《统计学》课程教育发展史

一 课程设置历程

（一）课程设置的意义

《统计学》是经济类、管理类专业的一门专业基础课，旨在培养大学生的统计思维方法，掌握研究经济和管理问题的数量分析方法及技术，提高大学生分析现状、解决问题的能力。经济统计学是以社会经济现象的数量关系为研究对象，与财经和管理类专业的许多专业课程紧密联系[①]。2002 年，教育部高教司确立了包括统计学在内的 9 门课程为工商管理类专业的核心课程。内蒙古师范大学经济学院各专业开设的统计学课程已经成为培养学生掌握统计理论和方法，夯实经济学基础，熟练运用计算机分析、处理统计数据，提高学生综合素质的一门重要课程。

（二）课程设置历程

《统计学》课程在内蒙古师范大学设置的历史悠久，已达 20 多年。经济学院是由内蒙古师范大学政治经济系的经济学专业和人力资源管理专业组建而来，内蒙古师范大学政治经济系于 2000 年与内蒙古教育学院经济管理系合并。内蒙古教育学院经济管理系于 1993 开设《统计学原理》课程，师范大学政治经济系的经济管理专业于 1997 年开设，其后在 2001 年新增的人力资源管理专业和在 2002 年增加的经济学专业，也都相继开设《统计学原理》课程。2006 年内蒙古师范大学经济学院成立，学院相继开设的专业有经济学、人力资源管理、农村区域经济管理和会计学等，

---

① 师振华：《谈谈统计学课程的发展》，《山西经济管理干部学院学报》2004 年第 3 期。

《统计学原理》课程作为专业基础课为学院各专业均开设。在此期间,内蒙古师范大学国际交流学院与苏格兰学历管理委员会合作,开展了 HND 办学项目,自 2006 年以来,招收人力资源管理等专业,开设《商务统计》课程,引进了国外实践型的教学理念和相关专业,为深化教学改革开启了新思路。

二 教材内容更新

经济学院《统计学原理》课程经过多年的建设,取得了一定成绩。为保证本门课程的教学质量,我们多年来追踪统计学专业和学科的发展,对其教材内容不断更新。

（一）以应用型人才培养为目标更新教材内容

非统计专业本科阶段统计学课程的教学目标不是要培养统计学家,也不是要培养从事统计实务的工作人员,而是要培养满足专业需要,具有一定理论基础和专业知识,掌握现代统计分析方法与技能,适应社会经济发展要求并具有较强实践能力的应用型专门人才。在课堂教学中,统计学教师应教会学生如何根据所要研究的实际问题去收集、整理与分析数据资料,如何对大量纷繁复杂的信息做出正确的判断与选择,如何把不确定的现象变为确定的认识,如何探求客观世界的规律。同时,还应侧重于帮助学生奠定进一步学习专业课程和观察事物与处理事物的方法论基础,而不必注重统计理论的演绎过程,尤其是过多地偏重数学在统计中的应用。

（二）以应用型人才培养为目标编写教材

为了满足大学本科"技能型、应用型"人才培养目标,突出教材建设与办学定位,我们在不断总结教学经验的基础上。讨论分析当前经济管理人才对统计知识的需要和原有教材的不足,学院教师编写了适应我国经济发展需要,反映现代统计科学发展的《统计学原理》规划教材。在《统计学原理》教材使用的这几年教学中,我们感觉到教学效果良好且基本成熟,经过实践检验基本能稳定下来。

该教材强调"学以致用",以数据的搜集、整理、显示和分析的基本理论和基本方法为主线,以数据分析为核心。既深入浅出,言简意赅,又注重理论与实践相结合,同时又强调与计算机结合的教学过程,培养了学生利用计算机进行数据处理与分析的能力。

（三）教材主要内容

本课程的教材内容大体包括三个部分:

第一部分描述统计，包括统计数据的收集与整理，介绍收集和整理统计数据的常用方法；数据分布特征的描述，讲述数据分布的集中趋势和离散程度的常用测度方法。

第二部分是推断统计，包括概率与概率分布，介绍概率及概率运算的一些基础知识，以及几种常用的概率分布；抽样与抽样估计，介绍一些抽样的方式以及参数估计的基本方法。

第三部分是经济管理中常用的一些统计方法，包括相关与回归分析，介绍相关分析和回归分析的一些基本方法；时间序列分析，包括介绍时间序列的对比分析和构成分析等内容；指数，讲述各种指数的编制方法和因素分析法。

上述教学内容各部分有一定的联系，但是也有一定的独立性。教师可根据学生基础、接受能力及培养目标，适度灵活组合。

第二节 传统教学方法：效果评估与时代挑战

一 传统教学方法概述

传统教学方法是以课堂教学为主要形式，以教师教授为主的教学方法。这种方法经过教师们长期的探索和完善，依然在专业课教学中占主导地位。虽然受到这样那样的批评，但是也有其不可替代的作用。

（一）传统教学方法的优势

传统教学方法有很多不可替代的优势，经过几千年的厚重沉淀，积累了很多课堂教学经验。

1. 有利于组织课堂教学

《统计学》的传统教学方法主要是课堂讲授。面对学生，教师通过课堂语言将知识传递给学生，通过肢体语言和面部表情等和学生进行思想交流，根据学生的接受情况对教学内容、方法及时做出调整。课堂教授可以帮助迅速了解已有知识体系，把握重点、难点，在短时间内获取大量知识。课堂教学是师生之间的信息和思想交流，教师在讲台上的一举一动，都对学生有启发诱导的作用①。教师在讲授时会经常有意地将自己对某个问题的观点、解决思路讲解出来，从而潜移默化地影响学生。

2. 注重培养学生分析问题的思维能力

教师可因题而异，采用设问、提问、讨论、启发、例题等多种形式组织教学，使学生紧跟教师的思路，留给学生思考时间，让学生从中慢慢地品味和细细地咀嚼，从而保证学生思维的连续性，培养学生逻辑思维能力。

（二）传统教学方法的劣势

1. 不利于抽象概念的深入理解

有的教师在课堂教学中，仅借助"黑板＋粉笔"，以一种静态的语言将一连串的概念和法则直接抛给学生。由于缺少直接经验的支持，新知识与传统知识链接不紧密。而对概念的形成过程感到茫然，难以理解和消化、吸收，不能构建有效的知识体系。

2. 教学模式单一

表现在统计学课堂上大多是教师讲学生听，教师写学生记，教师问学生答②，缺乏学生学习的主动性和针对性，不能适应所有知识接受者的思维方式。传统教学中板书费时、效率低，课堂上教师书写板书总是占用了大量宝贵的课堂时间，板书常写常擦造成教师劳累，影响课堂效率和授课容量。

3. 实际应用不多

传统教学法在教学内容处理上，多表现为一条条知识的教学，满足于讲清书本上的现成知识，对于理论知识在实际中的具体应用涉及不多。

4. 教学组织形式不灵活

传统教学方法习惯用外在手段迫使学生学习。比如，过严的约束，过多的作业，死记硬背的考试，都影响了学生生动活泼的学习。

总的来说，传统的教学方法表现出重教轻学，重知识轻能力，重结果轻过程，重模仿轻创造，重外因轻内因的弊病，它阻碍了学生认识潜力的发挥，不利于智能型人才的培养。

---

① 王淑英、曹广秀：《传统教学模式与多媒体教学模式的优化与整合》，《商丘师范学院学报》2007 年第 9 期。

② 刘丽萍：《从馒头与汉堡包引发的思考》，《都市家教（上半月）》2013 年第 5 期。

二 传统教学方法的效果评估

传统的统计教学方法是注重教师讲授,学生听课,信息传递是单向的。由此导致了一些不良的教学效果。

(一) 不注意调动学生的学习积极性

传统的统计教学方法一般是教师讲学生听。在一节课50分钟时间里,教师讲课的时间占90%左右,剩下10%的时间也许留给学生,也许还被教师占有。整个教学过程是围绕教师展开的,教师多半是站在讲台前完成自己的教学任务的。这种教学形式使学生没有机会参与到教学中来,客观上限制了学生在课堂中独立自主的活动,制约了学生主观能动性的发挥。

(二) 不利于因材施教

每位学生都是独一无二的个体,都有自己独特的智力因素,有的思维迟缓,有的思维敏捷。而传统教学方法的集体授课形式,教师不能过多关注单个学生的心理、生理差异,无法分层教学和因材施教,在一定程度扼杀了学生的个性。

(三) 阻碍了创新型人才的培养

教学方式是教师与学生为完成一定教学任务,在教学活动中所采用的教与学的方式、途径和手段的总称。它直接关系到教学工作的成败、教学效率的高低以及培养人才的方向和质量[①]。在"满堂灌"的大学课堂中,学生的注意力主要集中在教师传授的现成知识上,始于问题、基于发现、体现研究性和主体性的教学氛围少。灌输式教学方法,没有考虑学生的内在需要,难以激发学生的好奇心理,也不能提供创新所需的环境和创新实践机会,必然压抑学生创造性的发挥。

三 传统教学方法面临的挑战

统计学是一门应用性、操作性很强的方法论科学,它的产生与发展始终与社会实际紧密联系在一起。在社会主义市场经济条件下,实际生活的千变万化和纷繁复杂决定了传统的教学模式正面临着现实的挑战[②],单纯地向学生传授统计知识已难以满足学生的实际需要,具体体现在以下几个方面:

(一) 统计学课程重理论、轻实践

部分统计学教师,在教学过程中偏重理论阐述,很少给学生动手解决

---

① 秦军、王爱芳:《我国高校创新型人才培养模式研究》,《教学研究》2009年第4期。
② 陆晓燕:《关于统计学教学改革若干问题的探讨》,《教育教学论坛》2013年第5期。

问题的机会,这导致很多学生不会运用统计学的思维方法看待和解决实际问题[1];决策时只考虑到某种情况的可能性而不知根据统计数据作出客观判断;进行社会调查时,不会选用科学的方法获取资料。

(二)课程教学与统计软件应用的结合力度不够

数据的搜集、处理、分析须借助于相关的统计软件(如 EXCEL、SPSS、EVIEWS、SAS 等)来实现,所以如何使用这些软件与掌握统计理论同样重要[2]。在实际教学中,统计软件的应用被忽视,导致学生应用统计软件处理问题时,不知从何下手,即使依葫芦画瓢,把数据置入程序,也不能判断结果的好坏与正误等。

(三)教师自身的统计学应用能力不足

有的统计学任课教师基本上是从学校到学校,自身缺乏实践教学环节的训练,很少了解和掌握企事业单位、政府统计部门是如何进行统计工作的,因此教学过程中的统计应用只能是一些理论上的应用,在培养学生实践能力方面出现"力不从心"的情况[3]。

(四)课程考核内容和方式陈旧

现有考核形式仍采用传统的闭卷考试形式,学生往往采取机械性的记忆通过考试,至于如何应用则无心顾及。

第三节 《统计学》课程教学方法改革与创新

为了解决教学中的问题,我们不断研究,改进教学方法,现在在教学中注意结合各种有效的教学方法,已逐步形成了以课堂讲解为主与使用计算机辅助相结合的教学模式。由于该课程具有形象直观与抽象思维并存的特点,教学中采用课堂提问、课堂集体作业、互相交流、课后信息收集、作业批改、解题答疑等手段,有效地调动学生的学习积极性,促进学生的积极思考,激发学生的潜能。由于学生学习成效比较显著,受到学生的普遍欢迎。

---

[1] 宋晓青:《高职院校〈统计学〉课程教学改革之我见》,《商情》2012 年第 1 期。
[2] 唐志:《统计学课程研究性教学的理论和实践》,《陕西教育》2012 年第 5 期。
[3] 唐志:《独立学院经管类专业〈统计学〉课程教学模式改革探讨》,《教育教学论坛》2012 年第 8 期。

一 以"学生自主"为核心，探索统计教学新模式

教学模式是基于一定教学理论而建立起来的较稳定的教学活动框架和程序，是在一定的教学思想、教学理论和学习理论的指导下，在一定环境下开展教学活动的一套方法论体系①。它规定了教学过程中师生双方的活动、实施教学的程序、应遵循的原则以及运用时应注意的事项，是现代教学活动各要素的有机整合，是师生双方教与学的行动指南。

传统统计教学模式存在教学理论落伍、教学目标单一、教学手段落后、教学程序呆板、教学方法单一等弊端。为了避免传统教学模式带来的弊端，结合多年从事非统计专业统计教学的经验，提出了基于信息化背景下的统计教学新模式——教师引导下的学生自主学习模式，即以建构主义理论为指导，统计学教师通过设计有效的教学资源环境，将信息技术与信息资源、人力资源和统计课程有机结合起来，促进学生自主探究新知识，发现新问题，探究新思路，加强师生协作研讨，不断优化教学的过程②。这种模式是由统计学教师、学生、教材、媒体四要素在统计学课堂中所构成的相互联系、相互作用的相对稳定的关系来确定的。统计学教师用什么方法、手段、策略进行教学，学生如何在教师引导下，以独立自学与协作互动方式通过网络环境进行自主探究，都要按照一定的目标、要求与进程，有序地开展。

二 "六法"并用，实现教学方法多元化

教学方法是教师引导学生掌握知识与技能，获得身心健康发展的共同活动的方法，是教师和学生为完成教学任务所采取的一切方式和手段的总称。传统的统计学教学方法多属于灌输式教学，其主要特征是：课堂教学以教师为中心，以教师讲授为主，学生单向被动接受知识。针对这种情况，我们以是否体现研究性学习、探究性学习、协作学习等现代教育理念，是否有利于课程内容的学习，是否符合学生特征和取得较好的教学效果为原则，提出了5种统计学教学方法。

（一）课堂讲授与上机操作相结合

课堂讲授以基本理论与基本方法为主。在课堂教学中，统计学教师按

---

① 任奋兰：《一位研究型化学教师的成长路程及其启示——清华附中特级化学教师闫梦醒的个案研究》，首都师范大学，2006年。
② 颜泳红、李元初、周雪元：《基于信息化背景下的统计教学模式探析》，《湖南农业大学学报（社会科学版）》2008年第6期。

照预先设计好的统计学教学体系，系统精要地讲授统计学的基础理论和基本方法，引导学生形成统计学的基本框架和思维方法，同时利用 EXCEL 软件演示如何进行数据处理及分析。上机操作则以培养动手能力为主。通过课堂讲授后，安排学生收集相关数据，然后上机操作，以培养学生处理数据、发现问题、解决问题的能力。

（二）案例式教学

案例式教学是通过模拟或者重现现实生活中的一些场景，让学生把自己纳入案例场景，通过讨论或者研讨来进行学习的方法。统计学教师既可以通过分析、比较，从中抽象出某些一般性的原理，也可以让学生通过自己的思考或与其他学生的交流来拓宽自己的视野，丰富自己的知识。统计学教师往往要提前将从报纸期刊、互联网以及自身实践中搜索的案例材料，打印后发给学生，并要求学生在课前分组进行分析和讨论。在进行案例教学时，统计学教师要提供明确的讨论目标和引导程序，要求学生先按教师提供的讨论目标进行分组讨论，然后到课堂上进行集中讨论，旨在引导学生寻找正确的分析思路，寻找实际问题和相关知识点的结合。

（三）基于概念框架的支架式教学

支架式教学也称为"框架式教学"，要求为学生构建对知识的理解提供概念框架。在教学过程中，统计学教师需要把复杂的学习任务加以分解，提炼出一系列相关概念，以便学习者理解。比如对抽样分布的教学，统计学教师可提出总体分布、样本分布与抽样分布等三个相关概念，然后让学生每人提供一个硬币构成一个整体（总体），再按硬币制造年份形成硬币的次数分布表（总体分布）；同时要求学生自己动手，采取有放回的随机抽样方式，从硬币总体中随机抽取容量相同的样本若干，每一个样本均可按硬币制造年份形成硬币的次数分布表（样本分布）；根据所有容量相同的样本分布计算制造年份的均值（样本均值），并进行整理，便可形成样本均值的抽样分布；此后让学生思考：样本均值的抽样分布将呈现什么样的形态？随着样本容量的增加，样本均值的抽样分布又将呈现什么样的变化？最后进行小组协商讨论，在共享集体思维成果的基础上达到对当前所学概念比较全面、正确的理解，完成对所学知识的含义构建。

（四）基于真实问题的抛锚式教学

抛锚式教学也称为"基于问题的教学"，它要求学生到实际的环境中去感受和体验问题，而不是对经验的间接介绍和讲解。比如对数据搜集的教学，统计学教师可根据身边的实际情况确定一个问题情景，要求学生解决。学生们可根据教师的要求拟定一个搜集相关资料的调查方案，经过讨论、交流，让学生明确为什么要去搜集数据？要向谁搜集数据？搜集什么数据？怎样搜集数据？最后对调查方案进行补充与修正，并将调查方案付诸实施。这样，学生不仅理解了数据搜集的方法和程序，而且培养了应用知识、收集资料、解决问题、尝试研究的能力。

（五）加强实践性教学环节

与本课程有关的实践性教学主要是指导学生的假期社会调查以及调查报告的撰写。此外，还在课堂教学中对有关专题进行声像教学和案例分析。其思想主要是验证理论、发现问题、锻炼技能，即通过实践，验证所学的理论知识，并用所学方法解决经济管理中存在的问题，其效果，主要是使学生进一步加深了对所学知识的具体理解，增强了观察思考问题和实际动手能力，特别是激发了学生研究问题的积极性，提高了论文写作水平。

（六）实现多媒体教学

多媒体教学是多媒体技术与现代教育的结合，以多媒体计算机辅助教学。现代化的多媒体教学融电脑、录像、录音、播放于一体，可根据需要，随时为教学提供高效、实时的操作环境和良好的服务，而且条理清晰，信息量大，并利于更新。作为课堂授课辅助工具，其教学效果十分明显。在统计教学过程中，教师可根据教学内容的需要创设多种多样的情景，同时考虑学生求新、求美、求乐、求奇的心理特征，通过动画的情景教学，激发学生的学习兴趣，还可将教学大纲、课程讲解、课后练习、相关案例、参考文献等教学内容以文字、声音、图像、动画等多种形式呈现，搭建学习平台，延伸教学空间，实现对教学内容和教育资源的有效整合。此外，统计学教师还可以制作一些智能题库，随意生成程度不同、内容不一的电子试卷，记录学生一个时期（通常为一学期）的测试情况，并利用统计软件对学生测试情况进行统计，通过绘制统计图表，来发现问题、分析问题，以便进行有针对性的指导。这样既可巩固课堂所学知识，又能增强学生的自学能力，而且能根据学生的个性差异，做到因人而异、因材施教。

总之，综合应用上述多种教学方法，改变传统的"满堂灌"教学，引导学生积极搜索资料、主动思考、协调合作，有效增强学生的主动学习意识、提高其在研究性、探究性和协作性学习等方面的能力已成必然。

三 以多元统计能力综合测试为重点，实现考核方式多样化

统计学是理论与实践相结合的实用性学科，融理论性、技术性、业务性于一体。统计学教师应注重学生在数据收集、整理与分析能力方面的培养，力求在培养学生统计思维的基础上，培养能从事数据收集、处理、分析和预测的复合型人才，以探索经济管理现象内在的数量规律性，同时培养学生实事求是的学习、工作和科学研究精神。为此，统计学课程考核不能对统计知识水平进行单一的笔试，而应采取以多元统计能力综合测试为重点的多样化考核方式。

（一）用"笔试"对理论知识进行考核

统计理论是统计实践的指南，理论知识的考核必不可少。但理论考试不是考核学生记住了多少概念与公式，而是要把理论知识转化为实际问题来进行测试，考查学生对理论知识的理解程度。考核方法宜以笔试较好。

（二）用"多元测试"对统计能力进行考核

统计学是一门方法论学科，统计方法已广泛应用于各个领域，统计方法的综合应用考核已十分必要。考核内容大致可以从以下两个方面入手：统计调查报告的撰写，以及应用 Excel 对统计数据进行处理与分析。总评成绩仍以百分制来表示，其中理论知识的笔试成绩占总评成绩的 50%，综合应用能力占 50%（撰写统计调查报告占 20%，计算机操作占 30%）。

第五章 《金融学》教学方法改革与探索

第一节 《金融学》课程教育发展史

一 金融及金融学释义

金融是现代经济的核心，是现代经济中的热门行业。种类繁多的金融资产为投资者提供更多的投资与融资工具；发达的金融市场为金融投机者提供了很多的投机致富的机会，同时也为资金需求者提供了无穷无尽的金融资源。神秘的金融行业里一些人一夜暴富，而深不可测、变化无常的金融泡沫、金融风险和金融危机也使人们投资失败、甚至倾家荡产。更多的金融参与者和研究者去探索和研究其中金融秘密，并取得了推动金融理论和实践迅速发展的优秀成果。21世纪以来，诺贝尔经济学奖连连被授予现代金融学研究中取得杰出成就的经济学家。金融学成为现代经济学最瞩目最热门的学科。

（一）金融的定义

金融是一个经济学的概念和范畴。在人们的日常生活中几乎离不开金融。目前理论界对于金融的含义有较大的分歧，没有统一的定义。特别是近几年来随着国外金融理论的输入，中文"金融"概念与英文"Finance"概念的差异，使中国金融理论界对金融的理解分歧变大，并展开激烈的理论争论。中国人民大学的黄达教授对"金融"与"Finance"二词的含义进行了深入全面的考证。他认为：中文"金融"所涵盖的范围有广义和狭义之分：广义金融指与物价有紧密联系的货币供给，银行与非银行金融机构体系，短期资金拆借市场，证券市场，保险系统，以及通常以国际金融概括的这诸多方面在国际之间的存在，等等。狭义"金融"指有价证券及其衍生物的市场，指资本市场。国外对"Finance"一词的用法也并非一种，而有宽口径、窄口径、中口径三种。宽口径的如 Oxford 中将"Finance"定义为所有与货币资金运动有关的事务：（与钱有关的）；中口径的如 Webster's 定义"Finance"为货币、信贷投资活动，金融机构服务活动；窄口径的如 Palgrave 定义"Finance"为资本市场运行、资本资产供给及定价。所以中文"金融"与英文"Finance"虽然都有广义与狭义之分，也不是一一对应。简单地说，广义的金融就是资金的融通，即由资金融通的工具、机构、市场和制度构成的有机系统，是经济系统的重要组成部分。本书将根据这一含义讨论金融问题和金融学的教学方法。

按照金融系统中个体与整体的差异，我们可以把金融划分为微观金融和宏观金融两部分。微观金融（Micro - finance）是指金融市场主体（投资者、融资者；政府、机构和个人）、个体的投资融资行为及其金融资产的价格决定等微观层次的金融活动。宏观金融（Macro - finance）则是金融系统各构成部分作为整体的行为及其相互影响以及金融与经济的相互作用。金融作为资金融通活动的一个系统，是以各个微观主体个体的投融资行为为基础，工具、机构、市场和制度等构成要素相互作用并与经济系统的其他子系统相互作用的一个有机系统。

（二）金融学及其学科体系

兹维·博迪和罗伯特·C·莫顿在他们合著的《金融学》一书中定义"金融学是研究人们在不确定的环境中如何进行资源的配置的学科"。它被称为"微观金融学"是研究微观金融主体个体的金融决策行为及其运行规律的学科，显而易见，这是与狭义的金融概念相对应的狭义的金融学概念，也是目前西方使用较多的金融学的概念。因为金融包括微观金融和宏观金融，金融学不能只研究微观金融运行，也就是金融主体个体的行为，却不去研究宏观金融运行，即金融系统整体的行为。个体行为是整体行为的一部分，但整体并不是所有个体的相加；个体行为是以整体行为为前提和基础的，二者紧密相连。因此，广义的金融学就是研究资金融通活动，包括金融主体的个体行为和金融系统整体行为及其相互关系和运行规律的科学。它是经济学的一个重要分支。既包括以微观金融主体行为及其运行规律为研究对象的微观金融学的内容，还包括以金融系统整体的运行规律及其各构成部分的相互关系为研究对象的宏观金融学的内容。

金融学的学科体系是由从不同角度研究金融系统的各个方面的活动及其规律的各分支学科综合构成的有机体系。黄达教授认为："按通常理解的金融口径，金融学学科体系应大体分为：宏观金融分析和微观金融分析；微观金融分析有两大分支：金融市场分析和金融中介分析；在金融市场与金融中介分析之下是技术层面和管理层面的学科。"

  微观金融分析和宏观金融分析分别从个体和整体角度研究金融运行规律。金融决策分析主要研究金融主体投融资决策行为及其规律服务于决策的"金融理论由一系列概念和定量模型组成"。"这样的金融决策理论是个人理财、公司理财，乃至一切有理财要求的部门所共同需要的"。该领域的分支学科包括金融市场学、证券投资学、公司财务学、金融工程学、金融风险管理、金融资产定价等等。近几十年该领域的研究得到特别快速的发展，并取得了很多优异的成就，获得了多次诺贝尔奖经济学奖，例如，1990年获得诺贝尔经济学奖的马科维茨的资产组合理论、W.夏普的资本资产定价模型、莫迪利亚尼—米勒定理（即M—M定理）；1997年获得诺贝尔经济学奖的布莱克—斯科尔斯—默顿的期权定价公式等，在推动金融理论研究和金融市场发展方面做出了重要的贡献。

  金融中介分析主要研究金融中介机构的组织、管理和经营。包括对金融机构的职能和作用及其存在形态的演进趋势的分析；金融机构的组织形式、经济效率、混业与分业、金融机构的脆弱性、风险转移和控制等等。主要的分支学科包括商业银行学、投资银行学、保险学、微观银行学等。该领域的研究虽然历史悠久，并且在19世纪到20世纪初金融理论和实践的发展中占有重要地位。但是，到了20世纪中期，与迅速发展的金融决策学相比，金融机构学的发展相对滞后，远不能适应世界金融业飞速发展的需要。21世纪金融机构学的研究具有巨大的发展空间。

  宏观金融分析从整体角度讨论金融系统的运行规律，重点讨论货币供求均衡、金融经济关系、通货膨胀与通货紧缩、金融危机，金融体系与金融制度、货币政策与金融宏观调控、国际金融体系等问题。主要的分支学科有中央银行学、货币政策分析、金融监管学、国际金融学等。

  二 金融学基础理论课程设置

  "货币银行学"被我国金融学界定位为金融学科的基础理论，作为金融学科的入门课程。因为我国处于金融发展的初级阶段，以金融市场为依托的直接融资不发达，以银行为依托的间接融资为主。所以把货币银行问题作为金融学研究的重点。随着现代金融市场的不断发展，直接融资比例在不断提高，在国际金融理论界对金融市场的研究成为热点和重点。那么相应的金融理论也成为当代西方金融学的主流。那么，我国传统的金融学是以货币银行学为研究重点的，但是现在已经不能与国际金融理论的发展相适应。1997年，国务院学位委员会修订研究生学科专业目录，将原目录中的"货币银行学"专业和"国际金融"专业合并为"金融学（含：保险学）"专业。这样的调整是为了与国际金融理论的发展衔接。时代背景下，对于金融学的学科建设一度成为讨论的热点，近几年对问题的争论更加激烈。经过几年的讨论，我国金融学界尽管在多方面还存在很多的分歧，但也达成了共识，在金融学应该包括宏观金融分析和微观金融分析两个层面的内容方面。那么金融学科的体系框架基本确立，作为金融学科基础理论课程体系应该如何设置呢？应该从以下几个方面着手：

第一，其知识面应该覆盖整个金融学科的主要方面，如：金融制度、金融体系、金融市场、金融机构；以及完整的金融运行结构，包括微观金融运行、宏观金融运行，为学生提供一个金融体系的整体框架。

第二，课程设置上重点为学生提供金融学的基本理论概念、原理、规律和方法的学习。

第三，正确处理与经济学基础课程的关系。

第四，正确处理与金融学各分支课程的关系。

由于相关学科之间的交叉重复，在课程设置上需要以金融学为落脚点，从金融运行出发考察对宏观经济运行的影响去理清货币银行学与经济学原理基础课程的关系；同时也要把货币银行学作为其他金融学分支课程的基础课程去处理货币银行学同金融学各分支课程之间的关系。因为其研究领域应该覆盖整个金融领域，但主要讲解一些基本概念、原理、一般规律与研究方法，而不深入讨论各分支课程的具体内容，避免或者减少了重复。课程的设置总是同我国的经济发展相适应的。要对货币银行学进行调整，以适应金融实践发展的需要。

三 从《货币银行学》到《金融学》的转变

（一）国内《金融学》发展演变过程

计划经济时期，与经济体制相适应，不存在真正意义上的银行，只有中国人民银行是作为财政的出纳部门；在理论界，也没有真正的货币银行理论，只有关于社会主义的财政与信贷理论。

改革开放初期，随着社会主义商品经济的建立，人民银行独立成为中央银行，并且设立了几家专业银行；在理论层面上，推出了由人民银行教材编写委员会组织编写的《货币银行学概论》，重点阐述社会主义货币、银行、信用的必要性和作用，涉及内容包括：货币本质与职能、信用的本质与作用、银行的性质和作用，对货币银行信用的运行规律基本有谈及。

为了建立社会主义的货币银行学理论体系，在 80 年代的中期，部分地引进了西方的货币银行理论，与计划经济体制相结合，从而出现了许多著作。其中的代表作是 1985 年赵海宽教授《货币银行概论》，包括 3 篇，重点讨论社会主义有计划商品经济下的货币流通和银行业务：银行和银行信用、货币和货币流通、银行的经营管理。20 世纪 80 年代末 90 年代初，进一步将货币银行学分为资本主义和社会主义两部分（教材有时分为两本）。在资本主义部分，主要介绍了西方的货币银行理论，社会主义部分主要讨论"货币银行学"在中国的应用，如王学青教授主编的《货币银行学原理》。这种体系认为社会主义社会与资本主义社会有各自不同的货币银行理论，不利于完整地揭示其共同的一般原理和规律，主要是按照我国传统的政治经济学体系，把西方的理论往里面装，实际上其中有很多矛盾或衔接不好的地方，讲授中重复也较多。

20 世纪 90 年代中期，试图将马克思主义经济学与西方经济学相结合，把资本主义货币银行学与社会主义货币银行学合二为一，建立统一的货币银行学，效果并不理想。对此做了很多的尝试，包括由国家教委组织，黄达教授主编的《货币银行学》（1992 年）；中国人民银行教育司也组织南北各编写了一本货币银行学教材，北方由周升业教授、曾康霖教授主编（1993 年），南方由周骏教授、王学青教授主编（1996 年）。

20 世纪 90 年代后期至 21 世纪初期，货币银行学的发展出现了两个分支，其中一个分支是继续完善原有体系，例如黄达教授主编《货币银行学》，在介绍西方理论的基础上，阐释其在中国的应用，并注意同马克思主义经济理论相结合；另外，如易纲教授和吴有昌教授著《货币银行学》（上海人民出版社出版），主要介绍西方货币银行学，阐释其在中国的应用。不妨让我们简单浏览一下黄达教授主编的《货币银行学》的体系结构：货币与货币制度、信用、利息与利率、金融市场、金融机构体系、存款货币银行、中央银行、货币需求。可以发现，这一教材基本局限在货币、银行的内容，包括货币供给、货币均衡与社会总供给、通货膨胀、货币政策、金融与经济发展、国际交往中的货币、国际金融体系、国际收支与经济均衡等，显然，这个体系同我们前面为"货币银行学"所作的定位相比是有差距的。

　　金融学的发展与经济学的发展有相似之处，目前出现一个微观化的方向。金融学微观化发展，是要为金融宏观分析找到有机的微观基础，而不是简单地把宏观内容加上一个微观内容的部分。目前的货币银行学教材有很明显的不足地方，一方面，没有很好地讨论微观金融的运行机理，另一方面，也没有谈及如何把微观的理论运用到宏观分析上。所以，没有很好地体现宏观金融的微观基础。

　　另一个分支则是扩展原货币银行学为金融学的学科发展。比较有代表性的有王松奇等编著《金融学》，该书正是在国家教委做出金融专业调整以后组织编写的，包括了谢平等著名专家学者的参与或建议，其结构体系为：上篇——金融体系：①货币与货币制度、②信用利率与金融资产、③金融机构、④资本市场、⑤货币市场、⑥期货、⑦期权、⑧外汇、⑨金融创新；中篇——金融运行：①商业银行、②中央银行与货币运行、③财政收支与货币供给、④开放经济下的货币运行；下篇——金融调节：①货币需求、②通货膨胀与通货紧缩、③货币政策、④国际收支调节、⑤金融发展与金融改革、⑥国际金融危机、⑦中国金融风险与金融安全。这本教材主要优点在于，将货币银行学扩展为金融学，适应国家教委对金融专业设置调整的需要，使得金融专业基础课的知识面有所拓展，这是在体系与知识面上的创新与突破之处。但它具有目前金融学教材的共同缺点：对微观金融的运行没有讨论。对金融市场使用大量篇幅进行细致描述，从而同金融市场学及投资学的内容相冲突。

　　讲微观金融运行不是只讲金融机构或者金融市场的整体定价问题，还应考虑作为微观主体的个人、企业或金融机构（包括银行、证券公司等），它们怎样进行金融决策。这些微观决策会决定宏观金融运行的变化，或者影响到中央银行所采取的货币政策措施的效果。但我们以前的货币理论的分析，主要是从总量上来进行的，即：我们定义货币供给是由M0、M1、M2同基础货币之间的关系（最多扩展到它们同利率之间的关系）决定的，但是这个宏观总量究竟是由什么样的行为所导致的？讨论存款以及乘数影响中的比例关系，这是传统银行学的分析思路。从实质上来讲，这些没有涉及关于微观主体的决策行为，都属于总量。如果不讨论微观金融机制，就无法解释宏观金融总量，也就更难理清宏观经济运行。例如，商业银行"惜贷"会影响中央银行的货币政策效果，商业银行为什么会"惜贷"？就是因为它们作为微观金融主体，必然从个体的利益出发，采用各种方法，依据特定条件进行优化决策和行动。这样的问题就依赖于金融学的微观基础分析才能讨论清楚。微观问题讨论清楚了也才能真正把握宏观问题。

（二）国外货币银行学和金融学的演变

从国际比较来看，货币银行学从 20 世纪中期 L. 钱得勒和 S. 哥尔特菲尔特的《货币银行学》到 S. 米什金的《货币金融学》，从基本为宏观分析向逐步吸收微观分析转变；而金融学（我们在此采用其狭义定义），从早期的公司财务学到博迪和莫顿的《金融学》，则呈现出从具体向一般转变。我们可对相关著作进行一个具体的比较：

1. 1987 年［美］托马斯·梅耶的《货币、银行与经济》

该书在八九十年代在国内较流行，站在宏观的角度，具体讲述货币的创造、需求、均衡分析，利用西方经济理论比较深入地考察金融运行，介绍了凯恩斯主义和货币主义对于宏观金融运行的建议，共分五篇：①金融结构：金融制度、银行业、金融机构、中央银行；②货币供给：货币度量、货币创造、准备金；③货币、国民收入和价格水平：总需求、利率、货币需求、凯恩斯与货币主义、通货膨胀与失业；④货币政策：目标、工具、效应、历史；⑤国际货币与国际金融：国际货币制度、外汇市场、国际银行与各国货币政策。

2. 1997 年 S. 米什金的《货币金融学》

《货币金融学》（The Economics of Money, Banking and Financial Markets），在标题上就强调了"金融市场"，结构如下：导言；①金融市场：利率、资产组合理论、利率行为、利率的风险结构和期限结构、外汇市场；②金融机构：金融结构的经济分析（逆向选择与道德风险问题）、金融创新、银行管理、银行监管、非银行金融机构；③货币供应过程：存款创造、决定因素、行为解释；④联邦储备体系与货币政策执行：体系、基础货币、政策工具、目标、国际金融体系和政策、货币需求、IS – LM 模型、总供求、通货膨胀、理性预期与有效资本市场理论、理性预期对政策的影响。

同梅耶的《货币、银行与经济》相比，S. 米什金的《货币金融学》具有更多的微观特征：宏观金融分析框架中吸收了部分微观金融分析的内容：资产组合理论、利率的风险结构和期限结构等；反映了经济学和金融学的最新发展：金融结构的经济分析（逆向选择与道德风险问题）、金融创新、理性预期与有效资本市场理论、理性预期对政策的影响；引进一些简单的数量分析模型；彻底一体化的国际视野（引入了一个开放的金融国际化的分析框架）；灵活性（提供教师在讲授中以内容取舍、分布重点等方面的自由度）。缺点是金融分析仍然不够，不宜作为金融基础理论课教程。

3. 1997 年弗雷克斯等《微观银行学》

该书深入讨论了银行的职能、金融中介机构存在的必要性、银行的产业组织方法、贷款人与借款人的关系、信贷市场的配给与均衡、金融缺陷的宏观经济分析、银行挤兑与系统风险、银行业风险管理、银行业监管等问题。这是一本用微观经济学理论讨论银行学问题的理论著作，建立在一般均衡、信息经济学、博弈论、委托代理论、不完全合同理论基础之上，是第一本用现代微观经济学理论讨论金融中介机构、银行问题的理论著作。是银行理论的微观化，理论深度较深，可以作为银行学的高级教材，不宜作为入门教材。但其基本原理可在入门教材中加以反映。

4. 1997 年艾希贝格尔等《金融经济学》

该书主要运用博弈论、信息经济学和合同理论，在对称与非对称信息条件下谈论金融市场均衡与金融合同的激励约束问题，是第一本用现代微观经济理论讨论微观金融问题的著作。第一篇对称信息：市场，讨论不确定条件下的决策、投资组合选择、金融市场体系、套利与期权、企业与金融市场等问题。第二篇不对称信息：合同，讨论债务合同与信贷配给、存款合同与银行业、银行监管、金融市场与金融中介等问题。

该书讨论的是微观金融问题，属狭义的金融经济学教材，反映了现代微观经济理论与微观金融理论的有机结合。但值得注意的是，我们知道，在日本、中国香港、泰国、新加坡有很多的投资高手，他们在没有发生危机之前，对现代微观金融的理论不仅学得好，而且是用得很好。但是，一旦发生了金融危机，再好的企业也要倒闭，因为整个国家的金融系统都瘫痪了——这就提出了一个问题：金融学是否只需要研究微观问题，不需要研究宏观问题？事实说明，我们不仅要研究微观金融问题，而且必须研究以微观金融研究为基础的宏观金融问题，如一个国家的金融体系与制度、国际的金融体系与制度、金融与经济的关系以及它们的相互影响等。宏观金融形势会制约微观金融决策，影响投、融资的具体效果。此外，该书理论深度较深,不适宜作为学科入门教程,只适宜作为微观金融经济学的研究生教材。

5. 2000 年博迪和莫顿的《金融学》

该教材主要讨论以下五个问题:①金融和金融体系、②时间和资源的分配、③价值评估模型、④金融风险管理与投资组合理论、⑤资产定价和公司理财等问题。

该书突出了以下特点:

一是给出一个关于金融学的明确定义:"金融学作为一门学科,主要研究如何在不确定的条件下对稀缺资源进行跨时期的分配"。

二是突出分析金融学理论的三大支柱:①跨期最优化(货币时间价值及其贴现分析)、②金融资产价值评估(实际上,金融分析与投资的关键就是要发现价值被低估的金融资产)、③金融风险管理。

三是作为金融学的入门课程,讲述一般原理,将金融学的所有分支领域(公司财务、投资学、金融机构学)包含在一个统一的框架之中;而以往的金融学的入门课程往往专讲公司财务。

第二节 传统教学方法:效果评估与时代挑战

一 传统教学方法概述

教学模式是指在一定的教育思想、教学理论和学习理论指导下建立起来的,较为稳定的教学活动结构框架和活动程序。传统教学模式主要运用传统的教学手段,完成特别规定的教学内容的一种课堂教学形式。它的特征是教师板书、口授,学生听、做笔记。教师能够根据学生及时反馈的信息,当场了解学生对所学知识的了解程度,从而调整教学策略以便达到所期望的教学目的。因为社会的进步,科学技术的发展,使得知识更新换代的速度越来越快,对人才的教育培养也提出了很高的要求。这样社会背景下,许多教育领域的专家学者对传统教学模式提出质疑,提倡使用先进教学模式培育出当代所需要的人才。确实,目前的传统教学模式需要改革,但这并不是说要全部否定传统,在人类社会发展中每一次变革,都会面临传统与现代的碰撞,并且又在相互融合中找出新的途径,寻求新的发展。这就需要我们认识传统并且很好地利用它,这样才能够为当下发展服务。

在传统的教学模式中,教师是教学活动的中心,是教学活动的主体,是知识的传授者,学生是知识的接受者,媒体是教学活动的工具,教材是教学的内容,学生的考试成绩是教师教学水平的反映,课堂是教学的最主要环境,它是教师们表演的舞台。总而言之,整个教学活动和教学结构都是以教师为主体围绕教师转的,很明显,教师的教学技能、技巧和教学艺术及教学水平决定着学生的学习水平及效果,在我国应试教育情况下这体现在学生的考试成绩的高低,这种教学模式一直以来是中国学校教学的主要模式。

从教师的角度来看,第一,他们自己大多是在传统的教育熏陶中成长并且都在传统的教学模式中获取知识。教师在长时间的教学实践中已经非常熟悉自己所教的知识,不用对课堂教学进行过多的设计,习惯于自己教学的方法,凭着一支粉笔就能够很轻松地教课。第二,因各地区、各学校、各教师之间的不同,教师的主体作用也存在着个体差异,个体差异会形成责任心、事业心,因教学效果的不同,教师自身的学识品位、道德修养、思维方式、兴趣爱好等也会对学生产生直接或间接的影响。在课堂上,教师随时能跟学生进行面对面的学习上及情感上的交流,这样,教师的言谈举止、人格魅力等都对学生的成长起着重要的作用。第三,教师对教材的处理,由于受国家考试制度的规定,在应试教育的大背景下,学校及社会都主要根据学生的成绩来评价一个教师,教师为了出很高的成绩,就必须完成自己的教学任务,即系统地完成教科书及教学大纲所规定的内容,以高考考点为重点对相关知识进行加强训练,以至许多教师以书本为中心,为高考而教。第四,很多教师受传统教学模式的影响,教学方法死板,教学手段单一,几十年来都是只能运用黑板、课本及粉笔完成课堂教学活动,但是随着科学技术飞速发展,教学容量的扩大,知识的不断更新,这些都向传统的教学方法提出了挑战。

从学生的角度来看,首先,在传统的教学模式下,学生都被动地接受知识,而这种被动接受知识的方式,使得很多学生逐渐养成不爱问、不想问原因,也不知道要问"为什么"的呆板的学习习惯,形成一种盲目崇拜书本和老师的思想。这种学习方法不仅使学生学习的主动性渐渐丧失,也束缚了学生的思维,学生们体会不到学习的快乐,被迫学习,学习知识成为他们的烦恼。其次,学生学习模式基本上是预习——听讲——练习——复习,这种被动接受,机械训练的学法,让学生成为了书呆子,不仅缺少想象能力和创新精神，更难以升华所学知识，学生个性得不到重视和发展，以致培养出了大批无差别的学生，却缺少或者说没有诺贝尔获奖者。最后，在目前实行的考试制度下，许多学生只重视死板地读书、背书，力争在考试中获得一个高分，从而忽视了对自己各方面能力的培养，最终导致许多学生高分低能，与现实脱节。有的学生只注重拿高分，高考成为人生的唯一目标，对国家社会的发展、变革都缺乏必要的了解。

二 传统教学方法的效果评估

传统教学方法中传统教学模式的利弊是显而易见的。优点是：教师在教学过程中发挥主导作用，有效组织教学管理，对教学过程有效调控；教师教学效率高，不在意教学环境，重视在课堂教学环境中与学生之间的交流沟通，不仅仅在专业学术方面对学生答疑解惑，在人生成长过程中精神思想方面也要起到正确的引导作用。缺点也很明显，其中最重要的是学生在教学过程中都是处于被动学习的状态。没有主动学习的意识，不能完全主动地去学习知识。那么这样的填鸭式的传统教学模式是不能培养出社会需要的有知识、高素质的综合型人才。所以，传统教学模式的改变将势在必行。

三 传统教学方法面临的挑战

改变现行的传统教学模式，不能完全摒弃过去的传统教学模式，应该是在传统教学模式的基础上，扬长避短。提出以下几点措施：

第一，转变教育观念。教师的教育观念是决定教育改革成败的关键，教育观念作为一种社会意识形态，必然反映一定社会与时代的特点和需要，因此，我们既要善于继承，还要不断更新，教师在头脑中树立现代教育观念，才能从根本上改变现存的教育现状。

第二，改变教师"位置"。长期以来，教师一直占据着教学的主导地位，这种"一言堂""满堂灌"的教学模式已显出不足，因而，教师必须要同学生互换"位置"。要让学生更多地参与到教学活动中来，要创设多种教学形式，调动学生探求知识的积极性和主动性，要利用多种教学手段及设备，让学生更多地参与教学和自主的学习。

第三，改变学生的"学法"。要让学生成为教学的主体，尊重每一个学生独立思考能力，给学生创造更多自主学习、自主活动的空间，鼓励学生勤思善问，敢于质疑，敢于争论，强化学生的思维能力和语言表达能力，使学生不仅会学，而且乐学。

第四，改革课程设置。我国传统的中学课程设置，是一种比较典型的学科中心主义的设置，单纯强调教学理论自身的逻辑性和结果的唯一性，忽视学生发现问题和解答问题的过程，自主学习的方式与能力，知识内容比较陈旧且呆板，脱离学生的实际生活和社会现实。因此，我们要通过课程内容的改革来加强课堂教学的丰富性和参与感，改革课程内容，加强与社会现实生活和应用科学的关联度，参与并感受时代变化。

第五，改革评价制度。对学生和老师的评价制度的改革迫在眉睫，传统评价制度把考试成绩作为对学生的终极性评价，把升学率作为对教师教学能力的终极评价，在这种"应试教育"的评价制度下，教师只考虑如何提高学生的成绩，对社会生活的发展变化缺乏关注，对学生精神世界的建设很少关注，对学生自我调节能力无力教导，师生间缺乏良好的沟通。而学生也一味地追求高分，疲惫地跋涉于书山题海，被迫放弃兴趣爱好，压抑个性思想，成为灌装知识的容器。只有改革评价制度，才能让老师和学生从应试教育中解放出来，素质教育也才能真正落实。

传统教学模式依然在教学领域占据主导地位，原因是多方面的深层次的，我们在呼吁教学模式创新的同时，也要学会辩证地分析和认识问题，只有明白传统教学模式的利弊，才能扬长避短，更好地为现代教育服务。所以，教学不仅要注重学生学科知识的学习，而且要注重培养学生具有良好的品格、健康的心理素质与体魄，具有科学精神和创新思维的能力。总之，未来发展对人才的要求，需要我们改革传统教学模式，改变传统教学思维，掌握好传统教学模式的内在联系，将传统与现代有机地结合起来，那我们就有可能找到了现代教育的新起点。

第三节 《金融学》课程教学方法改革与创新

教师应在教学过程中善于运用多种教学手段，将备课、教学、批改、辅导、考核及总结做到位，做到优，努力提升课堂教学质量。坚决杜绝在课堂上"唱独角戏"、"输入式"等不当的教学方法。把教学的重心从传统的做法转移到改革教法、指导学法、因材施教、大面积提高教学质量上来。

一 教师教法的改革

主要应从教师课堂教学的组织、讲授、导入、结课、启发、提问、语言、体态、板书等方面入手。

①教学组织。教学组织的改革，主要包括：统筹安排，注意整体性；脉络清楚，体现层次性；灵活多样，动静相应；讲究艺术，注意审美性。②教师讲授。教师讲授的改革要侧重于：激发学生的能动性，增强学生的主体意识；设疑激趣相结合，增强讲授的吸引力；科学艺术两相顾，增强讲授的说服力；语言生动又精彩，增强讲授的感染力。③教学导入。教学导入的关键在于用最简洁的语言调动起学生渴求新知的强烈欲望。④教育结课。应遵循下述基本原则：水到渠成，过渡自然；照应开头，结构完整；语言精练，画龙点睛；梳理归纳，存疑开拓。⑤启发教学。改革的关键看其是否遵循着"不愤不启，不悱不发，举一隅不以三隅反，则不复也"的原则。⑥教学提问。在课堂教学中杜绝教师"独唱一台戏"，应该适时地与学生互动，提问题，与学生讨论，启发学生。⑦教育语言。应体现教师自身的独特的教学风格。教学改革中应该重点提升教学用语，在针对性、专业知识性、高效教育性的同时，应该幽默化、深入浅出地给学生传授深奥的理论知识。⑧体态语言。它是师生沟通的一种手段，同样能为教学服务。⑨教学板书。板书设计得当，能突出重点，易于学生突破难点，进而较好地提高教学效果。

二 学生学法指导

（一）课堂学法的培养

课堂学法是学生为了实现学习目的而采用的学习程序、步骤，是课堂学习的方式方法。课堂学法主要提高听课、记忆、提高发言水平、课堂笔记、作业、纠正错题、课后复习等方面的能力和效果。

①听课方法。培养学生听课能力要从三方面入手。一是了解课堂结构，抓住关键环节。二是以听为主，多种感官协同配合。三是广开渠道，多方面收取信息。②课堂发言方法。课堂发言是带动学生积极获取知识的主动表现，是有声语言的基础训练。③课堂笔记。课堂笔记有助于集中学生注意力，提高效果。④做作业。独立完成作业是锻炼学生独立思考，灵活运知识，分析问题和解决问题的能力，也是掌握知识，形成技能的过程。⑤对错题的处理。首先找出错误类型及原因；其次，把错题再做一遍；再次，建立错题集。⑥复习方法。复习不是机械重复，而是一个系统

提高的过程，包括查漏补缺、巩固吸收、系统归纳、浓缩记忆。要教给学生分散复习和总复习两种学习方法。

（二）学习心理的培养

课堂教学是实施素质教育的主渠道，不仅要重视智力发展，掌握知识，还要高度重视培养学习心理。学习心理包含学习兴趣、学习动机、学习习惯、注意力、观察力、思维力、意志力、记忆力、创造力等等。

①培养学习兴趣。根据教育心理学的研究，兴趣是最好的老师。如果一个学生对某一学科感兴趣，他就会主动寻求，积极探索，刻苦钻研，与被动灌输的知识相比，很轻松地就能掌握这一学科的知识。②培养学习动机。学习动机是促使学生积极学习的内在原因。③培养学习习惯。良好的学习习惯，有利于提高学习效率。④培养注意力。教师的作用就在于：一是培养学生采取积极的态度；二是吸引学生的注意力，防止周围的噪声打扰学生学习；三是在学习前准备好所用到的物品；四是巧妙使用记号方法，当注意力不集中时，在纸上作记号；五是不与饥饿作斗争，先吃饱饭，再来学习。⑤培养观察力。观察力是一个人智力发展的起点，观察是认识世界、增长知识以及发明创造的重要途径之一。⑥培养思维力。教师在培养学生思维力时，要侧重让学生掌握语言工具。⑦培养意志力。教师的作用在于：帮助学生树立明确的奋斗目标和远大的理想。⑧培养记忆力。教师要给学生提出明确的记忆任务。另外还可以采用特殊记忆法。⑨培养创造力。教师在培养学生创造力时，必须做到敢于提出质疑，并善于启发学生的想象力。

三 课堂模式创新

以课堂教学环节为主渠道，培养创新型人才，必须以改革课堂教学模式为抓手，因为教学模式是指在某种教学资源和环境的支持下，以一定的教学理论、教育思想和学习理论为指导，教与学活动中各要素之间稳定的关键和活动进程结构形式。教学模式主要有以下几种类型。

（一）"教师主导"模式

传统教学模式是"以教师为中心"的教学模式，也就是以"传递—接受"的教学理论和"刺激—反应"的行为为主要指导方式。教师是课堂的中心，决定教学内容、教学进度，学生是知识灌输的对象，是被动的接受者。这种教学模式有时利于教师主导作用的发挥，但它忽视了作为认知主体的学生的主动性，这明显不利于学生创新意识、创造性思维和创造力的培养。

（二）"学生主体"模式

新型教学模式是一种"以学生为认知主体"的教学模式，它是素质教育观的具体体现，是在建构主义学习理论的指导下，在现代化教学手段的支持下，开展的以培养学生整体素质尤其是主动汲取知识、主动创造能力为目标的教学模式。在这种模式中，学生自主学习、自主发现、自主探索，在老师帮助下，主动建构知识的意义，因而基于建构主义的新型教学模式最有利于培养发散思维、求异思维、逆向思维，也最有利于创新人才的培养，是我们努力的方向。然而完全采用这种模式，在当前大班授课的情况下，教学的组织调控比较困难。

（三）"主导—主体"模式

"主导—主体"模式介于"学生中心"和"教师中心"两种模式之间，既发挥教师的主导作用，也强调学生的认知主体作用。教师作为知识的传授者，学生更作为辅助者和知识的接受者存在。"主导—主体模式"对两种模式进行扬长避短，既有利于教师主导作用的发挥，又有利于调动学生学习的主动能力，发挥了教与学双面性，可操作性强。"主导—主体"教学模式有利于创新人才的培养，同时对教学环境也提出了更高的要求。

（四）积极使用现代教学手段

自从20世纪90年代之后，多媒体和网络技术的应用逐步得到普及，这些技术被广泛地应用于教学领域，对课堂教学实践产生了深远的影响。教师们除了使用局限的黑板、粉笔等传统工具外，增加了许多其他手段，像网络、多媒体等。

合理地利用信息技术，课堂教学将更有利于创新人才培养。首先，要使用现代化教学手段创建教学情境。利用现代化的教学手段可以将一些现场很难模拟出来的问题、现象，展现出来。有助于教学情景的表现，刺激学生的想象能力。其次，要利用现代化的教学手段设立问题解决情境。创造性思维利用创造力的训练通常都是在问题解决的过程中得到的。最后，要利用多媒体网络创造学习交流的环境。网络为学习创造了良好的条件。协作学习能培养教师与学生之间和学生与学生间的协作能力，提高团体凝聚力。

第六章 《国际经济学》教学方法改革与探索

第一节 《国际经济学》国内外教育发展史

国际经济学是教育部规定的经济学专业必修课程之一。它以西方传统经济学理论为基础,使用微观和宏观经济学的分析手段,重点研究国际间商品、服务和资本的流动以及货币的支付,同时还包括由此产生的政策变化和福利改善,以及与之相对应的国家制度变革。这些内容对于理解全球化背景下的国际经济发展特点和运行规律有重要作用,由此这门课程对所有经济类学生的专业学习来说非常必要。

一 国外《国际经济学》的历史演进

(一)古典国际贸易理论

1. 重商主义贸易思想

最早对国际贸易提出较为系统的理论解释和政策主张的是重商主义学派。重商主义(mercantilism)产生于15世纪的欧洲,16—17世纪臻于鼎盛,18世纪走向衰落。它代表的是新兴商业资产阶级的利益与要求,首次从国家财富增长角度讨论了国际贸易的作用和国家应当采取的政策。重商主义认为,只有货币和金银才是真正的财富。因而他们对贸易的研究主要集中在如何鼓励商品出口、限制商品进口以增加货币流入。早期的重商主义,其理论基础是"货币差额论",强调绝对贸易顺差,主张多卖少买甚至只卖不买。主要代表人是英国的海尔斯(John Hales)和斯塔福(William Stafford)。后期的重商主义理论则被称为"贸易差额论",不主张限制货币输出。代表人是英国的托马斯·孟(Thomas Mun)。但无论是早期还是后期的重商主义,其共同点是二者都把国家贸易看作是一种

"零和博弈",一方得益必定使另一方受损,出口者从贸易中获得财富,而进口者则减少财富,带有强烈的经济民族主义色彩。

2. 绝对优势理论

英国古典经济学家亚当·斯密(Adam Smith)在1776年出版的《国民财富的性质和原因的研究》(简称《国富论》)中,系统地批判了重商主义观点,主张自由经济,并提出了"绝对优势理论(Theory of Absolute Advantages)"。他认为,国际贸易不是零和博弈,而是"双赢"。诚如"各自拥有某种技艺的工匠都具备其他工匠所没有的优势一般,他们都认为相互交换彼此的产品比自己制造更为有利一样"①,参与国际贸易的各国也具备各为他国所不具备的特有优势,只要发挥了它们各自的优势,各国就都能够获得贸易利益。

3. 比较优势理论

而后来的大卫·李嘉图(David Ricardo),则继承和发展了斯密创立的劳动价值论,并以此为基础建立了比较优势理论。李嘉图在1817年出版的《政治经济学及赋税原理》中开宗明义地指出,"一件商品的价值,或曰用以与之交换的任何其他商品的数量,取决于生产此件商品所必需的相对劳动量"②。同斯密相反,李嘉图强调在相互比较的基础上,两国在两种商品生产上所处的优势或劣势程度的差异,以及由此产生的贸易机会和贸易利益,即"两优取其甚,两劣取其轻"的国际贸易原则。之后的1936年,哈伯勒(Haberler)(*Opportunity Cost Theory*)对比较优势理论进行了拓展,他认为,当一国在一种商品生产上具有较低的机会成本时,该国在该种商品生产上就具有比较优势,而在另一种商品生产上具有比较劣势,被称为机会成本理论。

4. 相互需求原理

针对比较优势理论的缺陷,约翰·穆勒(John Mill)指出,比较优势理论仅从供给方面来分析国际分工及贸易利益是不全面的,因为它忽略了需求的分析,也就无法确定国际贸易的商品交换比例。1848年,他在其

---

① [英]亚当·斯密:《国民财富的性质与原因的研究》,美国:麦休因出版公司1904年版,第423—424页。

② [英]大卫·李嘉图:《政治经济学及赋税原理》,G.伦敦:贝尔父子公司1911年版,第5页。

《政治经济学原理》[①] 一书中，基于比较优势理论进一步阐述了国际间商品交换比率（或国际均衡相对价格）如何确定的问题，据此提出了相互需求原理。他认为，商品的国内交换比率是由其生产成本决定的，但在国际交换中，因资本和劳动在国际间不能自由流动，国际间商品的交换比率就取决于国际供求关系。可以说，相互需求原理是对比较优势理论的发展，它为商品的国际交换比率提供了分析的基础。

综上所述，作为古典国际贸易理论主要代表人的亚当·斯密、大卫·李嘉图以及约翰·穆勒等人，可以称之为最早探讨国际经济学理论的创始人，并为后期的学科理论发展奠定了基础。

（二）新古典国际贸易理论

1. 要素禀赋理论

瑞典经济学家赫克歇尔（Heckscher）和俄林（Ohlin）相继提出，即便各国劳动生产率（或生产技术）完全相同，生产要素禀赋的差异和各种商品在生产过程中使用的要素比例差异也能够产生比较优势，从而带来国际间的贸易交往，这就是著名的"要素禀赋理论（Factor – Endowment-Theory）"。该理论实际上是从生产要素禀赋角度说明了比较优势产生的原因。赫克歇尔在1919年发表的题为《对外贸易对收入分配的影响》一文中指出，在产品生产技术相同的条件下，产生国际贸易的原因是相互进行交换的国家之间生产要素的相对稀缺程度（即生产要素的相对价格）和不同产品中所用生产要素的不同比例。[②] 而他的学生俄林（Ohlin）在1924年发表的《贸易理论》和1933年出版的《区际贸易和国际贸易》一书中，又进一步发展了赫克歇尔的理论，因而该理论又被称为赫克歇尔－俄林理论（Heckscher – Ohlin Theory）或赫－俄模式（H – O Model）。

2. 要素价格均等化定理

1941年，美国经济学家斯托尔珀（Wolfgang Stolper）、萨缪尔森（Paul A. Samuelson）在赫克歇尔和俄林"贸易的发展会导致生产要素价格均等化"的基本观点上，合作完成了《实际工资和保护主义》一书。书中指出，由于出口商品的国际价格高于国内价格，随着出口商品生产的

[①] 约翰·S. 穆勒：《政治经济学原理》，伦敦：Longmans, Green, and Co. 1909年版，第579页。

[②] E. 赫克歇尔：《对外贸易对收入分配的影响》，见《国际贸易理论文集》，纽约：美国经济学会编印，1949年版，第274—275页。

扩大，将增加对其生产中密集使用的生产要素（本国丰裕的要素）的需求，使该要素的报酬提高；由于进口商品的国内价格高于国际价格，随着进口商品生产的萎缩，将减少对其生产中密集使用的生产要素（本国稀缺的要素）的需求，使该要素的报酬降低。这一结论又被称为"斯托尔珀－萨缪尔森定理"（Stolper－Samuelson Theory）。后来的 1948 年和 1949 年，萨缪尔森又相继发表了《国际贸易和要素价格均等化》和《再论国际要素价格均等化》两篇论文，进一步发展了要素价格均等化理论，指出自由贸易不仅使两国的商品价格相等，而且使两国相同的生产要素获得相同的相对收入和绝对收入，即要素价格均等化定理。由于这一定理是建立在要素禀赋理论基础之上，并由萨缪尔森发展的，因此，该定理又称赫克歇尔—俄林—萨缪尔森定理，简称赫—俄—萨定理（H－O－S Theorem）。

3. 里昂惕夫之谜及其解释

要素禀赋理论创立之后，很快为西方经济学界普遍接受。根据这一理论，如果掌握了一国的要素禀赋情况，就可以推断出该国对外贸易的商品流向。但是，这一理论在实证验证中却遇到了挑战。1953 年，美国经济学家瓦西里·里昂惕夫用他所创立的投入—产出分析法对美国在 1947 年每生产 100 万美元出口商品与进口相竞争的商品所需要使用的资本和劳动数量进行分析，同时比较二者的要素密集度[①]。而计算结果表明，美国进口的是资本密集型商品，出口的是劳动密集型商品，这与要素禀赋理论宣称的"美国应出口资本密集型产品，进口劳动密集型产品"的结论完全相反。这就是"里昂惕夫之谜"或"里昂惕夫反论"。1971 年，美国经济学家罗伯特·鲍德温（Robert Baldwin）收集了美国 1962 年的贸易数据进行研究，得出了与里昂惕夫相同的结论。

对于里昂惕夫之谜，西方经济学界提出了各种解释，并在一定程度上带来了第二次世界大战后西方国际分工和国际贸易理论的发展。这些解释不是对比较优势理论和要素禀赋理论的全盘否定和继承，而是在继承的基础上创新扩展和修正补充。他们继承了传统贸易理论中最基本的东西，把对两个国家、两种商品、两种生产要素的模式分析，代之以多个国家、多

[①] ［美］W. W. 里昂惕夫：《国内生产与对外贸易：美国资本地位再考察》，《美国哲学学会会刊》1953 年第 97 期，第 334 页。

种商品以及自然资源、人力技能、人力资本等多种因素的分析,即比较优势理论。

(三) 现代国际贸易理论

1. 基于需求不同的贸易理论

国际贸易产生的重要原因是商品价格的差异。古典国际贸易理论与新古典国际贸易理论都是从生产或供给方面来分析这种差异的。由于商品的价格是由供求两方面决定的,在同样的生产条件下,需求的差异,比如需求偏好和收入水平,也会带来商品相对价格的差异,进而成为国际贸易的基础。

2. 产业内贸易理论

二战之后,国际贸易出现了新的发展趋势,即发达工业国家之间的贸易量和同类产品之间的贸易量大增,工业国家传统的"进口初级产品,出口工业产品"的贸易模式逐步改变,出现了同一行业既有出口又有进口的产业内贸易。由于发达国家之间要素禀赋及技术水平的差异远远小于发达国家与发展中国家之间的差异,而这些新现象却无法用之前的理论进行解释,因而当代经济学家通过放松传统国际贸易理论的假设,对这一趋势作了新的分析。产业内贸易 (intra – industry trade) 是指一个国家在出口某种产品的同时又进口同类型的产品,它又被称为双向贸易或贸易重叠。瑞典经济学家林德 (Staffan B. Linder) 认为,要素禀赋理论只适用于解释发达国家与发展中国家之间工业制成品和初级产品贸易,而不能解释发达国家之间的工业制成品贸易,原因是前者的贸易发展由供给因素决定,而后者的贸易发展由需求因素决定。

3. 基于动态技术差异的国际贸易理论

传统贸易理论是在不存在技术进步假设基础上的静态分析。实际上,在现代国际贸易中,技术是决定一国经济活动和贸易格局的重要因素。技术差距理论和产品周期理论把科学技术因素引入到国际贸易分析中来,并同其他因素相结合,共同解释比较优势的形成和变化以及国际贸易中商品流向的变化,从而进一步推进了传统国际贸易理论。技术差距理论 (Technological Gap Theory) 是美国经济学家波斯纳 (Posner) 在其论文《国际贸易和技术变化》中首先提出的,他认为,技术和人力资本可以作为一种资本或独立生产要素,并在国际贸易格局和商品比较优势中起决定作用。① 其后,雷蒙德·弗农（Raymond Vernon）在 1966 年的论文《生产周期中的国际投资与国际贸易》② 中对技术差距理论进行了扩展,提出产品生命周期理论（Product Cycle Theory）,认为产品和生物一样具有生命周期,并将整个过程分为新产品、成熟和标准化三个阶段。在不同阶段,产品的要素密集度会发生规律性的变化,这样就使比较优势将随之从一种类型的国家转向另一种类型的国家,由此引起国际贸易中商品流向的变化。

随着经济全球化的发展,世界各国和地区之间的经济往来日渐频繁,彼此之间的经济联系也日益密切。在此背景下,作为经济学分支学科的国际经济学,在对国际经济关系内在联系方面的研究和探讨显得举足轻重,进而逐渐发展成为国际公认的一门经济学课程,在整个学科体系中具有十分重要的地位。以美国为例,目前约有 190 所商学院专门开设了该专业,比如南卡罗来纳大学（University of South Carolina）的穆尔商学院,宾夕法尼亚大学（University of Pennsylvania）的沃顿商学院以及马里兰大学（University of Maryland）的史密斯商学院。③

二 国内《国际经济学》的发展历程

追溯到 20 世纪 80 年代末 90 年代初期,由于改革开放,中国开始引进外商直接投资和开展国际经济合作,这就迫切需要懂得国际资本运用和国际投资管理的专业人才。为了适应这一需要,我国国内一些开设国际贸易专业的院校包括财经类、综合类乃至有些工科院校等多所大学相继开设了国际经济学课程。随后,越来越多的高校加入了这一行列,并陆续出版了以"国际经济学"命名的教材。国内有代表性的经典国际经济学教材不少,比如由南京大学出版社出版的,张为付撰写的《国际经济学》,该书在教材体系的划分上采取了国际上惯用的方法,将国际经济学划分为贸易理论与政策和开放条件下的宏观经济。这样的划分方法更加契合宏观经济学的理论体系结构。在内容上,又将理论描述、数学推理、图形解释等结合起来,语言的论述辅助图形说明,比较适合国内学生阅读和理解。

而由该出版社翻译出版的另一本国际经济学教材的作者是美国麻省理

---

① P. 波斯纳:《国际贸易与技术变化》,《牛津经济文献》1961 年第 13 期。
② R. 弗农:《产品生命周期中的国际投资与国际贸易》,《经济学季刊》1966 年第 80 期。
③ 王娟涓、朱宇:《中美国际经济与贸易专业本科课程之比较》,《四川教育学院学报》2004 年第 3 期。

工学院和伯克利加州大学经济学教授克鲁格曼（Paul R. Krugman）和奥伯斯法尔德（Maurice Obstfeld），该书深刻探讨了国际贸易和国际金融领域的最新变化和争议，在内容安排上既包含了国际经济学的最新进展，又重视长期以来作为学科核心的传统理论与见解。第三本典型的国际经济学教材由清华大学出版社出版，该书是美国著名国际经济学家米尼克·萨尔瓦多（Dominick Salvatore）的精心之作，全球共有500多个英语国家的院校选择该书作为国际经济学课程的教材。1999年，清华大学出版社率先出版了该书第5版的中文译本，得到了读者的广泛欢迎，此后被多所国内高校选为国际经济学的教材和参考书。第8版在系统介绍了国际贸易理论、国际贸易政策、国际收支平衡表、外汇汇率的决定理论、外汇市场、资本在国际间的流动、国际收支调整、国际货币制度的基础上，又补充了国际经济学理论、亚洲金融危机、国际货币制度等方面的最新进展及新案例和新内容，由此，被称为是对国际经济学领域的理论研究、实务发展和前沿问题的一个权威的概括。与此同时，作为教材，本书结构分明、内容全面、形式统一，体例规范、资料新颖、难易适中，是一本较为优秀的国际经济学教材。

由此可见，我国国际经济学课程的开设，是在不断引进翻译国外教材的基础上，经历了一个努力探索与建立国内课程体系的过程。国际经济学同西方经济学一样，都是从西方发达国家引入的经济类课程。然而，国内大多数教材的特点是偏重于理论性、学术性，缺乏案例讲解，对于应用型本科学生而言掌握起来有一定难度。但随着近些年经济全球化的加快，以及各国间的贸易往来日渐频繁，我国在国际经济学课程的设置上，与西方发达国家，如美国或英国等接轨的步伐不断加快。经查阅，目前我国开设国际经济学课程的高等院校共有241所，比如首都经济贸易大学、天津财经大学、中北大学、山西财经大学、东北财经大学、内蒙古财经大学、内蒙古师范大学等院校。①

进入21世纪后，经济全球化和信息技术的飞速发展，对国际经济学教育产生了深远的影响，同时也推动了经济教育的全球化与信息技术的日益结合，使国际经济学教育呈现出新的发展趋势，这就要求我国高等院校的经济学教育必须深化改革，尽快与国际接轨。然而，目前我国国际经济

---

① 中国教育在线，http://www.eol.cn/article/20020603/3057693.shtml，2015-7-20。

学课程教学中还存在诸多问题亟待解决,比如课程理论体系和内容主要反映美国和发达国家国际经济活动和发展的事实,结合我国发展实际的探讨偏小等等。因此,结合国际经济学的自身特点,深入探究该学科的教学问题及其改进方法,对提高我国国际经济学的教学质量,学生运用该课程分析和解决国际问题的能力具有重要意义。

第二节 《国际经济学》的典型教学法及其问题

一 国际经济学的典型教学法

（一）讲授教学法

讲授教学法,是指教师以教科书或讲义为主要教学材料,以口语为主要教学手段,向学生传授知识与技能的一种教学方法。[①] 具体分为讲述法、讲解法和讲演法三种。其特点是,教师运用口语对国际经济学课程教学内容所涉及的事物、事实、事例、事件和过程进行客观的陈述性说明和有理有据的分析评论,以解释国际经济事件发展过程中所包含的规律性,或者对教材中涉及的抽象概念、性质和定理给予深入浅出的解释、分析与论证,使国际贸易理论和内容浅显易懂。这种教学方法是国内高校常用的教授手段。而运用讲授法的基本要求可以简要概括为,教学内容必须具有科学性、系统性,讲授内容必须紧扣教学内容主题,递次推进,逐层展开,同时在讲述过程中要突出教学内容的重点,并且要注意语言的条理性、准确性、简练性和生动性。为使教学内容更加直观,还可以配合使用板书、教学挂图、投影图片或电子课件等辅助教学手段。然而,随着科学技术的不断发展以及教学方法的改革探索,诸多教育学家倾向于反对教师一味地采用讲授教学法,从而提出现代教学论,强调发挥学生学习的主体作用,特别注意培养学生创造性的思维能力与实践能力,因而目前讲授式教学已越来越不能适应培养人才的需要了。

（二）案例教学法

案例教学法是以教师为主导、学生为主体、案例为内容,根据教学目的、内容的需要,通过教师的精心策划和引导,运用典型案例将学生置于

---

① 王文海:《现代教学的"十大教学法（一）"》,《中国电子教育》2005年第2期。

实践环境中，促使学生通过实践环境和事件本身的分析、讨论，充分表达自己的见解，以达到高层次认知学习目标的一种启发式教学方法。① 案例教学法最早始于 1870 年，由时任美国哈佛大学法学院院长的克里斯托弗·哥伦姆布斯·朗道尔（Christopher Columbus Langdell）教授创立，随后这一教学方法被广泛应用于该大学的法律教学和工商管理硕士等专业教育领域，并成为举世闻名的"哈佛模式"的一大特色。上世纪 80 年代初期，我国一些高等院校开始相继引入案例教学法，并经过多年的实践和探索，目前案例教学法的运用已日趋规范。

传统教学方法基本可以概括为"结构式课堂教学"，重概念定义、轻管理实践，重理论体系、轻方法策略，重教师传教、轻学生参与，这种教学方式易导致理论与社会实践相互脱节，使学生学无所用。而案例教学能够很好地将实际情况编写成案例，在教学过程中让学生进入所描述的实际现场，使所教授内容由抽象变为具体，更易于学习。国际经济学课程的讲授和学习需要有一定的案例讲解来支撑整个教学过程。比如国际物流、国际贸易实务、国际服务贸易等内容配合案例教学能够让学生对国际经济流程和发展动态有更加深刻的理解和把握。再如设计市场调查方案以及进行国际市场营销策划时，这些内容在理论上较为抽象，如果运用案例教学，通过向学生介绍有关背景资料，提出调查目的，启发学生思考和设计各种方案，然后组织学生进行讨论，选出比较好的方案。这样就会使学生有针对性地运用国际理论知识去分析问题，达到不仅知其然，而且知其所以然的教学目的，从而加深对课堂所学知识的理解，并在讨论中引导学生发现自己的薄弱环节，从而主动提高其对知识的运用能力，以及发现问题、分析问题和解决问题的能力。

由此可以说，案例教学是一种互动式教学，可以有效训练决策艺术，锻炼学生以当事人的身份，身临其境地解决问题，并在不完全信息条件下作出自己的独立决策，增强学生的参与感和成就感。学生则从"听讲者"转变为"参与者"，从"理论的接受者"转变为"实践的创造者"。但在实际教学中，如何对案例教学的深度进行把握却有一定难度。在有限的课时里，要给学生充分讨论及沟通时间，并且不和理论教学相冲突，在操作

---

① 郑展鹏：《案例教学法在〈国际贸易〉教学中的应用研究》，《北方经贸》2011 年第 5 期。

时对教师要求较高，因此案例选择要恰当。而且学生课后的工作量也较大，他们要用紧张的课余时间去查阅资料，分析整理，可能存在搭便车现象，老师无法掌控。

（三）双语教学法

国际经济学是研究世界经济运行规律的学科，包括国际贸易部分和国际金融部分，研究开放条件下的微观经济学和宏观经济学。[①] 学习研修和教授国际经济学课程本身要求学生和教师具有宽广的国际视野，扎实的西方经济学功底，以及良好的外语能力，因此，国际经济学是最适合推行双语教学的课程。与此同时，随着世界经济一体化进程的加快与世界文化的融合，要求通过提高高校国际经济与贸易的双语教学，培养既具备丰富专业知识，熟悉中国国情，又有较好外语水平，精通 WTO 规则和世界经济的国际化人才。因此国际经济专业课双语教学势在必行。在国际经济与贸易专业推行"双语教学"的目的在于，培养学生通过专业训练，成长为未来的商务人士和创业者，他们能够应用外语在工作中进行交流，具备同合作伙伴、国际竞争对手沟通和对抗的能力，真正成为"面向国际市场竞争、具备国际经营头脑"的国际商务参与者和管理者。而这一人才培养目标的实现，离不开与国际先进教学模式的接轨，更离不开英语这一国际贸易通用语言的运用和英语思维能力的培养。学生的英语水平是形成双语教学语言环境的基础，专业知识基础的高低也是影响双语教学效果的重要因素之一。但目前我国高校双语教学的主要问题在于，学生的英语水平以及专业知识基础的高低是影响双语教学效果的重要因素之一。

二 国际经济学课程教学的问题分析

（一）教学内容安排不合理

目前国内各高校对于国际经济学教学内容的安排，主要采取两种方式：一种是只设立国际经济学，而不设立国际贸易、国际金融课程。仅用该课程的授课内容代替另外两门课程内容，以此为经济学相关专业学生的学习提供帮助。这种方式主要优点是授课教师可以根据自己的授课计划安排教学内容，具有一定的灵活性。但问题是难以保证教学内容可以有效涵盖所有该课程的领域。第二种是同时设立国际经济学、国际贸易和国际金

[①] 王峰：《〈国际经济学〉课程双语教学互动模式探析》，《广东外语外贸大学学报》2010年第4期。

融三门课程。这种方式的主要优点是可以在国际经济学的框架下兼顾国际贸易、国际金融等各方面理论的内容，确保理论体系的完整性和科学性。但问题是各课程之间可能存在相互重复或没有涉及的内容，给学生的学习带来一定障碍。与此同时，课程内容更新缓慢、交叉后重复太多、结构不合理，很难培养出高质量的学生。美国大学就特别重视核心课程设置，比如，康奈尔大学每年都要对课程设置进行修改。因此，课程设置的合理与否对于学生日后的学习非常重要。①

（二）学生的数学和英语基础较差

数学是经济学相关课程的重要分析工具。在国际经济学的理论体系中，常会涉及各种数学模型和逻辑分析。笔者在教学过程中明显发现，学生对数学工具的运用还不够熟练，数学思维能力较弱，对逻辑推导、数学证明等内容比较生疏，不能将数学模型与其经济含义联系起来，很好地理解理论模型的经济意义。此外，大多学生英语基础薄弱，相比北京、上海等一线城市，各少数民族地区的学生，普通话和英语能力显著低于其他省市。而国际经济学科恰恰要求学生具备良好的数学和英语基础，这就使目前学生的数学和英语基础水平不能较好地适应国际经济学学习的需要，成为学好国际经济学的一个障碍。

我国虽然一向重视外语教育，尤其是英语教育，但长期以来，由于受传统外语教学方法及考试制度的影响，学生普遍为了考试、升学而学习外语，没有把外语当作一种语言或交流思想的工具。在这种情况下，学生学习外语多半是以死记硬背为基础，所以外语很难成为传播专业知识的桥梁。同时，由于生活环境、文化、制度差异，学生缺乏相应的外语思维能力，从客观上阻碍了双语教学的深入开展②。同时，原版教材的专业术语多、信息量大等特点，对于部分英语基础差的学生来说，可能花费在理解原版教材文字上的时间要比理解课程本身内容的时间还要多，这会导致出现一种因小失大的后果。

根据笔者对内蒙古师范大学经济学院 12 级金融学专业 65 名学生所做的调查显示：在学习《国际经济学》双语课程中最大的困难因素包括"有一定的基础知识但缺乏专业词汇"和"英语基础知识掌握不够"两

---

① 陈亚芹：《浅析高校国际经济学教学模式改革》，《科教纵横》2011 年第 8 期。

② Wu Ping, Five years of bilingual Teaching Research, *China University Teaching*, 2007（1）：37—44.

项，分别占 66.2% 和 24.6%；而认为双语教学实施困难的因素为"师生英语运用能力的欠缺与教学高要求之间存在矛盾"的学生高达 75.4%（见表 6-1、表 6-2）。

表 6-1 学生学习《国际经济学》双语课程最大困难因素的调查结果

回答选项	人数（共65人）	百分比（%）
英语基础知识掌握不够	16	24.6
有一定的基础知识但缺乏专业词汇	43	66.2
听力及口语能力不足	3	4.6
担心进度，害怕跟不上	3	4.6

资料来源：根据问卷调查数据整理而得。

表 6-2 《国际经济学》双语教学实施的困难因素的调查结果

回答选项	人数（共65人）	百分比（%）
师资力量不足	7	10.8
双语教材选取的困难	9	13.8
师生英语运用能力的欠缺与教学高要求之间的矛盾	49	75.4

资料来源：根据问卷调查数据整理而得。

（三）教学方法比较单一

目前，大多国内高校在国际经济学的教学过程中，仍普遍采用讲述、讲解、讲演为主要方式，来向学生传授知识和技能达到教学目标。"满堂灌"式的教学方法将讲授知识作为主要的教学目标，强迫学生死记硬背，俗称"填鸭式教学法"。该教学方法忽视了学习方法的引导，不能有效实现"教"与"学"的互动，从而导致教师和学生过分依赖教材，过于注重理论知识的讲解，忽视了国际经济理论与经济发展实际之间的关系，比如教师疏于对国际经济和贸易实践中涉及单证、报关单、汇票等实务操作的训练，难以将理论应用于实践，使课堂教学显得枯燥乏味。众所周知，理论来源于实践并要接受实践的检验，因而完全以教材为中心开展教学可能会导致"教"、"学"双方思维僵化，难以引导学生进行批判性的学习并调动他们学习的主动性和学习兴趣，培养其创新能力。因而，有不少学生反映国际经济与贸易理论部分的理论性太强,实际应用少,教学过程不够生动,学起来兴趣不浓,甚至还有学生反映四年国际经济与贸易专业学习下来,仍然不知国际贸易为何物。

第三节 《国际经济学》教学方法体系的构建

一 国际经济学教学方法的构建路径

（一）有针对性地调整教学内容

作为发展中国家,国际经济学课程的定位应立足于我国实际,借鉴发达国家的经验教训,不断完善该课程的教学方法,进而增强学生运用国际经济理论分析和解决实际问题的能力,并致力于中国经济的改革和发展,注重充实新内容。当前,随着经济全球化的不断发展,国际经济中的新现象层出不穷,而教材的更新却存在一定的滞后性。因此,结合教材在国际经济学的讲授过程中,一定要密切关注国际经济的发展动向,并及时充实新内容和引入新数据。如在讲授国际贸易理论时,要引入当前国际贸易研究领域中出现的新思想和新理论。在讲授欧盟区域经济一体化实践时,应引入新数据并介绍欧盟发展的最新动向等。同时,针对上述我国高校教学内容安排的两种主要方式,笔者的教学经验和体会表明,仅设立国际经济学,而不设立国际贸易、国际金融课程的做法存在一定的风险和问题,因此应同时开设这三门课程。这样有助于构建学生学习国际经济理论体系的完整性,同样也有助于突出这三门课程各自的特点,加强课程间的相互联系。这一点对于教学内容的安排和教学效果的实现尤为重要。因为在这三门课程之间的确存在一定内容的交叉和重复,这就要求教师在安排教学过程中,组织有效的教学团队,彼此之间加强合作与协调。只有通过这种高效的合作,才能在避免重复配置教学资源的同时,保证教学内容和体系的完整性。

（二）加强案例教学与双语教学

2001年和2005年教育部先后发文强调,为了适应经济全球化和我国加入WTO的需要,公共课和专业课提倡双语教学。[①] 特别是像国际经济学

---

① 李琼:《民族地区国际经济学教改研究》,《职业教育》2013年第6期。

这样研究国际问题的学科，用一种世界性的语言交流非常重要。具备双语教学的单位要扩大和推广，没有条件的院校应创造条件，先实行"外文教材，中文授课"分阶段推进。目前经济一体化的进程和世界文化的融合成为我们必须面对和正视的问题，为了更好地了解国际经济规则、国际经济法律和国际经济专业知识，英语成为一个经贸人才的必备工具。我国国际经济学的知识体系源于国外的引进和借鉴，为了更好地消化与吸收国外原版英文教材的思想，外语能力非常必要，而双语教学可以加强这种语言能力的训练和掌握。双语教学并不一定意味着选用原版教材及课程教学采用全外语模式。可以在立足于实际和兼顾教学效果的基础上，以案例作为突破口，选取一本优秀的国外教材作为教学辅助材料，在课堂或是课后，选用外文案例，介绍外文资料来源，如网站、杂志、资料等，并适当在案例分析时段使用双语讨论，这样可避免理论教学时学生理解不到位，结果语言没学好，理论又没明白的现象。

（三）因材施教，处理好同其他学科之间的关系

由于每个学生的思维和基础不同，因此在教学中要因人而异、因材施教，高度重视分层教学，让学生在轻松、愉悦的氛围中充分感受到学习的乐趣和成就感。在分层教学中，要全面了解所有学生的学习情况、兴趣、爱好等，进行不同的分类分层。针对不同的学生使用不同的教学方案。例如，对于基础较差的班级和思维较不灵活的学生，应该根据实际情况、专业特点进行教学设计。通过知识点讲解、列举典型案例、习题巩固等循序渐进的引导方式教学。而对于基础较好的班级和接受能力较强的学生，在讲解基本概念和基本原理的基础上，重点培养学生理论和实践相结合，提高学生分析和解决问题的能力。此外，在国内不同高校经济类专业中，微观经济学、宏观经济学以及高等数学等是国际经济学的基础课程，而国际经济学又是国际贸易学、国际投资学、国际金融学等其他专业课程的基础课程。因此在教学中应充分认识国际经济学的基础性和重要性，同时注意该课程的课时量及其开课时间的科学安排，对于学生已修的课程知识点要加以回顾，而尚未修过的其他专业性课程知识点要予以介绍，以体现学科之间的承接性和过渡性，并不断帮助学生认知经济学的整体知识体系。

二 双语互动教学模式的应用

所谓互动教学模式，就是在教师的启发和引导下，师生之间、学生之间采用对话和研讨的学习方式，形成和谐的师生互动、生生互动、学生个

体与学习中介互动的学习机制,以调动学生的学习主动性,开发学生的创造性思维,培养学生的自学能力,塑造学生良好个性的一种教学结构模式。① 尽管目前在我国国际经济教学中开展双语教学面临重重的困难,本书认为,通过有意识地改善互动技巧,提高现有师资的讲课效果仍然大有作为。

(一)互动式教学模式的课前准备

1. 精选授课内容

合理选择授课内容,是教师开展课堂互动的先决条件。在有限的课堂时间内,合理安排互动非常必要。这就要求教师在备课时要挑选最基本和最重要的概念、理论和最具代表性的案例进行精讲,并能联系中国经济和世界经济热点和前沿问题进行讨论。针对国际经济学这门课,一位美国名校教师曾建议,每章只需讲一半内容就可以了。那么如何取舍授课内容?因为实证部分(Empirical Tests)和专题讨论部分(如 The Postwar Balance of Payments of the US)是对基本原理的运用或经验考察,扣除它们不会影响理论的完整性,因此本书建议这两部分可作为学生的课下阅读材料;另外,在中文状态下学生已经掌握的知识不必再在课堂上重复。同时包含复杂数学推导及内容过于艰涩的小节在课时不足时也应跳过。

2. 设计启发性问题

互动式教学模式是一种问题导向教学模式。教师首先要把最核心的、富于启发性的问题明确展示给学生,学生带着"任务"去看书、听讲和讨论,内在动力和外在压力相结合,才能发挥出最大的参与兴趣。所以,教师在电子课件的制作上,须将传统要点罗列式内容改为设问式内容,同时所提问题最好有难度的层次区分。例如讲到第 17 章国际收支的收入调节机制时,可设置从易到难这样三个问题:(1) How to determine the equilibrium national income in a small open economy? (2) Why current account deficits can finance investment? (3) What's the two – gap model or so called Chenery – Strout Model? 最后一道问题(两缺口模型)学生无法从教材中直接找到答案,但是可以从第一道题(开放条件下均衡国民收入的决定公式)和第二道题(国民储蓄与经常账户的关系)推导而来。这样学生

---

① 王峰:《〈国际经济学〉课程双语教学互动模式探析》,《广东外语外贸大学学报》2010年第4期。

通过自己看书进行思考，发现问题，这时教师再讲解就更有需求了。

(二) 互动式教学模式的课堂组织

1. 授课环节与互动环节交替进行

国外的一些教师建议，课堂讲授最长不超过 15 分钟，就需要进行适当的互动环节，否则学生的注意力会"游离"。互动与授课最好穿插进行。如果前面几周集中讲课，后面几周集中讨论，学生也会感到前面过于枯燥、后面过于涣散，丧失了互动的紧凑性和效力。

2. 扩大发言同学的范围

互动环节的根本目的是激发学生学习的主动性，避免教师和少数同学"垄断发言权"，其他同学被"边缘化"。为此，我们可以通过记录提问的名单，保证一学期绝大部分同学都有参与发言的机会；分组讨论的组员一般3—4人为宜，不宜太多，教师可挑选反映最热烈的几个组发言，其他组在下次讨论时多给予机会，这样既可采集学生信息，又方便控制时间。

(三) 互动式教学模式的课后追踪

1. 建设《国际经济学》课程双语教学网站

为提高教学效果，教辅材料的配备必不可少。这方面《国际经济学》网站的建设可以说是"一劳永逸"。网站具有强大的承载信息功能。教师将双语教学大纲、英文教案、参考文献、关键术语集、习题集上传到网站，以此方便学生查阅学习。同时，网站可以链接到 *Financial Times* 和 *Economist* 等主流媒体，扩大学生英文阅读和分析现实经济问题的能力。

2. 布置合理的预习和课后作业任务

针对课时少、课本容量大的特点，教师可在每节课结束前布置下节课预习章节和词汇查阅任务。教师可以为学生布置每章的课后作业，在指定时间进行抽查和讲评，并作为平时成绩的重要来源进行记录。

总之，双语教学的互动模式是一门艺术，它贯穿于教学活动的始终，对教师综合素质的要求较高。国际经济学课程内容庞大，理论性强，因此互动技巧的难度也较大。这就要求教师能够深刻认识互动模式的重要性，研究学生的需求，创造性的克服现有困难，大胆探索各种互动技巧，实现良性互动，这样才能提高教学效果。

第七章 《财政学》教学方法改革与探索

第一节 《财政学》课程教育发展史

一 课程设置历程

（一）早期财政学的设立

一门学科的设立与发展是与学科理论紧密相连的，财政学在我国经历了从无到有的发展历程。我国最早的《财政学》是由胡子清引进的①，距离现在已一百多年，早在19世纪八九十年代，便有零星的西方财政学著述译介到国内，而最早呈现于中国读者面前的现代财政学著作是1903年出版的。随后到南京政府时期，各类经济学人共同关注财政问题的局面扩大，国人自撰的财政学著作已占同类出版物的绝大部分，内容涉及了财政学的各个领域，外文译著的重点也逐渐从日本转向欧美。该时期财政学获得了较好的发展，成为高等教育的主干课程，财政领域出现了一大批有影响力的著作和知名学者。较具影响的有陈启修的《财政学总论》、李权时的《财政学原理》、姚庆三的《财政学原论》、薛贲时的《财政学新论》，以及何廉与李锐、尹文敬、曹国卿等人所著的《财政学》，马寅初的《财政学与中国财政——理论与现实》表现了本土化的努力。特别需要指出的一点，以马克思主义为指导的财政学论著在这一时期有所体现，如《财政学之基础知识——社会主义财政学》（萨孟武著，1929年出版），《新财政学大纲》（千家驹著，1949年出版）。

（二）建国后财政课程设置

新中国成立之年财政学专业创立，之后我国最早设立的财政学学科点

---

① 许康、高开颜：《百年前中国最早的〈财政学〉及其引进者——湖南政法学堂主持人胡子清》，《财经理论与实践》2005年第6期。

是中国人民大学财政学专业,最早设立财政学专业人才培养基地是中央财经大学财政学科。各高校特别是财经类院校经教育部批准后续开设财政学课程,课程设置各有特色且蓬勃发展。截止到2013年12月30日的数据统计,财政学专业在全国开设的高校共103所(见下图)。其中,京、闽、鲁三省市最多,各高校课程设置时间及发展也不尽相同。本书随机选择设有财政学专业的高校略作整理。

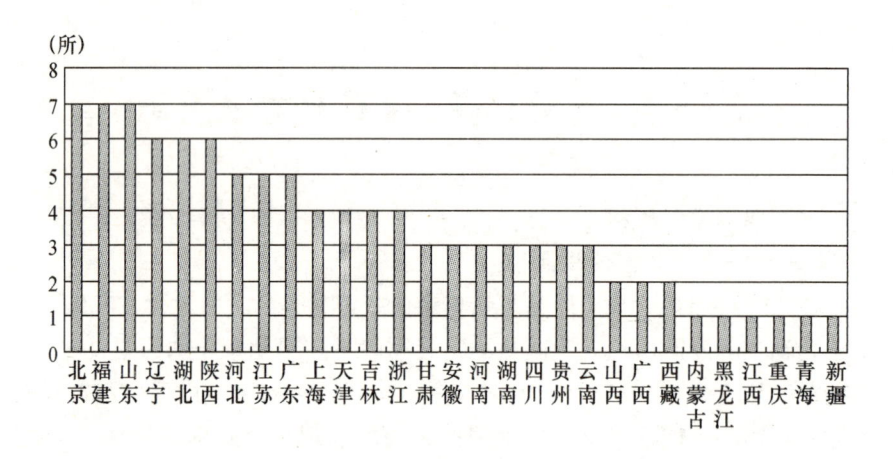

图7-1 全国设财政学专业的103所高校分布情况

中国人民大学财政学专业是我国高校中最早开设的财政专业之一,专业从属于财政金融学院,该学校本专业在财经领域享有很高的学术地位,一直以来被国家社会科学列为重点学科,其中2001年在教育部重点学科评比中名列全国第一。2008年财政学课程被评为国家级精品课程。

中央财经大学是新中国最早设立的财政学专业人才培养基地。2006年,中央财经大学财政系更名为中央财经大学财政学院,财政学专业分为三个方向:财政专业方向、政府采购方向和资产评估与管理方向。①

厦门大学建校之初就开设了《财政学》课程,此后《财政学》及其相关课程一直是厦门大学经济类各专业的主干课程,并延续至今,1951年设立财政学专业,1985年厦门大学财政科学研究所成立,1987年成为全国首批唯一的财政学国家重点学科点。

---

① 《近三年热门专业介绍及就业解析(4)——财政学》,新浪教育微博:http://edu.sina.com.cn/gaokao/2012-06-28/1821346338_4.shtml,2012-06-28。

中南财经政法大学财政学专业是全国高等院校中最早招收本科学生的财政学科点之一，1997年成为财政部首批重点学科，2002年被教育部批准为国家重点学科。① 该校财政学课程于2004年被评为国家精品课程，2008年财政专业被评为国家特色专业。

西南财经大学1952年创建财政学专业，1995年成为省部级重点学科，2001年列为四川省本科人才培养基地建设项目，2003年被评为四川省精品课程。

浙江财经大学《财政学》课程自1987年以来就是财政专业的专业基础课和其他经管专业的核心课程之一，财政学科于1994年成为浙江省首批重点学科。2003年，财政学入选浙江省首批省级精品课程。

《财政学》课程的开设随着各高校师资力量的不断完善而有所增加，如河北农业大学1993年开始独立开设《财政学》课程，2002年《财政学》成为河北农业大学校级重点建设课程；河南大学经国家教育部正式批准于2002年成立财政专业，2008年财政学成为省级精品课程。

上述各高校的课程设置历程表现出学校对财政学专业发展的重视，而各高校财政专业和财政学科的发展也随着国家经济的不断发展更加科学合理，专业内容和设计更趋于本土化，学科建设取得了较好的发展。

二　教材内容更新

财政学理论上关于财政本质、税制体系、国家公债、财政管理体系等的认识不断深化，教材内容随着财政理论内容的不断创新而更新，笔者选取国内外比较有代表性的著作及教材对财政学内容的更新加以说明。

（一）关于财政本质的认识

从建国后相继出版的财政学著作中可以看出，对于财政本质的不断深化并形成主流认识经历了一定的时间。早期著作将财政的本质确认为一种分配关系，阐述了国家财政及国家分配论若干核心概念，提出了以国家为主体的财政定义等，邓教授更进一步明确指出财政的本质就是以国家为主体的分配关系；后期著作对如何看待国家和财政的关系，怎样理解财政产生的原因、财政分配的对象、财政范畴的历史性做了较为全面的阐述。下表为有关财政本质认识的著作。

---

① 《财政学》，爱课程网站：http://www.icourses.cn/coursestatic/course_3087.html，2015-07-20。

表7-1　　　　　　　　有关财政本质认识的主要著作

主要作者	著作	出版年份
粟寄沧、丁方	《新财政学教程》	1951 年
罗毅	《新财政学教程》	1951 年
伍丹戈	《论国家财政》	1951 年
尹文敬	《国家财政学》	1953 年
许廷星	《关于财政学的对象问题》	1957 年
邓子基	《财政是经济基础还是上层建筑》	1964 年
邓子基	《社会主义财政理论》	1978 年
邓子基	《社会主义财政学》	1980 年
邓子基	《财政与信贷》	1981 年
许毅、陈宝森	《财政学》	1984 年
何盛明、梁尚敏	《财政学原论》	1986 年
邓子基	《财政学原理》	1989 年

资料来源：作者根据有关图书整理获得。

（二）对公共物品理论的吸收和融合

公共物品因不具有竞争性和排他性，依靠市场机制调节失灵，需要财政承担提供公共物品的职能来满足社会对公共品的需要。公共物品理论对于财政职能的有效发挥提供理论基础，同时也逐渐影响财政支出理论的变革。在教材中也有所体现，1985 年就有"公共品"概念出现在西方国家财政著作中[①]，1988 年的著作中正式使用"公共产品"的概念，且细化公共品类型。1992 年，在《财政学》教材研讨会及财政学著作中，"公共物品"或"公共产品"概念较为普遍的使用，以公共品理论为特色的代表性论著主要有：《财政原理与比较财政制度》（平新乔，1992）、《财政学教程》（蒋洪，1996）。

（三）对西方财政学经典教材的译著

中国人民大学出版社 2000 年出版的《财政学》（哈维·S. 罗森），自 1985 年第一版问世后，备受学校和师生欢迎，作为财政学的经典教材该书一直是美国一流大学的首选教科书。《财政学（第 8 版）》最显著的

---

① 丛树海：《论我国财政学理论体系的创立和发展》，《财经问题研究》1998 年第 2 期。

特色是吸收了近30年来西方财政学理论的最新进展，诸如在具有外在性时如何交易、社会保障体制的建立、有效与公平的税制设计、最适税收原则在时间上的不一致性、国债的最优规模、财政的分权与集权、税制结构与公司资产结构等问题，都可以从这本《财政学》里获得新的透视。该教材与国内最大的不同是将制度、理论和经济计量等方面的内容交织在一起，让学生对于政府的开支和征税活动具有一个清晰而连贯的认识。

（四）国家级规划教材内容的更新

高校普遍使用的国家级规划教材在再版过程中不断更新教材内容，强化教材的实用性以适应当前我国经济发展的实际情况。如《财政学》（第2版）基本理论中增添"外部性"相关内容，财政支出细分支出类别等。《财政学》（第3版）着重介绍当代财政学的基本原理及中国的财政制度与政策，同时加入财政管理的若干内容，力图在理论、政策与管理之间寻求适当平衡。《普通高等教育十一五国家级规划教材·财政学（第六版）》（陈共，1998）教材内容是以财政支出和财政收入为核心，以基本理论（导读）—财政支出—财政收入—国债—国家预算—财政政策为体系。《"十二五"普通高等教育本科国家级规划教材：财政学（第7版）》（陈共，2012）在第六版的基础上进行了内容的更新，吸收西方经济管理理论精髓并充分结合中国的国情和实践，把中国的背景知识与国际合理接轨进行修订，增添税收的经济效应研究的最新成果，实现教材本土化。

三　教学方法演进

教学方法是引领学生课堂学习的重要方式和手段，在教学过程中的地位和作用是显而易见的。随着国家及教育部对高等院校教学工作的关注，对教学工作经费投入的加大，使得高等院校的多媒体、实验室等硬件建设得到发展，教学方法的演进和创新也不断进行。

①普遍的单一式教学法，以"满堂灌"为主的教学组织方式占据主导地位。老师灌输知识，学生被动接受，教师与学生互动性弱，学生缺乏学习的积极性，考试内容固定化无法真实反映学生对知识的掌握程度。

②采用多媒体教学，原理结合案例分析的教学组织方式。现在越来越多的老师采用多媒体教学手段，并结合当前经济发展的实例，采用"原理—案例"教学法，分析财政理论在实际运用中的效果或效应，加深学生对理论理解的同时，增强学以致用的能力，并使学生理论分析和解决实际问题的能力也不断增强。此种教学方法已经较为普遍，且有较好的影响

和效果。

③谈论式教学、研究性学习等教学新法不断尝试。谈论式教学等方式打破"满堂灌"的传统教学模式,以案例分析为载体,讲授理论,课上留有时间让学生讨论关于经济热点的观点,并接受师生的质询。

④因材施教,针对学生的不同需求设置课程。此种教学方法是根据学生的个人需求而设,专门性较强,操作环境要求高。

第二节 传统教学方法:效果评估与时代挑战

一 传统教学方法概述

以传授知识为本位的传统教学在强化知识的同时,重视教师的"教",却较大程度地忽视了学生这一学习主体的重要性,使学生被动地接受知识。众所周知的"满堂灌"、应试教育等是典型的传统教学方法。

目前的教学方法大多为课本讲授,教学以课堂讲授为主。高校普遍采取的财政学教材基本上是简单的理论描述加少量的案例分析,教师仍是采用单一的讲解式教学方法。这种教学方法的优点是能够保证教学任务在规定时间内按计划完成,但缺点也很明显,即课堂教学互动性较弱或者基本没有互动,难以有效调动学生学习积极性,教学效果不理想。教学手段是"粉笔加黑板"的模式,此种模式会使授课效率降低,如教师在黑板上的板书会占用一部分时间,减少了教师在单位时间内向学生传递的信息量,同时也增加了教师的工作量;而学生惯于传统的上课方式,课堂记笔记,有限的时间忙于做笔记而没有很好地去理解所讲的内容,课堂内容并未被学生所理解造成授课效果大打折扣。多媒体式的教学手段,却仍是传统的教学方法。

在多媒体教学的过程中,有的教师用最先进的多媒体教学手段对学生进行立体化、全方位的"满堂灌",原先以黑板为教学载体后转变为以多媒体计算机为载体,实质上的"填鸭式"教学方式没有发生变化,从而片面地认为使用了多媒体设备就是教学方法的改进,但"换汤不换药"并不是教学创新。让学生这一认知主体处于被动灌输的地位,无法激发学生的学习主动性和积极性,就不利于学生自我学习能力的提升和自主学习的培养,创新与创造能力更无从谈起。

二 传统教学方法的效果评估

传统的财政学教学以对理论观点的介绍和论证、制度与政策的诠释为主，学生学习较为被动，以死记硬背的方式应对考试，对知识的掌握并不牢固。[①] 下面结合具体的教学实例说明财政学传统教学过程中出现的现象，并比较分析两个班级的期末成绩进行效果评估。

×××高校2013级会计学专业两个班级的学生开设财政学课程，该课程性质为专业必修课也是专业基础课，学时54课时，采用的教材是陈共主编的《财政学》第七版。会计4班的教学方法以课本讲授为主，多媒体辅助教学。会计3班采用案例教学，课上小组式讨论，多媒体辅助引导学习。通过走访得知，在2014年上一学期的课程学习中，4班总体学习积极性不高涨，仅有部分学生认真积极地听课做笔记，部分学生消极听课，更有不带课本、上课聊天睡觉者、旷课者。与学生交流，大部分学生表示理论学习枯燥无味，甚至不理解，老师照本宣科，虽然采用的是多媒体教学，但实际上是教材的复制品，仍旧是"填鸭式"教学方式，课本上有的知识点已落后于当前经济的发展，造成课堂学习懈怠甚至厌倦。问及学生其作业设置情况，教材课后习题成为教师留作业的主要来源，课后习题多是围绕课本而设，多数学生不会认真对待，仅仅是在书中找到即可，至于理解更是无从谈起。期末考试采用传统的模式，考前划重点，匆匆两周死记硬背上考场，考完书本一扔知识忘干净。通过期末试卷成绩分析能够看出，部分学生平时不注意知识的积累，客观题得分较低，主观题因平时不准备考前死记硬背造成知识点错乱，忘记或遗漏要点现象较多。图7-2为某高校2013级会计4班的期末成绩。

通过成绩表，可以看出70—79分数段的学生数最多，80分以上人数较少，总体成绩中等偏下，班级平均分较低，不及格人数较多。方差大说明学生成绩分散、差距大。

走访得知，会计3班因采用案例教学，课上小组式讨论学习，课堂较为活跃，与此同时更加注重对当前热点问题的分析，并试着用所学理论解决问题，学生的学习积极性较高。会计3班的期末成绩见图7-3所示，很明显会计3班的平均成绩要远高于4班，并且成绩多集中于80—90分段，

[①] 李冬梅：《财经类院校〈财政学〉课程教学改革研究》，《石家庄经济学院学报》2012年第4期。

方差较小。通过对比说明,"以教师为中心"的传统教学方法在调动学生学习积极性方面作用较弱,课堂是教师而非学生的课堂,教学效果明显不如案例教学法的大。

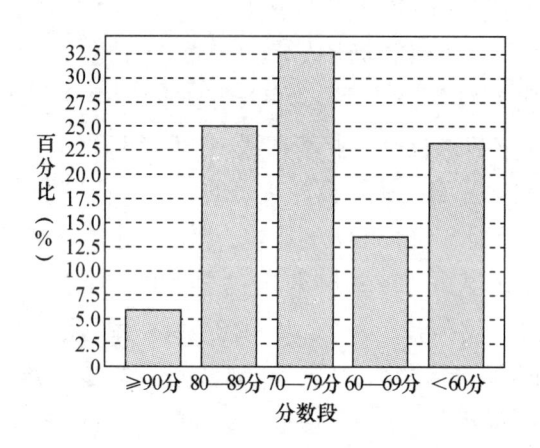

图 7-2　某高校 2013 级会计 4 班财政学课程期末成绩分析

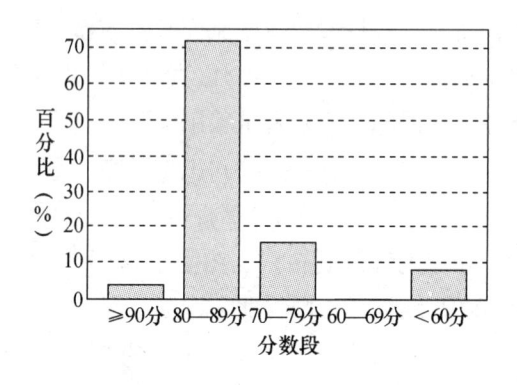

图 7-3　某高校 2013 级会计 3 班财政学课程期末成绩分析

三　传统教学方法面临的挑战

随着高校学生人数的增加,再加上全球金融危机的影响并没有消除,2014 年毕业生高达 727 万人,社会对应用型高级专业人才的需求与日俱增,而传统教学方法下专业人才培养的实际结果与目标相差甚远。就业形势严峻,专业不对口等直指学校教育与社会需求的脱节,传统教学方法更是面临严峻的挑战。

（一）财政专业人才培养目标与教学效果有差异

"培养具备财政、税务等方面的理论知识和业务技能，能在财政、税务及其他经济管理部门和企业从事相关工作的高级专门人才。"即培养复合型人才是许多高校对财政专业人才培养的目标。① 复合型人才需要具备更加全面、系统的知识结构，这不仅是单纯的财政理论的学习，还要熟习会计、税务、经济法规，懂得管理、政治知识，了解国家的政策法规。在实际专业人才的培养过程中，传统教学方法仍是主流，但培养效果与目标相距甚远。主要表现在财政专业学生知识缺乏系统性，知识结构单一；学科涉及宽泛，学而不精；理论分析应用性弱，动手实践能力低。

（二）教学质量与数量矛盾突出

当前，财政学科的教学特点是仍以传统的授课模式为主，此种模式下出现的问题也较为突出。传统的课堂讲授是非常重要且必要的，特别是对一些基本理论，但是财政学中许多理论较为宏观和抽象，不像会计、税务或股票可以采用模拟的方式，能让学生更加感观的认识，即使结合案例（比如政府采购，财政监督等），学生理解起来还是具有一定的困难。因而传统教学方法对理论抽象型的学科适用性较低。一方面，教学质量的下降。学生数量的激增与学校现有资源条件难以及时调整的矛盾，造成班级合班授课现象较多，授课效果大打折扣，更有学生因上课拥挤、缺少座位等原因缺席课堂，影响教学质量。另一方面，课程本身"理论与实际应用"矛盾突出，财政学专业具有较强的专业理论性，涉猎的内容较广泛，所学内容多而泛，与精而细的质量要求相差甚远，导致许多学生对财政专业很难培养兴趣，对于本专业重点知识的掌握以及相关外延性的知识了解不够，特别是在地方院校更为明显。考试内容及学生所学与实际工作需要脱节严重使得"学生毕业即失业"的现象愈演愈烈，教学质量大受质疑，不能不说这是一种教育上的悲哀。

（三）教学理论与实践脱离

目前财政学的教学中存在较多的现象和问题，重书本、轻实践的现象普遍存在。当前高校的教师多偏重理论，很少有教师是在相关专业的工作岗位工作后再教学，较少利用书本知识去分析实际问题，很难做到"理

---

① 李秀梅：《财政学专业人才培养面临的机遇和挑战》，《内蒙古财经学院学报》（综合版）2009年第5期。

论—实践—理论"。财政学学习的实验室应该是社会,财政学的课堂上缺少老师、学生、社会的交流与沟通,学生作为求知者很茫然,教师授课针对性不强,教授的理论往往不能与实际结合,学生感觉空洞乏味。① 更为严峻的事实是,很多教师本身就没有实践经验,所讲授的课程自然难以做到理论联系实际,这不免造成学生理论联系实际的能力较差。

从现实需要讲,财政学科更需要的是给学生提供现实的实践机会,真正给学生以接触社会的机会,以保证在毕业之时能更快地融入社会。假期社会实践对于学生提早熟悉各项业务技能和接触工作岗位有较好的作用,但出于各种原因很少有学生真正亲身进行社会实践,实习报告大量复制造成学生的社会实践基本上只是流于形式,理论与实践脱轨,无法将学生与社会紧密连接起来,造成"学不能致用"。

第三节 《财政学》课程教学方法改革与创新

一 深化"案例式教学"

案例教学是指根据教学目标和内容的需要,教师选择典型案例,组织学生学习、研究,实现锻炼学生能力的一种教学模式。② 因案例教学在财政学教学过程中被普遍认为是教学效果最好的方式,案例教学法也在不断使用和创新。

案例分析法是财政学在经济学方法论的创新与发展,当然也是财政学首选的教学方法,并以之为主线。科斯在《企业的性质》和《社会成本问题》中,坚持理性选择模型进行制度分析的同时,并没有运用计量经济学模型来证明自己的理论,而是以讲故事或案例的方式加以阐述。科斯的方法简化为三个组成部分:第一是在真实世界里找学问;第二是重点调查现实的约束条件;第三把实例一般化。

经典的案例教学通常要经历四个教学环节。如图7-4所示:

第一个环节主要是审读案例文本,把握案例事实。划分好各小组,给予学生一定时间阅读案例,找出案例的关键问题并自我进行分析,形成初

---

① 李冬梅:《财经类院校〈财政学〉课程教学改革研究》,《石家庄经济学院学报》2012年第4期。
② 杨帆:《构建〈财政学〉案例教学体系的建议》,《科技经济市场》2007年第11期。

步方案。接下来每位同学在小组或全班学生面前呈现个人对案例问题的分析，提出解决方案和依据；同学间针对关键问题和方案相互提出意见，并进行小组讨论以达成共识。各小组代表课堂发言，全班交流进一步完善解决方案。最后，在个人总结的基础上，要求学生独立完成案例作业，撰写案例学习报告。

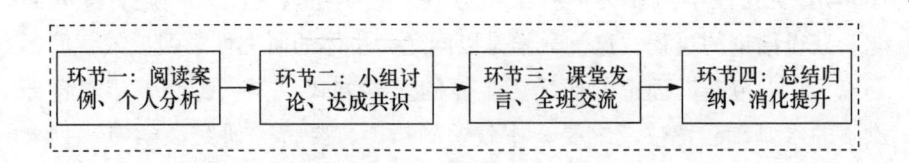

```
┌─────────────┐   ┌─────────────┐   ┌─────────────┐   ┌─────────────┐
│ 环节一：阅读案 │ → │ 环节二：小组讨 │ → │ 环节三：课堂发 │ → │ 环节四：总结归 │
│ 例、个人分析 │   │ 论、达成共识 │   │ 言、全班交流 │   │ 纳、消化提升 │
└─────────────┘   └─────────────┘   └─────────────┘   └─────────────┘
```

图7-4　案例教学的基本环节

在实际的教学过程中，已有不少的老师采用案例教学法，作为一种基本教学的辅助形式却没有统一的标准，在运用当中应当结合学科实际，合理设计案例内容，注重实际效果而非形式化。因此，案例式教学就需要在运用过程中不断深化与完善。笔者认为可以从以下几个方面对案例教学进行深化。

首先，准确定位案例类型。根据已有的类型对案例作适当归类，财政学当中关于中外财政制度和政策介绍的案例可归结到介绍性案例中，此种案例多为描述性案例，可简明扼要介绍；对理论和观点的补充与说明可归结到说明性案例中，此种案例涉及新的理论观点，可适当拓展；对理论和实践问题的分析可归结到分析性案例中，可适当讨论。

其次，合理设计案例内容。案例内容的合理与否直接关系到案例教学的成败。介绍性案例主要是反映和说明某一政策实施的结果，篇幅不宜过多；分析性案例则注重对理论和实际问题的解释，要详细具体，便于师生根据案例展开讨论；对于说明性案例，旨在说明财政学中的某一理论或判断时，可选取相应的案例数据和学者观点体现材料的广度。

最后，在同一维度上进行中外对比，这样不仅使学生能非常直观地理解这一结论，而且还可以以此为圆心进行发散式的思考。对于讨论式的案例，在信息的搜集上可以采用师生合作方式，积极发挥学生的主观能动性，对于这样的案例，教师应着重从材料的深度来准备。例如，有关财政政策的学习过程中，课前让学生搜集财政政策的材料，金融危机前后我国及其他国家的财政政策是怎样的，课上进行讨论，对比分析不同时期我国和外国的财政政策，教师引导学生完成课堂学习并总结。引导学生自主学习和探讨式学习，不断提高学习能力。

二 培养"研究性学习"

"研究性学习"是指学生在教师指导下，确定研究专题，以科学的研究方式主动获取知识、应用知识、解决问题的学习活动（霍益萍，2000）。研究性学习作为一种学习方式，是学生自主发现问题、探究问题、获得结论的过程。这种教学是以问题为主体的研究性学习模式，而不是以概念、范畴、理论的演绎为主体的教学方式。[①] 早在 2001 年教育部颁发的《基础教育改革纲要》中就明确指出，要将"研究性学习"列入中小学课程体系，高校的教学过程中却迟迟没有全面运用到学科学习里。高校作为培育创新人才的基地，"研究性学习"方式应该被借鉴和使用。

"研究性学习"在渗透到高校学科课程的教育过程中，目前仍属于初创、实验阶段，但已引起广大学者及教育人士的关注，是值得大家共同探讨和研究的课题。当前关于"研究性学习"的理论层面探讨较多，实践层面探讨不足；尤其是对大学具体课程采取"研究性学习"模式的真正实践还比较少见。

运用"研究性学习"模式组织财政学教学，虽未推广开来却值得大家探究和尝试。笔者借鉴采用较合理的组合模式，即以案例教学方法为主线，辅之以开放式、讨论式、课题式、比较式教学法。具体模式见图 7-5。

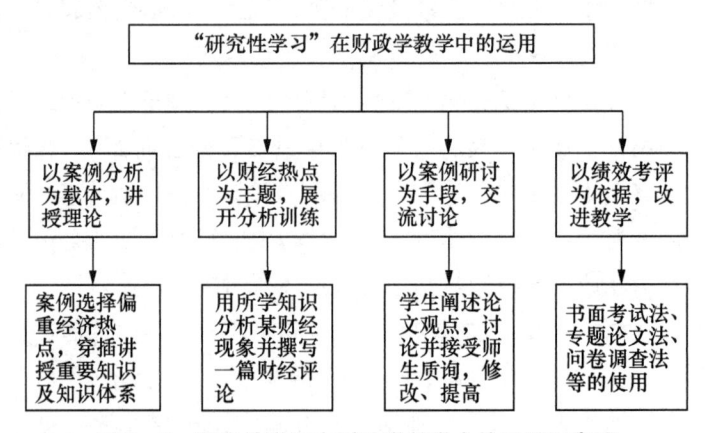

图 7-5 研究性学习在财政学教学中的运用示意图

---

① 杨林：《论经济学课程的"研究性学习"模式——以财政学为例》，《湖南第一师范学报》2009 年第 4 期。

此种学习模式尚未成熟,也处于不断探讨和革新当中。该模式试图通过研究性学习,使得学生能够深入到学科知识点的具体应用和解决实际问题,提高教学质量。此种学习方式可以在教学实验几周后对学生做问卷调查,真实了解此种学习方式的实际效果,学生的学习积极性及学习效果等有无较大改善等,在反响不错的情况下可适度推广并在推行过程中继续改进加以优化。

三 注重"因材施教"

因材施教的特点是教师在掌握每位学生的学习情况后,根据其各自的特点制定不同的教学方案,促使学生最大限度地发挥自身优势。此种教学方法对于学生个人发展最为有利,但是实施起来也最有难度。

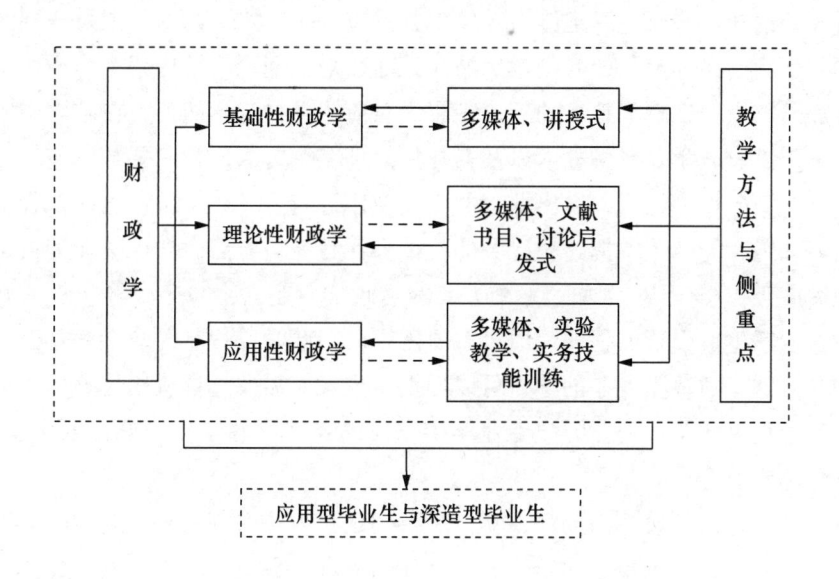

图 7-6 财政学分类教学示意图

现代高校教学资源相对紧张、学生众多的情况下,此种教学方法很难实现。对高校毕业生就业难问题,笔者认为可以学习因材施教模式,对现有的教学方法进行适当调整,将学生及学生的实际需要作为教学对象,将不同的教学对象划分为大类或者更加细化,针对每一类施教,这既能了解学生的真实需要,也促使学生对自己的将来有所打算和思考。当然,此种方法与课程设置是紧密不分的。以财政学为例,具体方法如下:普通高校设定财政学专业,按照学校的实际情况做分类:基础性财政学、应用性财政学、理论性财政学（或者考虑建立初级、中级、高级三个层次的财政学）。在广度和深度上有所区别，分别适用不同层次的教学需要。不管是财政专业的学生还是非财政专业的学生，按自己所需进行选择。下图为财政学细分类型及对应的教学方法。

根据不同的分类，分别做好财政学的教学工作：对于基础性财政学，各高校可以按自身实际硬件条件选择采用多媒体教学或板书教学。在具体教学中考虑以讲授式为主，辅以引导或启发学生积极思考，促使学生为自己的人生规划提早做准备并为大三学习更深层次的理论性财政学或应用性财政学打下良好基础。对理论性财政学而言，选择该方向的学生基本是有将来继续深造（攻读研究生）的打算，因而教学内容侧重于培养学生的财政理论知识和研究思维能力，教学方法应以启发式、讨论式以及开列经典文献阅读式等为主，开拓学生的知识面、增强理论系统构架，为毕业时参加研究生考试打下扎实的理论积累。对应用性财政学而言，在教学中应当侧重试验教学、案例教学以及实务技能训练等方法，特别要与当前专业实际业务操作相结合，突出课程的实际应用性特点，让学生通过该课程的学习训练，能熟练掌握财税业务的具体操作程序与方法，学生毕业即可迅速适应工作岗位。① 例如，一个大二的财政学专业学生与一个经济学非财政专业学生，设置课程的性质将有所区别，财政学课程是财政专业基础课和必修课，财政学专业的学生可以根据个人发展需要选择应用性财政学或者理论性财政学；而非财政专业学生根据需要将财政学作为选修或必修，选择范围放宽。

教学方法的改革与创新，对于学科建设及人才培养具有重要意义。本节上述方法力求满足不同学生的个性化培养和社会对财政人才的多样化需求，将学科教育与社会实际需要相结合。当然，学科教育的方法有待于进一步的深入探讨和研究，并希望好的教学方法能较快地推广使用。

---

① 崔亚飞：《财政学教材、教法与社会需求的"三位一体"模式探讨》，《淮北职业技术学院学报》2010 年第 6 期。

第八章 《计量经济学》教学方法改革与探索

第一节 《计量经济学》课程教育发展史

一、《计量经济学》的课程发展

(一) 课程的学科背景

计量经济学是经济学的一个分支学科,产生于20世纪30年代,英文"econometrics"是挪威的经济学家弗瑞希在1926年模仿"biometrics"(生物计量学)提出来的。这一词汇的出现为计量经济学的发展拉开了序幕,但很多人认为,1930年正式成立的世界计量经济学会以及由它创办的学术期刊 Econometrica 的出版才是计量经济学作为一门独立学科诞生的正式标志。计量经济学从20世纪30年代正式诞生起,就表现出了极强的影响力,经过之后近30年的大发展及其研究内容涉及领域的大拓展,已经在经济学科中占据不可替代的一席之地。计量经济学的研究领域也由初期的微观经济相关方面问题扩展到宏观经济计量模型的探究,再到现在已延伸到人们经济生活的方方面面。计量经济学于20世纪80年代初期引入我国并开始在我国高校中逐步开设。1998年,该门课程被教育部高等学校经济学学科教学指导委员会确定为高等学校经济学门类各专业涉及的8门共同核心课程之一。计量经济学的学科定位属于专业基础类课程,教学的目的意在让学生掌握更具科学性的现代经济研究基础理论与方法,做到基本具备使用计量经济学相关模型来分析在实际工作生活中涉及的经济问题的能力。

计量经济学近几年在我国的发展比较突出的变化就是学科理论方法研究的深入和应用研究涉及面的扩展。近些年来,大家更重视计量经济学学科理论方法的研究，并且在此基础上理论计量经济学研究水平也得到了显著提高。很多高校在经济学相关专业的研究生课程中开设了计量经济学中级及高级课程，在此基础上一些学成归来的海外学者回国，以及国内外相关学术活动的广泛互动交流，为计量经济学的理论方法研究提供了条件和成长的平台。计量经济学相关理论与方法的深入研究，不仅仅是学科发展的基础条件，也是学科水平与深度的象征，只有加强理论方法基础性研究，创造出一批方法论方面的开创性的成果，我们才能真正融入到世界计量经济学主流，而这也恰恰是近些年来我国计量经济学作为经济学科中的一枝独秀最为重要的发展任务之一。

近些年来，计量经济模型在我国诸多经济现象研究以及经济理论分析中被广泛应用，并很快向教育、管理等其他诸多领域扩展。在经济类相关的学术刊物上，以计量经济学模型作为分析工具的论文所占的比例已经提高到一半以上，分析对象遍及经济生活的方方面面，所用到的模型方法也涉及计量经济学的各个相关分支。除此之外，在经济学相关专业的研究生毕业论文中，采用计量经济学模型为主要研究方法成为主流趋势。综观以上种种，不论以何种方式来评价，计量经济学模型方法都已经成为我国经济研究的一种占据主导地位的重要实证研究方法。尤其需要强调的是，计量经济学模型已经成为经济类研究机构以及各种综合经济管理部门预测经济走势、研究分析经济现象和制定相应政策的常用方法，并由此提高了经济预测、决策的精确度及整体水平。但是，在计量经济学研究的过程中，有些突出问题依然不可小视。不具有现实意义的"自我娱乐"式的研究和一些错误的套用等并存，而且这并不是个别现象，"为了模型而用模型"成为很多人士盲目采用不必要的计量模型的根本出发点。因此，研究重要问题，适时地采用准确恰当的模型方法，并争取有所收获，是目前计量经济学研究的又一个重要任务。

(二) 课程的历史发展沿革

内蒙古师范大学经济学院自2006年成立起便在经济学专业开设这门课程，经过几年对教学内容及方法的摸索，取得了一定的教学效果。目前该课程已经成为经济学院经济学专业的核心课程之一。自开设这门课程的近九年时间里，我们不断地对其教学内容和方法进行完善。针对该课程在教学中存在的问题，结合经济学院学生的数学基础，我们在课程建设中已完成了以下工作：

1. 教学内容的改革

针对计量经济学课程在经济学院经济学专业的教学计划、培养目标中的作用定位及经济学专业学生的数学薄弱特点，对课程的相应教学内容进行了多次试验性的改革，适当减少了课堂教学中的数学推导过程，把相应的数学分析以定理定义形式结合经济现象和学生一起讨论，在使学生扎实掌握计量经济学的相关基本理论的条件下，重点强调计量经济学方法以及其中的重点应用指标等在分析实际问题中的应用、在应用中常见问题的探讨以及解决问题的思路和方法。同时，我们还适当加入了一些一手调研资料让学生们亲自设计研究思路。

2. 教学方法改革

为改变以往课程教学中以多媒体课件及教师讲授为主的单调的教学方式，我们从培养学生的学习兴趣度以及提高学生使用计量经济学模型分析问题的能力出发，从实践教学的理念、模式构架、内容与质量控制等多方面提出改革设想，针对各个具体章节安排了相应的上机操作实践教学，在学生熟悉简单模型分析之后结合教材课后练习逐步加大难度，并且鼓励学生在暑期调研期间有针对性地设计调查问卷以获得有价值数据，为之后学年论文以及毕业论文采用计量经济学模型方法做前期铺垫。

二 我国计量经济学教学与研究的演进

计量经济学在中国经历了一个马鞍型的发展过程[①]。虽然在建国初期我国曾受到前苏联的影响而做过关于经济数学方面的研究，但在之后的将近30年时间里，国内大部分高校的经济类相关专业并没有开设基础性数学课程，这显然是会阻碍计量经济学模型方法的推广使用的。在20世纪80年代以前，计量经济学对大部分中国经济学家来说还是一个陌生的领域。1980年，在中国社会科学院的邀请下，以诺贝尔经济学奖获得者克莱因教授为首的多位学者在北京开办了一个为期七周的计量经济学讲习班，系统地讲授了计量经济学的理论体系内容，这次讲习班的多数学员后来成为我国第一代计量经济学家，为我国计量经济学学科的发展打下了坚实的基础。但是，由于我国许多经济学家对计量经济学的认识存在不少误区，没有深刻认识到实证分析在经济学分析中的重要作用，以及计量经济学模型在实证分析中的基础性地位，计量经济学因此在之后的十年中没能

---

① 洪永淼：《计量经济学的地位、作用和局限》，《经济研究》2007年第5期。

像西方经济学那样成为我国高校经济学的核心课程。这一时期计量经济学的相关研究在很大程度上受到严重制约。而这一时期也恰好是现代计量经济学的形成和发展的最重要的阶段。

随着我国社会主义市场经济体制的建立和完善，我们需要全面了解市场经济的发展特点。在这样的背景下，一些高校的经济学专业的研究生课程中开始使用国外的相关教科书，其中西方经济学和金融学成为最早的示范科目，而计量经济学的教学普及相对滞后。从20世纪末开始，计量经济学才逐步成为全国大部分高校经济类本科生的专业必修课。一些高校也为经济类硕士研究生开设中级计量经济学课程，而博士攻读阶段需要继续修读高级计量经济学课程，并且为了突出对计量经济学学科的重视，还有一些学校在经济学相关专业博士研究生统一入学考试中加设了计量经济学的科目考试。

需要指出的是，在我国，计量经济学的教学主要精力放在介绍计量经济学最基础的理论，很多实证分析使用的都是初级的计量经济学方法，其中经典线性回归模型及其拓展在理论的学习及方法应用中占据了重要地位，而且，很多是直接照搬套用一些经典文献中所用到的方法，很少涉及高级计量经济中的现代计量经济学分析工具与方法。其中相关统计显示，《经济研究》在20世纪90年代后所发表的应用计量经济学论文中，一半左右使用的是经典线性回归模型，而有近80%左右在分析的过程中用到的是最小二乘估计法。诚然，并非用到的计量经济学模型和估计方法越复杂就越好，但很多理论中已经深入探讨的现代计量估计方法没有融入到我国计量经济学的实证研究当中，这样严重阻碍了我国计量经济学理论与教学的深入发展，也难以与世界同步；另一方面，我国从事计量经济学理论研究的学者相对较少，目前国内的计量经济学研究偏重于实证分析，尤其以金融市场等领域为主。国内计量经济学学者与国际同行的实质性合作还不广泛，在国外经济学期刊发表计量经济学理论研究与深度方法应用的学者还并不多。

第二节 传统教学方法的效果评估

一 传统教学方法介绍

目前，在计量经济学的教学工作中，由于诸多限制因素，课堂中使用的教学方法不够灵活，大部分以教师结合多媒体教学的讲授为主，各个层次的教学工作都更为突出整个教学理论体系的完整性，而讨论模式的教学、启发引导模式教学以及丰富的实验教学等都没能充分开展。因为计量经济学的分析研究大量使用到数学、统计学等学科知识，初级计量经济学的学习尤其偏重于基础理论与方法的证明，这样一来有些学生会因为感到困难的存在而逐渐失去学习兴趣，并且由于其与经济学类其他课程有一定差距，更加大了学习的难度。

在计量经济学的教学过程中，由于教学资源条件限制、缺少相关的师资力量、内容过多与课时不足的矛盾等诸多原因，部分高校只进行理论讲授教学，而没有实验操作教学；有些即便有实验操作教学，在整个教学环节中占到的课时比例却非常小。少了提高学习兴趣的操作教学，更多的时间学生要面对的是枯燥的数学推导及运算，这样难免会产生畏惧及厌烦心理，课后作业的完成效果不佳，直接影响最终的学习成效。在这种"灌输式"的教学方式下，学生更多的是被动接受理论知识，而不是主动地参与到学习中去，限制了学生的创新能力发展，更加谈不上使用学到的计量经济学理论与方法去深入分析现实的经济现象。

在计量经济学的教学中，学生用了大量时间学习很多估计和检验的方法，却不会使用，究其原因，软件的实际操作与后续的结果分析仍然是薄弱的方面。运用计量经济学相关模型分析解决经济问题的能力的提高还需要一个过程。计量经济学分析中应包含模型建立、参数估计、模型检验以及模型应用四个方面，当前的教学工作中重点介绍参数估计以及多种检验方法的学习，而对如何从经济现象出发完成模型建立、如何使用模型来分析实际经济现象，却涉及得很少，学生在这些方面的学习及运用很不到位。"教学内容单一"在某些程度上加剧了"重理论，轻应用"倾向。

传统教学过程中对学生考核，多采用测试方法。学生按照考前教师总结的复习范围，死记硬背一些概念、公式，直接套用就可以过关。

二 传统教学方法的效果评估

在多年的教学工作中，我们结合教学实践设计了计量经济学教学改革调查问卷。设计主要构成部分包括：教学现状方面与教学改革的意向。在内蒙古师范大学经济学院修读完计量经济学课程的学生中随机投放问卷150份，回收有效问卷139份，有效问卷比例将近93%。经济学院经济学专业汉班及蒙语班均采用国内大多数院校采用的传统的计量经济学教材。

教材在设计上以数学的公理、推导为基础,以方法论的介绍为核心。计量经济学教学环节共72课时,考核形式是平时成绩加上期末的闭卷考试,教学过程中注重数理逻辑推导与基础理论知识体系连贯性,但由于学生数学基础参差不齐以及教学资源限制理论联系实践尚待提高。

在学生的反馈信息中,学生修读计量经济学课程之后对该门课程的认识:有12%的认为对以后的学习有用,而认为用处不大的达到71%,认为完全无用的也有17%。这份数据说明目前的计量经济学核心课程的地位及重要性并没有在教学中被教学对象充分认可。而对目前计量经济学的教学满意度来看:表示非常满意的为9%,比较满意的为36%,不太满意的40%,不满意的达15%。从这一调查结果更看出目前的教学尚有很大改进的空间。表8-1对教学现状其余部分加以说明。

表8-1　　　　　　　　教学现状反馈信息　　　　　　　　单位:%

	对教材的满意程度	对统计软件的学习情况	教学中采用多媒体情况	教学中案例教学的情况
满意比率	28	52	83	64
不满意率	72	48	17	36

在教学的意见部分,调查问卷反馈信息显示,认为现采用的计量经济学教材不合适的主要原因:(1)认为数学推导过多的有91%;(2)认为教材内容太浅的为0;(3)认为教材中案例过少的有38%。对计量经济学教学过程中不满意的意见集中在:(1)公式推导部分的枯燥乏味为65%;认为计量分析解释部分繁琐为32%;(2)实际的经济含义解释过程冗长难以掌握的占29%;(3)结合实际经济问题讲解不够到位的8%;(4)其他部分为5%。而对教学改革的建议则认为应该增加实际案例讲解的人数达到65%;应加强计量软件使用介绍的为32%;增加课堂讨论环节的为24%;增加实验操作教学的为42%;增加总课时安排的为2%;其他要求的有3%。这在一定方面反映了目前的教学方法创新的方向。

问卷调查反馈资料还显示,学生愿意在自有电脑学习使用软件的比例为48%,不愿意的仅为16%;无所谓的比例为36%。由此可看出创造条件鼓励学生使用相应软件来更好地提高教学效果是具有可操作性的。

反馈信息对增加案例教学环节、改革教学方法的建议集中在:

（1）通过阅读经典文献，增加实证研究论文研读与分析为12%；（2）增加与会计学、国际贸易、金融学、相关课程教学经典案例的论证分析的为47%；（3）对现实经济问题的思考与讨论分析的为18%；（4）提出以课题形式，在教师的指导下解决现实问题的为28%。另外对是否愿意利用所学知识，协助教师完成科研的反馈意见显示：愿意的为58%，不同意的为16%，无所谓的为36%，这也说明学生希望认真学习计量经济学，期待学以致用。

三 传统教学方法中的问题分析

（一）多媒体教学存在不完善之处

多媒体教学是目前各层次教学过程中普遍采用的重要方式之一，也是计量经济学的教学中使用的常见手段，它对提高教学效率有极大帮助。一方面，它能够完善教学内容的趣味性、直观性；另一方面，它能够加大课程中的信息量，使教师有充分的时间增加知识点的介绍。例如，在计量经济学课程的教学中要用到一些拥有大量数据的案例，在介绍案例时如果靠读的方式或在黑板上板书形式来介绍案例都不够形象具体，数据资料也得不到体现，而使用多媒体来展示可以既形象生动又节省大量时间。然而，单纯凭借多媒体教学，虽然可以加快教学进度，将大量信息在短时间内输送给学生，却在一定程度上加大了学生理解的难度，使得学生无法及时理解掌握教学内容，减弱学生对课堂上教学内容的印象。例如，计量经济学教学过程中有大量的数学推导，如果用多媒体方式可以节省时间，却模糊了逻辑推理过程，不易于学生理解掌握。另外，多媒体教学也容易导致教师上课照本宣科，充当播音员及放映员的角色，减少了与学生的互动交流环节。由于信息传递速度较快，不如板书在逻辑推理上更为缜密，教学的重点难点不够突出，减少学生与老师互动环节等诸多原因，多媒体方式在计量经济学教学过程中并不是尽善尽美的教学方式，应该以其他教学手段加以辅助完成教学。尤其需要强调的是，虽然一些教师在上课过程中通过多媒体展示了计量经济学软件的基础操作过程，但由于有些高校没有安排具体的上机实验课，学生对软件仍难以完成独立操作。因此，计量经济学教学过程中多媒体教学绝对不能取代实验教学，在计量经济学的教学中安排上机实验环节是必要的内容。

（二）缺乏经典案例的教学

案例教学在高校教学中的地位和作用在近几年普遍凸显出来，作为现代教学的重要工具，其已经成为培养多方位实用型人才的重要手段。计量经济学是一门重视实践及应用的课程，也是相对比较枯燥的课程，因此在教学过程中只有采用具体的案例去分析，才能让学生加深印象，理解并掌握基本原理，否则空泛的原理往往让人难以快速接受。在目前的教学中，结合多媒体教学，教师常会在介绍基础理论之后用一些实例来说明讲授内容，但多数局限于对现有模型展开计量方面的分析讨论，而并未对计量经济学的模型建立具体步骤、原理和模型的局限性、适用性等方面进行深入探讨。而且，在实际教学我们也发现合适、易懂、经典的案例比较匮乏。这种教学过程往往会逐渐降低学生对计量经济学的学习兴趣，一些学生甚至在修读完这门课程之后，不懂如何使用学过的计量经济学方法解决实际的问题。所以，加入经典的案例完善教学内容也是教学环节非常重要的一个方面。

（三）缺少课程论文考核环节

在很多高校的本科教学过程中，由于种种原因计量经济学的考核方式仍采用比较传统的期末闭卷方式展开，有的是在此基础上加一定的平时成绩，而平时成绩的构成也主要是出勤和作业两个方面。这样的考核不能充分带动学生的学习自主性，也难以充分体现计量经济学的应用性学科的特点。一般而言，对于计量经济学如果只进行书面理论知识的考核，即使学生没有真正理解，仅靠学期结束前短时间内的强化记忆也能顺利通过考核，这恰恰不利于学生实际应用能力的培养提高，也不能充分考核出学生对计量经济学掌握的真实程度。通过增加一些课程论文写作环节来提高学生的学习自主性，提高学生的应用能力，并以此来完善教学方式，是势在必行的选择。

第三节　EDP 教学模式的构建

计量经济学的学科特点之一就是多学科知识交叉渗透，本科学生应该是在前期修读完西方经济学、经济统计学、概率论与数理统计等课程后才学习该门课程。计量经济学的教学目的是要求学生结合理论知识和各类案例的实践操作，掌握计量经济学的基础理论与核心方法，在复杂的经济环境背景下可以运用经济学相关知识和统计工具来分析和解决实际问题，为下一环节的学习以及今后的工作打下良好的基础。计量经济学研究方法的教学必须与具体的专业学科知识的学习结合在一起，课程建设核心内容是课程教学环节的设置和课程内容的规范。

一　EDP 教学模式概述

（一）EDP 教学模式的教育理念

EDP（Exploration – Discussion – Practice）教学模式是指利用"探究—讨论—实践"三环节组织教学的一套教学模式。该模式是基于当下教学工作中普遍存在的灌输式教学、理论化教学而导致学生厌学和教育资源过度浪费而提出的，其教学的理念是：植根于教学对象对基本理论的深刻理解和灵活运用，开发教学对象的自主学习能力及创造力，同时使得教学过程变得更富活力更具吸引力。EDP 教学模式实际上就是将前人提出的"研究教学法"与"案例教学法"有机融合并加以扩展。

（二）EDP 教学模式的特征

EDP 教学模式能充分调动学生的自主性、发挥教师的导向作用、完善教学互动，有利于学生充分理解基础理论并能灵活运用研究方法，激发学生的学习热情和创造力。在该模式的教学过程中，学生通过参加统计调查活动，结合数据搜集、整理、统计分析等诸多环节提高其分析解决实际问题的能力。计量经济学自主性实验教学可以成为一种教学效果较好的教学模式，适合本科及以上各个层次的计量经济学的课堂教学；指导学生着重学习一种统计应用软件，掌握有关软件的具体操作技能，可以由此带动学生对该门课程的学习兴趣。

二　EDP 教学模式的构建

从文献资料可以看出，计量经济学的相关教育工作者大部分认为：选用难易适中的教材，通过案例分析、多媒体手段，增加学生与老师在课内外的教学互动都将对教学整体效果的提升产生积极效果。在计量经济学的课程教学中，既不能过于偏重理论介绍，也不能单方面注重应用性而忽略对理论的分析理解，而是应该两者结合，取长补短。EDP 教学模式在计量经济学课程中的运用具体可以体现在以下几个方面：

（一）课时安排

在课时安排上，总课时为 72 学时，以 3:1 的模式进行理论与实践的分配，其中，3/4 为基础理论讲解，共计 54 课时，1/4 为上机实践教学，共计 18 课时。实验课时的增加提供给学生充分的时间和老师一起探讨在具体操作中遇到的问题，提高学生的操作能力，借此既保证有足够的时间来介绍基础理论和分析方法，又有足够的时间完成实验操作、培养学生的应用分析能力。

（二）教学内容调整

教学的内容调整上以选择适合的教材为切入点。国外的本科阶段计量经济学教学中，课程内容的设置是由易到难，具有理论结合实践的特征。课程的设置有一定的梯度，较合理地将基本理论、上机实验和案例教学相结合，彰显出计量经济学的经济类主干核心课程地位。在这方面，我国一些地方高校由于各方面条件限制，完全照搬照抄国外做法不符合实际情况，因此选择一本好的计量经济学教材来引导学生自主学习就显得尤为重要。在教材的选用上，国外主流本科计量经济学教材的中译版本更具有由易到难、案例充分的特点，例如东北财经大学出版社出版的《初级计量经济学》（希尔等著），教材在编写过程中偏重实践应用，大量的案例分析和应用实例贯穿于整本教材始末，较适合数学基础不强的文科学生学习计量经济学，可作为普通高校财经专业学生《计量经济学》入门教材的首选。

针对部分学生在修读完成计量经济学课程后出现的问题，如所学的计量经济模型和经济理论结合不到位、运用所学知识去做实证研究不知道如何完成全过程的状况，在教学内容的体系设计上要做一些大的调整，除了介绍最基本的方法和模型之外，还要对这些模型的设置背景及其假设的经济含义做深入介绍，在此基础上适时地引入相应的案例来说明学过的原理在经济、金融、管理等相关领域的应用。在理论的介绍中尽量摒弃过多的数学方面推导及证明，尽量做到浅显易懂又不失逻辑缜密性；在案例引用过程中，力求选择与热门领域最紧密联系的诸如房地产市场、证券市场、银行保险等方面的实例。

（三）教学方式更新

在教学方式上主要采取启发式教学及案例教学相结合的模式。启发式教学即问题导向教学模式。除了在开篇的绪论部分只是单纯引用计量经济学在经济、管理等实际领域的应用的例子来引起学生们的兴趣以及对计量经济学的学习热情外，从第二部分开始就要引入启发式即问题导向模式。具体的做法如下：每一次课教学结束后就要安排布置下一次课的相应问题，让学生在下次课上课之前就要对所给出的问题做相应的准备工作，这样他们在做准备工作时就会发现自己通过自学理解不了的内容，在上课时就可以有所侧重地抓住重点问题和老师互动，这样既完成了预习的目的，同时也极大地激发了他们的好奇心和学习热情。案例的选择以及问题的提出最能激发学生学习热情，并且很能体现学科的应用特色，案例的选择上要以人们关注的热点方面比如财政、金融等方面的最新案例为主。

（四）实验课的教学改革

实验课的教学要突出其操作技术性，软件选用的是 Eviews，从第二章开始以每一章的内容作为一个实验专题安排一次实验课。实验内容的设定上可以在每一次实验中都配有一张实验卡，在实验卡中实验的目的、步骤、结果分析和存在的问题及注意事项都作相应的功能区让学生完成实验后逐一填写。在实验过程中，除了任课教师全程指导外，还应配备课程教学助理全程辅助和监督学生上机实验。同时应实行以分组的方式成立课题研究团队，一般2—3人为一个小组，实行组长负责制，可以对课题提出申请和招投标，研究的成果作为课程论文计入考核体系，做得好的可以推荐到公开杂志上发表，也可以为毕业论文提早做好准备。这样可以让学生们感受到实验课的重要性，实验室强大的网络平台和数据资源可以成为学生们采集数据和验证模型的有力支撑。

（五）课程考核

为了完善传统考核方式，做到综合型、创新型人才的目的，可以建立三位一体的考核方式，具体做法如下：首先，传统的闭卷考试方式是基础，期末实行闭卷方式考试，重点考察学生对基本概念、基础原理的掌握程度，试题突出理论性，占总成绩的40%；第二，学生平时表现，包括课堂出勤情况、案例谈论的参与度以及平时作业完成情况，占总成绩的30%；第三，实验课，包括各次实验的过程质量、实验报告的质量和课题研究成果（论文）的质量，占总成绩的30%。特别的，在团队合作课题环节为了防止搭便车现象，要求每一组成员必须明确分工的角色和根据所做的工作给出相应的权重比例，多做多得分，少做少得分。

第九章 《管理学》教学方法改革与探索

第一节 《管理学》课程教育发展史

一 课程设置历程

中国管理学,虽然有着悠久灿烂的传统,但真正成为一个独立的学科,走进中国人的专业视野,全面进入中国的科学研究和高等教育体系,也就是最近20多年的事情。①

如果以国家自然科学基金委员会对管理学科的两次重要改革为分界点,可以将改革开放以来中国现代管理学发展分成以下三个阶段。这三个时期的发展历程,不仅是一个历史的演变,更是管理学深化和演进的过程。

(一)中国现代管理学建立的萌芽期:1978—1986年

从新中国成立到改革开放以前,我国基本上不存在真正意义的、以企业主体和市场绩效为主导的现代管理研究,如果说有的话,也只是一些如何提高生产绩效的管理方法的探索。1978—1986年这段时期,中国现代管理学处于萌芽阶段,各方面都反映出这一特点。

①政府开始意识到管理学的重要性。十一届三中全会前夕,邓小平同志的讲话将管理的问题提到四个现代化关键的高度,从而为中国管理学的登堂入室和大发展奠定了基础。

②管理学研究机构和期刊开始出现。有了国家对管理学的强调和定位,有关管理学的研究和机构也开始在这个时期出现。尽管数量不多,但

---

① 罗纪宁:《论中国管理学理论的基本问题与研究方向》,《经济研究导刊》2005年第1期。

是，对此后中国管理学的发展起到了很好的启蒙作用。首先是受到国家将"技术经济和管理现代化"列为科学规划第107项的影响，各个管理学方面的学术团体相继成立。

③一些重要的管理学文章、书籍和著作开始出现。一些重要学者的文章和著作，还包括一部分最先从国外引进的翻译书籍起到了很好的引领作用。从1977年开始，我国对管理学研究开始起步，随后几年，出版了很多著作。其中，较早对管理学进行系统、全面介绍的主要有《国外经济管理名著丛书》、《中国工业企业管理学》系列和大连培训中心编写的一套教材《中国工业科技管理》。

④管理学教育与研究的开始。中国管理学的发展，与管理学的教育和研究是分不开的。中国管理学的发展和传播在很大程度上依赖于管理学教育工作者和学者对管理学的研究。在管理学的教育上，首先具有重要意义的是，1984年教育部批准部分院校成立或恢复管理学院，这对中国管理学的发展起到至关重要的作用。自此，中国的管理学研究和管理学人才的培养才开始出现勃勃生机的景象[①]。

(二) 管理学受到普遍重视时期：1987—1996年

经过前十年萌芽期的发展，特别是社会主义市场经济思想的提出，使得管理学开始受到各方面重视，管理学研究、实践活动也逐渐开展起来。

①政府层面对管理学高度重视。在1993年党的"十四届三中全会"上，正式提出要在企业中建立"现代企业制度"，提出要进一步转换国有企业经营机制，建立适应市场经济要求的企业制度。全会提出了"产权清晰、权责明确、政企分开、管理科学"的现代企业制度。该制度的提出为企业加强管理，提升管理水平提供了强大的动力。

②国家各个部委对管理学的重视。这主要表现在一些保障管理学地位的标准在这个阶段得以制定。1996年，国务院学位委员会与教育部在学位设置中，将管理学科升格为大门类，成为12大门类之一。

③教育领域对管理学学科的认可和重视。管理学本身的特点决定了案例教学是课堂极其重要的一部分。其出发点是通过实际发生的案例，更加贴近生活的服务于我们的理论，让理论变得不再空洞，更有利于学生的理解，在面对类似的实际问题时，也增强了学生的解决问题的思路和能力。

[①] 赵纯均、雷暇、杨斌：《中国管理教育报告》，清华大学出版社2003年版。

大连理工大学在管理学案例库的建设上做出了卓越的贡献,他是全国第一个管理学的案例库,20余年出版案例指导教学书籍16部,成为各个学校管理学学科建设学习的榜样。

④企业实践界对管理学的重视与 MBA 教育的创建。由于中国企业的迅速发展,很多企业管理人员开始意识到自身管理理论知识的缺乏,迫切想回到学校系统学习管理学理论知识、掌握更科学的管理学方法。为满足这一要求,以企业管理人员为教育对象、注重理论和实践相结合的 MBA 教育开始创建。

(三) 中国现代管理学的快速发展时期:1997—2013 年

近 10 余年来,随着中国经济的迅速发展和中国国力的提升,管理学作为一门显学,也伴随着中国经济的快速发展而壮大。主要体现在如下几个方面:

①管理学教育体系健全和管理学研究机构的扩展。1999 年,中国高校首次授予管理学科学士学位,这改变了以往学管理学专业的学生被授予的却是经济学学位的状况。这年的 4 月 9 日,经清华大学学位评定委员会审议通过,清华大学颁授了 3 名管理学博士、12 名管理学硕士学位,这标志着管理学科学学位从经济学中分离出来,为管理学科的更好发展奠定了坚实的基础。

②对外交流增多。由于中国经济高速发展引起了全世界的广泛关注,也由于中国管理学水平和企业管理实践水平的提升,中国管理学界及企业界改变以往单项"输入"的局面,开始走向世界。

③管理学重要奖项开始设立。

管理学发展的评价制度一直尚未建立。1995 年 5 月 25 日"蒋一苇企业改革与发展学术基金"经中国社会科学院批准正式成立。这是由马洪、袁宝华、高尚全、陈佳贵、周淑莲、张卓元、林凌等经济、管理理论界知名人士倡议、以著名管理学家蒋一苇命名的专门基金。随着管理学理论成果和实践成果的增多,2004 年 12 月 27 日,中国企业管理科学基金会推出"袁宝华企业管理金奖"。[①]

二 教材内容更新

新时期、新时代、新科技的发展不断地改变着世界,经济形势不断变

---

① 苏勇、刘国华:《中国管理学发展进程:1978~2008》,《经济管理》2009 年第 1 期。

化，市场竞争日益激烈，这种种现象多对管理学的教学思想、教学内容、教学方法和手段提出了新的挑战和要求。于是，管理学无论从教学还是在教材编写方面，都进入了一个新的时期。

本课程选用的周三多所著的《管理学》是"21世纪教学内容和课程体系改革计划"以及高等教育出版社"高等教育百门精品课程教材建设计划"的研究成果，是面向21世纪课程教材和高等学校工商管理类各专业核心课程教材。编写者借助长期从事管理学基础理论研究与教学所积累的经验，运用理论与实践相结合的方法，汲取了古今中外人类经济活动中所积累的管理思想和管理理论的精华，从管理过程的角度，系统阐释了管理学的基本原理，探讨了市场经济条件下管理者的伦理道德，分析了全球化背景下企业管理的决策、组织、领导、控制以及创新等职能。它所阐述的内容虽多以企业管理活动为背景而展开，但在此基础上导出的一般理论与方法显然也可运用于企业之外的非营利性组织管理。

周三多管理思想的创新之处主要体现在两个方面：

（一）古今结合，融入了中国早期的管理思想

周三多教授比较早地提出了"古为今用、洋为中用、学科交叉、理论与实践互动"的管理学研究方法。"洋为中用"，周三多教授在20世纪80年代初组织编写、由南京大学出版社出版的《工业企业管理》系列教材中就系统地介绍和评价了西方管理思想的历史演变和发展现状；"古为今用"，周三多教授一直强调中国传统文化中管理思想遗产的挖掘和总结，并自20世纪80年代中期开始从"慎战与敢战相结合的竞争观"、"制订以诡道为基础的战略方案"、"实施以利为核心的决策标准"以及"进行以人为本的竞争因素分析"等八个方面对《孙子兵法》用于指导现今企业经营战略的可能性进行了系统的研究；从"智"、"信"、"仁"、"勇"、"严"等五个方面系统论述了经营者的素质要求[①]。

（二）人本主义思想

人是管理的对象，也是管理的主体；是管理的手段，更是管理的目的。人的管理活动，或者在更为广泛的意义上，作为管理客体的人类一切经济活动，其根本目的也无非是为了实现人类在更广阔空间的自由发展。所以，管理必须"以人为本"，必须"以人为中心"。早在1993年由复旦

---

① 周三多：《孙子兵法与经营战略》，复旦大学出版社1995年版。

大学出版社出版、以后多次再版、目前累计发行量已300万册、被全国许多高校管理专业选作教材的《管理学——原理与方法》①中，周三多教授就从"职工是企业的主体"、"职工参与是有效管理的关键"、"使人性得到最完美的发展是现代管理的核心"以及"服务于人是管理的根本目的"等四个方面系统地阐述了管理的人本原理。②

三 教学方法演进

《管理学原理》是应用型本科院校经济管理类专业的一门专业基础课程，也是非经济管理类专业的一门重要选修课程。《管理学原理》是系统研究管理活动的普遍规律、基本原理和一般方法的专业基础课，它以一般管理过程的各项主要职能为框架，系统介绍管理专业和从事管理工作所必须掌握的基础理论知识和基本技能，具有一般性、多学科性、复杂性和较强应用性等特点。③

管理学是一门科学性与艺术性相结合的新型学科。我们不仅要运用传统模式教学，讲系、讲理论、讲方式、方法，更加要在传统之外增加创新，案例教学、互动教学、游戏教学、模拟大赛等创新都可以合理适量地融入到我们的教学过程当中去。因为管理学科的特点，懂得理论并不能够把管理学学好，管理学更加注重的是对解决实际问题能力的培养，是把所学知识在实际生活中的恰当运用的本领。对于相似的管理对象，相似的管理环境和相似的管理运作，由于管理者的个体差异，往往产生截然不同的管理效果，有的事与愿违，有的平平淡淡，有的精妙绝伦。这种因人而异，精彩纷呈，意料之外的管理"亮点"，可谓管理的艺术④。

由于《管理学》是应用性学科，因此在教学方法上要区别于以往的理论教学模式，无论在教学还是讨论及相关环节都要进行创新和改进。一定要理论联系实际，尤其是要将实践教学摆在更加突出的位置，要将案例分析、研究专题、情景模拟、课堂模拟演练、讨论与辩论赛、课外阅读等各种方法进行整合与运用，以提高《管理学原理》课程实践教学的有

---

① 周三多：《管理学——原理与方法》，复旦大学出版社1993年版，第110页。
② 陈孝强：《周三多教授管理思想与实践》，南京大学商学院，http://nubs.nju.edu.cn/news.php/E291。
③ 易磊、程志宇、曹宏亮：《〈管理学原理〉实践教学改革与实施刍议》，《牡丹江教育学院学报》2012年第4期。
④ 安万明：《〈管理学〉实训方法初探》，《康定民族师范高等专科学校学报》2008年第3期。

效性。

第二节 传统教学方法：效果评估与时代挑战

一 传统教学方法概述

教学模式是指在一定的教育思想、教学理论和学习理论指导下，在一定环境中教与学活动各要素之间的稳定关系和活动进程的结构形式。传统教学模式一般是使用传统的教学手段，完成特定的教学内容的一种课堂教学形式。它的特点是课堂讲授、板书，学生学习、记忆、笔记，许多的信息可以及时从课堂进行反馈。达到教师掌握课堂，并根据学生的反应来不断调整教学模式的目的。

随着社会的进步，各种信息沟通、交流模式的创新、电子信息技术的不断进步，引起了人们对于教学模式的反思。传统教学模式在目前的社会条件下显得过于呆板和落后，于是，对于新型教学模式、工具和方法的研究呼之欲出。但同时，人们也清新地认识到，教学模式的创新并不意味着对传统模式的全盘否定，而是传承和改良。

我们所说的常规意义上的传统教学模式是以教师为中心，教师是教学课堂的设计者以及实施者。无论是板书，还是目前较大范围使用的各种多媒体工具，都是充当教学的媒介，而教师在整个过程中显示了充分的主动性。相对来说，学生大多处于被动地接受的地位。教学质量和成果的考核也是以学生的学习成绩为标准来进行的。很明显，整个课堂就是教师的舞台，教师的水平以及能力起到了决定性的作用，尤其是面对应试教育。所以，我们总会听说，某某老师如何如何的好，带出来的学生都能上重点学校等等，而学生在教学环节中的角色扮演以及重要性却很少被人们提起，这就是我国学校的传统教学模式的主流。

对于教师而言，这种传统模式就是他们最早接受教育的方法，于是在走上教学岗位后，老师们也会不自觉地模仿他们的老师，认真地备课，凭借着对内容的熟悉以及心中对教学方法的认识，重复着这一类的课堂教学，没有想过要做什么修改和补充，还要做什么多余的设计。所以在多年工作后，我们听说一些老教龄的教师，上课时就带着一根粉笔，什么书啊、教案啊、材料补充啊统统没有，轻轻松松完成教学。其次，教师的差异直接决定了课堂的差异。教师对教学的态度认真与否，是否有一个端正的教学心态，是只注重学生的学习成绩还是多方面能力的培养都决定了对他们所面对学生的未来导向。最后，教师对于教材和教学任务的把握。由于我们目前升学考试都是统一命题，统一考试，导致在课堂上不能够显示每一个老师的教学特色，无论你的进度是快是慢，最后都要拉齐。后来大家都觉得这样不够，不是有都快速地向前赶，最后留下足够的复习时间。其直接后果就是现在课堂上填鸭式的教育，不要问我为什么，我只要告诉你就是这么做，公式就是这么用，其他的问题不要去考虑。于是，孩子的好奇心被认定为调皮、捣蛋。

从学生的角度来看，首先，在传统的教学模式下，学生是通过老师的传授被动地接受知识，学生学习的过程就是不断积累知识的过程，而这种被动接受知识的方式，致使大多数学生逐渐养成一种不爱问、不想问"为什么"，也不知道要问"为什么"的麻木习惯，从而形成一种盲目崇拜书本和老师的思想。这种学习方法不仅束缚了学生的思维，也使学生学习的主动性渐渐丧失，甚至被迫学习，根本体会不到学习的快乐。其次，学生的学习方式基本上是预习—听讲—练习—复习，这种被动接受、死记硬背、机械训练的学法，让学生成为了书的奴隶，不仅缺少想象能力和创新精神，也难以升华所学知识，个性得不到张扬。最后，在现行考试制度下，许多学生只注重死板地读书，力争在考试中获得一个高分，往往忽视了对自身各方面能力的培养，最终导致许多学生高分低能。有的学生甚至只把自己的视野局限于学校和教科书，对世界的发展、社会的变革都缺乏必要的了解。[①]

二 传统教学方法的效果评估

传统教学方法中，其优点是明显的，有利于教师主导作用的发挥，有利于教学的组织管理和教学过程的调控，对教学环境的要求比较低，教学效率比较高，更重要的是在课堂教学环境中教师与学生之间的人际交流对学生成长所起的作用，则远远超出了课堂教学本身。

当然，它的缺陷也是明显的。《管理学》这门学科主要基于社会管理活动，立足其具体的发展过程以及基本的管理规律，进而对管理学的概

---

① 刘金刚：《正视传统　放眼未来——浅析传统教学模式的利弊及影响》，《职业技术教育》2012年第1期。

念、特点、背景、发展过程、管理的思想以及管理职能等一系列问题进行阐述，通过对各种理论内容的介绍，从而展现管理学中各种常用的方法。然而，如今的管理学课程在教学中存在诸多问题，使这门学科失去了应有的特色。

（一）学习方式被动

作为认知主体的学生在整个教学过程中始终处于被动地接受知识的地位，学生学习的主动性被忽视，甚至被压抑。学生常常有置身于事外的感觉，不能成为课堂真正的参与者。由于失去了自我实现的成就感，使思考成为了空谈。

（二）以理论教学为主

传统教学模式中把大量的关注投入于学科理论当中，这也是应试教育的必然后果。而理论堆积的直接后果就是扼杀学生省去学习的兴趣，枯燥无味的说教直接抹杀了学习的积极性。然而，正如之前所说的，《管理学》学科本身属于应用型学科，在基础理论的构筑平台之上，更多应当注意理论在实际情况的应用，所以适当的情境教学以及案例分析是必要的。

（三）主体缺失

传统的教学过分强调教学的社会价值，而忽视其促进个人发展的价值，教学活动被看作是为社会生产人才"标准件"的流水线，按照固定的模式，把千差万别的学生经过反复的打磨，最后塑造成一个个标准"产品"，学生没有真正被看作学习的主体。

（四）知能脱节

传统教学为实现较高的智育目标，一直比较强调学习者对知识最终形态的掌握水平。反映在教学方法上是重接受、轻探究；重用脑、轻动手（实践）；重记忆、轻应用；重结果、轻过程，使得知识只能以孤立的形态而不是以相互联系的形态为学生所接受。

很显然，这与现代社会对人才培养的要求是不相符合的，这种模式担负不了培养高素质的创造性人才的重担，因此，改变传统教学模式势在必行。

三 传统教学方法面临的挑战

《管理学》面临着适应社会生产要素深刻变革的新要求，肩负着营造企业核心竞争优势的新使命，承担着管理科学寻求理论突破与发展的新任务，并迫切呼唤着管理科学方法论的新变革。在日新月异的经济环境下，传统的教学模式主要面临的挑战有以下四点。

（一）教育理念陈旧

由于一直以来陈旧的大学教育理念的影响，导致学校从领导到教师大多缺乏先进和创新的教育理念。虽然国家一直都在极力倡导素质教育理念，但中小学一直以来对学生"灌入式"的教学方式，使得素质教育的理念很难在大学得以全面地贯彻和实施。同时，也由于授课教师先进教学理念的缺乏，导致其不能采用有效的方式和方法进行教学。

（二）教学方向发生偏离

教育理念的陈旧使得"管理学"课程的教学目标偏离了正确的方向，而只注重学生对基本理论的认识和掌握，缺乏"管理学"课程应有的发散性思维模式的培养；同时，也忽略了对学生实践能力以及动手能力的培养，从而失去了"管理学"课程最本质的特色。

（三）教学方式保守

教学方式主要表现为以输出为主，缺乏师生之间的互动。这种按部就班、周而复始的教学模式，过多地将老师本人的价值观以及教材的内容灌输给了学生，一定程度上限制了学生们的思想以及创新意识。这种传统的教学模式是对学生学习积极性以及创造能力的扼杀。

（四）教学内容静态化

管理学本身具有交叉性以及实践性的学科特点，所涉及的知识不仅非常广泛，而且非常贴近于实践。而如今，很多学校的教学内容过于静态化，缺乏时代性和发展性。教学内容以传授课本知识为主，课本使用过于固定，所有问题的答案也过于唯一和固定，严重缺乏灵活性和发散性。[①]

第三节　案例教学法在《管理学》中的运用

一　案例教学在《管理学》教学中的重要性

管理学教育的目的是培养具有较高素质、能有效和高效地进行管理活

---

① 谭玉成：《基于"管理学"课程的教育教学研究》，《兰州教育学院学报》2013年第9期。

动的职业管理人才，因此，其教学方法重在实际操作能力，与一般的理论教育是有区别的。管理学最重要的教学方法是案例教学法，它是一种以学生为中心的、理论与实践相结合的互动式教学方式①。

案例教学方法源于美国哈弗商学院。当时主要把案例教学应用在工商管理领域，发展到今天，已经广泛应用到各个领域。俺理解学位学生提供一种故事发展的情景，让学生能够设身处地地发动自己的思维与所学知识去积极地思考和解决问题。那些贴近生活的例子，那些他们所崇拜的名人事迹都会为他们在探索知识的路上点燃一盏明灯，学习成功案例的经验或研究失败案例的教训，都会为学生思路的拓展以及对自身的反省开辟一条新的道路。不同于传统意义的被动接受，孩子们成为了课堂的参与者甚至是课堂的主人，极大地调动了学生的学习的激情和能动性。

所以，案例教学对我国高校管理教育思想和教学方法的全面改革起了重要的启发和推动作用。联合国教科文组织也曾对课堂讲授、案例研究、研讨会等九种教学方法进行研究，分别在知识传授、分析力培养、态度转变、提高人际技巧、接受度和知识保留力等六个方面对各国专家做了广泛调查，结果发现案例研究的教学方法综合效果名列第一。②

二　案例教学在我国《管理学》教学实施中的困境

目前在国内管理教育上，案例教学远非主流，其教学效果也并不令人满意，这主要表现为以下几个方面：

（一）以灌输为主的传统教学方法的影响根深蒂固

案例教学所包含的内容不仅仅是案例库的建设，更多的是对教师教学能力的挑战。同样的案例，不同的知识积累、不同的课堂组织能力、不同的教学风格都会产生迥然不同的教学效果。所以，很多老师知道这种教学方法的存在，但遵循的却依然是旧式教学模式，教学效果没有得到真正的改变，这种转变的教学方法只是表面的转变，是假的。但奇怪的是，大多数学校并没有真正组织教师学习如何进行案例教学，教师资格考试里也没有相应的内容。因此，许多教师有畏难情绪。由于教师早已习惯于传统的一支粉笔、一本书的灌注式教学方法，不想承担案例教学的成本和风险。他们既担心难以适应案例教学对知识结构、专业水平、教学方法所提出的

---

①　刘建准、齐庆祝、熊德勇等：《基于 Web2.0 思想的工商管理类课程资源库建设与网络教学平台设计研究》，《廊坊师范学院学报（自然科学版）》2011 年第 1 期。
②　张丽华、余凯成：《管理案例教学法》，大连理工大学出版社 2000 年版。

高要求，不愿付出巨大的努力来改变陈旧的教学模式，也担心学生不能适应案例教学这一全新的教学方式而影响正常教学秩序，更担忧难以把握案例教学的过程和效果，影响教学进度和教学目标的实现，因而对案例教学缺乏热情和动力，更缺乏危机感和紧迫感①。

（二）学生的知识面窄，思维能力和语言表达能力欠佳

案例教学除了教师的因素以外，还对学生自身的储备和素质提出了高标准和高要求。学生一路从应试教育的环境中走来，突然让他们去思考，去讨论，他们会觉得很不适应，甚至有很多人会产生躲避、厌恶的心理。除此之外，在实际教学过程中，还发现了学生知识储备不足、对学习的知识虽能烂熟于心，但是没有能够解决问题的能力，不能够对号入座，说出来的解决方法过于口语化，与所学内容不能够很好地衔接等等。思路相对过窄，不能够很好地拓展，抽象思维、综合运用思维都没能较好地展示。此外，长期的被动教育阻止了他们主动的热情和自信，回答问题时总是担心错误会引起周围同学的嘲笑和不认同，不能够更大胆地展示自己的观点。

其集中体现为：知识面过于狭窄，许多学生无法充分运用所学过的经济学、管理学或者是其他的相关学科知识来支撑自己的观点，也没有想到利用现实经济生活中刚刚发生的事例来论证其观点。表达能力欠缺，这主要体现在就某一个问题进行讨论时，这些学生语言的条理性和逻辑性比较差。思维能力欠缺，思维能力主要包括分析、综合、抽象和概括的能力，而许多学生在讨论案例时，就事论事，思维往往局限在很小的范围内而无法扩散开来。自信心不足，许多学生在发言时，声音偏小，表达不流畅，神态不自然，明显表现出受过的训练偏少和自信心的严重不足②。

（三）管理案例质量不高

这主要体现在大量使用国外案例，案例过于陈旧、缺乏代表性、与课程联系不够紧密等方面。案例的来源可以是多渠道、多方面的。目前的案例来源于三个方面：第一种是从国外直接引进的，是国外管理案例的翻版。可以参考，但在教学应用时，很难真正有效果，因为东西方文化差异

---

① 舒喆醒、宋加升、王悦：《管理学案例教学中存在的问题及对策》，《中国新技术新产品》2010年第6期。

② 杜伟：《试析电大市场营销学案例教学水平的提升对策》，《湖北广播电视大学学报》2010年第5期。

和社会环境与企业制度的差别，对于大多数中国学生来说，很难直接借鉴国外案例。第二种是近来各学校编写的案例。但只能作为例子的延伸，是课堂讲授的点缀。因为这种案例较简单，背景介绍得不清楚，且许多已经过时了。第三种是根据新闻报道改写的实例。此种案例内容较新，有地方性，学生感兴趣，有亲切感。但这些新闻、报道的材料，由于缺少加工，不能达到一定的深度，且带有偶然性，不可能用正常的理论分析出来。因此，抓紧编写具有中国特色、与现实世界紧密联系的教学案例是我国案例教学中一项十分重要而紧迫的任务[1]。

（四）管理学案例教学的激励机制不健全

第一，由于采写案例耗时费力，不能作为研究成果，并且对教师的职称评定毫无帮助，因此教师更愿意花时间去做学术研究、发表论文。第二，目前国内高校对教师的考核激励体系与教师上课质量的好坏关系不大。第三，从很多教学比赛的方法包括获奖条件、考核标准以及比赛现场等可以看出，比赛教师无须改革教学方法，获奖者都是灌输课的经典之作，其消极的导向作用不可低估[2]。

（五）基础设施薄弱

管理学案例教学不等同于课堂上的案例讨论，而是一种模拟式的教学实习，因而需要一定的教学投入并建立专用的教学设施，才能适应案例教学的需要。然而由于教育经费的紧张与逐年扩大招生的现实的矛盾使很多大学的硬件建设受到忽视，教学设施差、教室安排紧是常见的现象；讲台的设计也毫无科学根据，大都高高在上，使教师显得盛气凌人；教室的桌椅多是固定的，不符合课堂讨论的自由气氛；加之学生人数过多，教室大都人满为患等等，使得教师除灌输外，难以进行其他教学方法的探讨。

三 推行案例教学、提高教学效果的对策

（一）作为一个管理学教师必须认识到，案例教学是我们的基本功，是一项必须学会的教学技能管理学教育实践证明

不会用案例教学很难得到学生的欢迎，国外商学院教师的案例教学比例因人而异，但都在 1/3 到 2/3 之间。哈佛大学商学院的学生平均每天要做 3 个案例分析；宾夕法尼亚大学沃顿商学院的几乎所有 MBA 课程都是

---

[1] 唐胜辉、瞿艳平：《浅析市场营销课程案例教学法》，《当代教育论坛》2009 年第 2 期。
[2] 张忠：《我国管理学案例教学存在的问题及对策》，《前沿》2006 年第 12 期。

通过案例分析来完成的。因此，为提高案例教学水平，教师需要充分认识管理教育的特殊性，充分认识案例教学的重要性，有意识地克服对案例教学的畏惧感，对案例教学方法多加学习和练习；另一方面，要在自己的教学领域和研究领域内多参与企业实践，尽量多地了解企业实际运作的一手资料，从而能够在案例教学中游刃有余[①]。

(二) 注意角色的定位和转换，提高教学效果

案例教学要求教师和学生都必须注意角色的定位和转换。教师必须从一个讲演者、解惑者和裁判者的角色转化为一个参与者、组织者和协调者的角色。学生必须从一个被动的接受者的角色转换为一个自主学习者的角色。简单地说，教师要从主角变成配角，学生要从配角变成主角，理顺教学中的主客体关系，加强主体间的交往，建立教学双方的平等关系，营造师生合作共事的教学环境，这样才能使学生的主体性得到充分发展和逐步走向成熟。比如，教师要负责对学生的自学情况进行现场的点评，并提出改进的建议，教师还要对学生的表达能力和思维能力进行指导、纠正和诱导，鼓励学生将所学和所看到的相关专业知识运用到所讨论的案例中以增强其说服力等等。而且，在讨论的过程中，为了培养学生的创造性，教师应为学生创造一个能够支持或高度容忍标新立异者和偏离常规者的环境，要鼓励学生质疑争辩，自由讨论，这样可以极大地提高学生的自信心和学习积极性。而在这种师生互动的学习过程中，教师也会产生紧迫感，迫使教师不断努力提高自己的知识水平，从而形成一种师生互动的良性循环[②]。

(三) 选择合适的案例

案例选择是案例教学中的一项非常重要的前期准备工作，它直接关系到案例教学效果的好坏，需要教师花费大量的时间和精力从国内外现有的案例库中精选或亲自动手编写教学案例。但是编写案例需要大量资金和人力的投入，哈佛商学院采写一个案例的预算是5万至15万美元，欧洲工商管理学院采写一个案例的预算是15万欧元。在国内采写一个本土案例的经费在一万元人民币左右。[③]

因此，相对投入较大的大型案例而言，选择微型案例也是一个不错的

---

① 耿娜：《案例教学法在管理学教学中的应用》，《致富时代》2010年第9期。
② 任佳、汪俊：《高职物流案例与实践课程教学的探讨》，《科技信息》2010年第16期。
③ 何志毅、孙梦：《中国工商管理案例教学现状研究》，《南开管理评论》2005年第1期。

方法。微型案例是围绕一个（且只有一个）问题，对其在实际生产经营管理中的情景进行客观描述。在课堂讲授理论知识时，根据教学需要，用口头（而不是书面）的形式，适时地插入一个或几个微型案例，把企业中具体管理情景展示给学生，使他们在课堂中就能接触实际管理问题，有效地弥补学生实践不足的缺陷，以此来缩短理论与实际的距离。这样不仅能使学生形象地理解书本上的理论知识，印证理论知识的正确性，而且也能活跃课堂气氛，调动学生的学习积极性，收到锦上添花、事半功倍的效果。

（四）精心组织学生进行案例教学

案例教学的过程一般包括案例的课前预习、课堂讨论、课后撰写案例分析报告三个环节。人们普遍重视课堂讨论这一环节而对课前预习重视不够。笔者这里特别强调课前预习在案例教学中的重要意义。

前面曾谈到案例教学是以学生为主体，教师为主导的一种具有较高难度的教学方法，不仅对教师要求较高，对学生要求也比较高。作为专业基础课，大部分学校都在大学一年级或二年级开课，这时的学生还没有完全摆脱中学的灌输式教学方式的影响，课堂上对教师的依赖心理还较重。而且，学生的英语四级考试和其他公共课学习任务很重，致使学生与管理学相关的经济学、法学、心理学等专业知识比较缺乏。针对这种情况，学生课前预习就成为案例教学成功的关键问题。

教师在编写好案例材料的条件下，提前一周左右把案例材料发给学生，并对案例教学过程提出具体要求，如分组规模、发言时间、案例分析报告的撰写要求等，由学生个人先阅读分析案例材料。其次，在个人初步阅读和分析案例后，进行分小组讨论。小组讨论一部分在课堂上进行，大部分在课下进行，由小组组长负责。这个阶段关键在于要求每个学生都必须积极主动地参加讨论，并保证人人发言。在每个人都发言的基础上，各小组推举一名代表，把大家的意见集中起来，进行加工整理后，代表全组在课堂上发言。最后，以教学大班为单位，在课堂上对案例展开讨论，进行分析。

（五）建立鼓励案例教学的有效激励机制

案例教学工作常常是一项出力大，却并不一定讨好的工作，如果没有健全的激励机制，愿意尝试案例教学的人便很少。因此，有必要通过建立完善的教学评价体系，鼓励和调动教师进行案例教学的积极性，如学校领导应当率先垂范并积极倡导；对效果良好的案例教学进行观摩和总结推广；同时应制定规范性制度和激励措施，鼓励教师积极实践。例如，可以规定专业基础课和专业课教学必须有一定比例的案例教学，对教师深入社会和企业调研编写的案例给予适当的工作量补贴，承认其科研工作量，定期评选优秀教学案例并优先予以发表或出版，在教学酬金以及职称评定等方面予以倾斜等等。①

---

① 张忠：《我国管理学案例教学存在的问题及对策》，《前沿》2006 年第 12 期。

第十章 《经济学说史》教学方法改革与探索

第一节 《经济学说史》课程教育发展史

一 课程设置历程

（一）经济学说史的内涵

从定义上来讲，经济学说史讲述的是经济学说产生、发展和演变的历史。从学科性质来讲，经济学说史是研究经济学说的产生、发展和演变的一门经济理论与历史科学，它的研究对象是经济学说产生、发展和演变的历史过程和规律性。从具体内容来讲，它不仅对历史上著名经济学家的经济思想进行了介绍，而且还阐述了各经济学流派的主要理论观点，探讨了经济学研究方法以及各学派和学者之间的关系、历史渊源，揭示了西方经济学的发展脉络，并对历史上的著名经济学家所作的理论创新及其在经济学说史上的地位进行了剖析。

概括起来，可以说它对经济学几百年的演进发展过程进行了展示，又揭示了现代经济学理论大厦的构建及西方经济学几百年来的发展历程。它还对历史上西方经济学家的理论贡献和这些经济学流派、代表人物的经济思想对现代经济学的影响进行了总结。通过学习经济学说史课程，不仅可以使自身的经济学修养得到提高，还有助于经济思维能力和分析洞察力的培养，可以为进一步学习其他专业课程和日后从事的经济管理工作奠定很好的理论基础。

（二）课程设置历程

经济学说史是教育部规定的经济类专业的核心课程。按照中国经济学学位点的设置，经济学说史属于"理论经济学"一级学科下的二级学科，与政治经济学、西方经济学、经济史、世界经济以及人口、资源与环境经济学同属"理论经济学"的范畴。一般在经济学说史二级学科下，又设有西方经济学说史、中国经济学说史和马克思主义经济学说史三个三级学科。由于我国从意识形态上把经济学划分为西方经济学和马克思主义经济学，因此，西方经济学说史就是研究西方经济学说的历史。在讲授西方经济学说史时一般不再包括马克思主义经济学说史的内容[①]。

我国是在20世纪50年代初，首先在一些综合性大学经济系开设以马克思主义为指导思想的《政治经济学史》课程，以后又逐渐扩大到一些财经院校。从当时课程内容来看，有的讲授从古希腊、古罗马以来的经济思想史，有的只讲授资产阶级政治经济学史，但一般只讲到凯恩斯本人的学说为止。

20世纪60年代初，开始出版关于凯恩斯以来的当代资产阶级经济学教材，直至"文化大革命"前，也只有少数几所综合性大学的经济系除了开设《经济学说史》课程外，还给学生开设"当代资产阶级经济学"课程，其他一些院校都还在准备阶段。尽管当时关于外国经济学的课程增多了，但从讲授的方法或对待资产阶级的态度来看，则是片面的和简单的，甚至可以说是粗暴的。当时只是对古典经济学采取批判、分析的科学态度，这是因为马克思主义经典作家对古典经济学已有定论。而对庸俗经济学，则予以全盘否定，缺乏认真的、科学的分析，至于对当代资产阶级经济学，更是采取一笔抹杀的简单态度，这主要是在当时"左"的思想影响下，一些人认为庸俗经济学中除了反动就是谎言，根本没有也不可能有什么可供我们参考、借鉴和利用的东西。因此讲授这门课程的基本任务只是为了消除思想毒素，对西方经济理论，特别是对当代庸俗理论，只能一批到底，否则就有"贩毒"之嫌。结果使我们对于国外的各方面了解陷于片面、失真。"文化大革命"使仅有的一两门关于外国经济学说的课程消失了。

20世纪80年代以来，在实事求是思想路线的指引下，文科及财经高等院校都普遍开设、恢复了《经济学说史》课程，许多院校还开设了"当代西方经济学"课程，有关的教材也大量涌现出来[②]。

经济学说史是经济学专业的专业基础课，它的开设可为学好政治经济

---

① 蒋智华：《"西方经济学说史"课程建设探讨》，《经济研究导刊》2010年第22期。
② 林祖华：《〈经济学说史〉课程教学改革亟待加强》，《边疆经济与文化》2005年第11期。

学、西方经济学和其他应用型经济类课程奠定重要基础。从课程的作用来讲，经济学说史是经济学创新的灵感源泉。不理解经济学的历史，就不知从何处创新。绝大多数学生不了解这个学科思想的历史，只知道近几年的知识状态，对形式化的东西非常熟悉，思想和视野被严重地束缚。这与忽视经济思想史和经济史有很大关系。

二 教材内容更新

20 世纪 50 年代，由中国人民大学鲁友章、李宗正教授为主编，编撰了国内第一本《经济学说史》（上、下册）高等院校统编教材，该教材是根据原高教部 1960 年文科教材会议的决定，作为全国综合性大学政治经济学专业通用教材，上册出版于 1965 年，下册因十年动乱未能及时出版。1979 年经修订再版，并于同年 11 月出版了上册，1983 年 3 月，下册经修改问世。该书是国内最早的权威经济学说史教材。在该书出版之前，1960—1980 年的一个较长时期里，有关院校都是借用苏联院士卢森贝的《政治经济学史》。卢森贝所著有很多优点，对于促进我国经济学说史课程的教学、研究以及这门学科的发展曾起了不可忽视的作用，但是它也存在不少缺点，并不是完全适合我国需要的一部教材。

改革开放以来，随着我国对西方资本主义经济理论的大量学习与吸收，在实事求是思想路线的指导下，我国高等院校普遍开设或恢复了《经济学说史》课程的教学与研究，也涌现了很多与此有关的教材。为适应经济学说史教学，1992 年由陈孟熙主编的《经济学说史教程》被出版，而且还把经济学说史考察范围的下限从 19 世纪末的马歇尔经济学说延后到了 20 世纪 30 年代凯恩斯经济学说。在 2003 年，该教材又出版了修订后的第二版。

在 2003 年，姚开建也主编出版了新的《经济学说史》，在鲁友章、李宗正主编的《经济学说史》和陈孟熙主编的《经济学说史教程》基础上，把 20 世纪经济学理论的发展成果全部列入经济学说史课程体系。

《经济学说史》是经济学专业的专业基础课，它研究经济学说的产生和发展的历史。学习本课程，能明了西方经济学说的发展和演变过程，了解今天流行的西方经济理论和政策的来龙去脉，从而加深对它们的理解；可以帮助我们总结过去经济学说的发展，吸收以往经济研究中的科学成果和经验教训，创立适应现代要求的新的经济学说，可以很好地服务于我们的社会主义建设。由此可见，《经济学说史》课程的开设具有特别重要的理论和现实意义。在中国，早在20世纪30年代，北京大学就已开设经济学说史课程，目前各大高校财经类专业广泛开设了该课程。《经济学说史》这门课程的历史跨度大、内容丰富、涉及人物多；它的内容包含了从古希腊古罗马时期到20世纪30年代凯恩斯经济学说为止的西方经济学发展的历史。以各个时期具有代表性的经济学家和经济派别的主要经济思想和观点为主要学习内容。其中包括重商主义学派、重农主义学派、古典政治经济学派、空想社会主义学派、庸俗经济学派、马克思主义经济学派、边际效用学派、微观经济学、宏观经济学等多个不同的经济学派，更有很多著名的经济学家。这门课程的内容具有较强的逻辑性、条理性，而且系统性很强，各知识环节扣得比较紧密。经济学说是随着社会发展而产生和演变的，各个时期的经济学说，都是当时社会经济发展现实的某种反映，带有时代的烙印和特征。因此，经济学说是具有历史性的。从奴隶社会以来的人类社会都是阶级社会，在阶级社会里，社会分裂为经济利益对立的不同阶级。由于经济学说研究的对象直接涉及各个阶级的经济利益，所以，在阶级社会中，各种经济学说和经济理论无不打上阶级的烙印。因此，《经济学说史》的历史性较强、阶级性突出。

2005年，尹伯成主编的《西方经济学说史——从市场经济视角的考察》由复旦大学出版社出版。目前国内大多数高校所采用的教材主要是姚开建的《经济学说史》和尹伯成主编的《西方经济学说史——从市场经济视角的考察》。其中，尹伯成的教材对中国市场经济改革进行了理论评述，体例不同于大部分其他教材，清晰且系统，但理论深刻，不易于理解。姚开建的教材细节充实，适合阅读，但内容过于庞杂。

三 教学方法演进

目前《经济学说史》教学中采用的教学方法主要有讲授法、讨论法等。讲授法是适用范围较广的传统教学法，包括讲述法、讲解法、讲读法和讲演法等。具有短时间传授知识多和系统性强的特点，但在讲授过程中学生处于被动地位，不利于调动学生积极性和创造性思维的培养。讨论式教学是一种在教学过程中结合教学内容提出问题进行讨论的教学方法。即老师根据章节内容提出社会经济活动中出现的新观点或新问题，引发学生对现实问题的思考和讨论，以此培养学生主动思考问题的习惯。但由于学生本身知识层次和理论分析能力的欠缺，讨论最后往往变成了个别学生的发言，其他人只是听众，教学效果一般①。

第二节 传统教学方法评价

一 传统教学方法概述

在我国教育理论界对传统教育方法的概念还没有形成较为一致的意见，所以探讨传统教学方法的含义对于改革传统的教学方法，具有一定的理论意义和实践意义。传统教学方法是与现代教学方法相对的概念，传统教学方法的含义必须与现代教学方法的含义联系起来进行研究。美国著名哲学家、心理学家与教育学家杜威，在自己的实验基础上，选取并改造了前人的经验与主张，把实用主义的世界观、认识论与方法论作为理论基础，形成了自己的教育理论体系。在近代教育史的发展上，他第一次提出以教师、书本、课堂为中心的"传统教育"的概念，并给以系统的批评，而把自己的教育主张称为"现代教育"②。可以按两种方法对他们进行划分。

一方面，可以从时间上进行划分。一般是以19世纪末至20世纪初为界限，以杜威的"现代教学"的出现为标志。把在此之前所用的教学方法称之为传统的教学方法，在此以后产生的新的教学方法称之为现代教学方法。

另一方面，从特征上进行划分。这种划分方法源于杜威。杜威认为赫尔巴特派是传统教育派的代表，赫尔巴特的教学方法是"传统教学法"。他标榜自己实行"进步教育"，所采用的是现代教学法。传统教学方法与现代教学方法是两种教学方法体系，也是两个相互对应的抽象概念。两种方法的某些特征是对立的，不过从结构和功能上看，现代教学方法与传统教学方法能有机地相融合。现代教学方法是对传统教学方法的超越③。

对于中国来说，传统教学方法包括性质不同的两个传统。一种是中国

---

① 冯琦：《〈经济学说史〉教学改革刍议》，《江苏教育学院学报》（社会科学版）2009年第5期。

② 王锡宏：《试论传统教学方法的改革》，《高教探索》1987年第3期。

③ 李芳：《立与融合：传统教学方法与现代教学方法》，《华南师范大学学报（社会科学版）》2003年第6期。

两千年来封建教育中的传统教学方法；而另一种是西方传统教育的教学方法。中国封建社会的传统教学方法，从组织形式上而言可以说是个别教学。在常规的方法上是"私塾的教法着重记诵，凡教师所授均须能成诵，不问其意义"①，"诵读是唯一的教授法"②。而西方的传统教学方法是西方资本主义工业发展下普及教育、科学教育的产物③。从组织形式上而言是班级上课制；在常规的方法上，有讲解法、观察法及谈话法等等。这两个传统有个共同之处，就是教学中学生处于被动的地位。可在洋务运动及维新变法之时，西方还没有产生"新教育"运动，西方的传统教育还没有获得中国"传统"的称号，然而西方传统教学方法那时还处在黄金时代，当时美国与日本都在学习研究以及推广这些教学方法。而在中国海禁打开后，第一次碰到外来的方法就是尚未获得"传统"称号的西方传统教学方法。

通常所说的传统教学方法指的是，以教师主观的掌控和管理为主体，也就是教师通过备课来组织教学，以教师讲课，学生听课为主，更多的情况是学生跟着教师的思维进行学习。所以传统的教学方法注重传授知识。大家通常所说的讲授法、谈话法、演示法、读书指导法、参观、实验、实习作业、练习等等也属于传统教学方法，这里面有的向学生传授新知识，有的是获得感性知识，有的则是为了印证书本上的理论知识。这些方法虽然都各有特点，但在向学生传授知识的这点上是一致的。传统教育方法也可以划分为启发式教育法和注入式教育法。所谓注入式教育法，指的是教师从主观出发，忽略学生的知识基础和理解能力，无视学生认识的客观规律，把学生在学习中的主观能动性进行否定，学生被当成单纯接受知识的容器及储存信息的仓库，教学进程由教师主观决定，向学生灌输现成的知识结论，从而强迫学生死记硬背，教师只管"教"不管学；学生在课堂上只听、记，而不用大脑思考。与启发式相对立的另一种教学方法是注入式。它指的是教师从学生的实际情况出发，根据学生学习的客观规律来运用各种具体方法，学生学习的主动性积极性得到充分调动，还会引导学生动脑动手动口，他们通过自己的智力活动与课本上掌握的知识相融会贯通，不仅可以发展认识能力，分析问题及解决问题的独立工作能力也会得

---

① 艾默生：郑梦驯译《教育理想发展史》，商务印书馆1932年第5页。
② 引自《壬寅新民丛报全编·军国民篇》，第13卷，第2页。
③ 丁证霖：《中国近代改革教学方法的历史与经验》，《教育评论》1986年第1期。

到提高。

《经济学说史》采用的传统教学方法有讲授法和讨论法。其中,讲授法还包括讲述法、讲解法、讲读法、讲演法等等。其实这些方法就是通常所说的注入式教学方法。此法具有短时间传授知识多和系统性强的特点,但在讲授过程中学生处于被动地位,既不利于调动学生积极性,也不利于培养学生的创造性思维。讨论式教学是一种在教学过程中结合教学内容提出问题进行讨论的教学方法。即老师根据章节内容提出社会经济活动中出现的新观点或新问题,引发学生对现实问题的思考和讨论,以此培养他们主动思考问题的习惯。但由于学生本身的知识层次和理论分析能力的欠缺,往往讨论最后变成了个别学生的发言,其他人只是听众,教学效果一般。而一般注入式教学方法注重的是教师的"教",而忽视了学生的"学",也就是学生的主体性。《经济学说史》这门课程本来就有历史性、阶级性,而且内容跨度大,如果不发挥学生的主体性,积极地、主动地去探索,很难熟练地掌握课文知识,当然师生之间的互动、生生之间的互动都是不可忽视的教学体验。

二 传统教学方法的效果评估

中国近现代教学方法,在短短不到百年的时间里发生了非常大的变化。各种扑朔迷离的教学方法也随之而来。而其中传统教学方法是到目前为止一直使用的主要方法。对传统教学方法进行深刻评估,首先应该对它进行历史的辩证的分析,明确哪些应该保留和继承,哪些应该改革或废弃。

在中国,可以把传统教学方法的形成、变迁大体分为三个阶段。

第一个阶段是传统教学方法的萌芽时期。从最开始的洋务运动及维新变法,西方的传统教育尚未获得"传统"称号的时候,到1901年,罗振玉创办了的中国第一份教育专业期刊——《教育世界》里连载了翻译自日本汤本武比古的《教授学》,里面对赫尔巴特的教学理论进行了介绍;再到1909年,白作霖、蒋维乔对兴学以来教学理论与实际上的得失进行了总结概括,编译了"近今教授法最完善之本"[①]。

第二个阶段是传统教学方法的形成发展时期。从1912年,中国资产

[①] 引自《绍介批评、各科教授法精文》,《教育杂志》,商务印书馆1909年5月14日,首卷第4期。

阶级革命民主派对教育方面的改革，到1913年传入中国的蒙台梭利法以及来自美国马克马利的自学辅导主义，再到1916年，上海的万竹小学进行了教材联络法的实验，再到"五四"时期的"新教育改革运动"的高涨。

第三个阶段是传统教学方法的反省和确立时期：在反省时期，人们对新教学方法采取了批判的态度，而新教方法及传统教学方法的分析受到了重视，不少高涨期的当事者撰文自我批评，客观地阐述新、旧方法的利弊得失①。人们这时候意识到了生长在外国土壤上的东西不全适合于中国的国情，也就是有了"中国化"的提倡。到1929年1月，庄泽宣的《如何使新教育中国化》一书的出版，再到1933年厦门大学教育学院实验小学对文纳特卡制的个别作业方面进行了实验，以及到最后的1927年11月，陶行知正式提出的"教学做合一"的中国特色的系统理论。

似乎一提到传统，有些人就认为是陈旧的、过时的、失去生命力的东西。其实这是一个认识上的偏见。传统的事物，固然有久远的历史，具有保守的消极的一面，可是它在历史的发展过程中，又会吸收新鲜的东西，来充实和完善自己，从而具有积极作用的一面。传统既有其稳定而积极的一面，又有其保守和消极的一面，如果运用这种观点来看待传统、分析传统的教学方法的话，就可能对我国传统教学方法做出一个比较科学的估价②。

传统教学方法可以说是一种长期教学实践经验的产物，有很多合理的因素可以继承。就受批评比较多的讲授法来说，它到目前为止已有几千年的历史，它之所以在全世界范围内使用到现在，肯定有自己合理的内涵，例如它具有可行性强、适用范围广、经济及有效等特点。我国的传统教学方法，除有自身发展的历史继承性外，还接受了外国教育理论和教育方法的某些因素的影响。在古今中外的多种因素相互吸收、相互借鉴、相互融合的过程中，形成了至今还在教学领域发挥主导作用的传统教学方法。我国古代的教学方法也有许多科学的合理的东西。纵观我国古代、近代教育史，我国传统教学方法有价值的东西也很多。对这些有价值的东西，必须批判地继承，使其能更好的为社会主义的教育事业服务。

---

① 丁证霖：《中国近代改革教学方法的历史与经验》，《教育评论》1986年第1期。
② 王锡宏：《试论传统教学方法的改革》，《高教探索》1987年第3期。

但从总体上讲，我国古代、近代的教学方法，由于受到当时的教育制度、教育思想、教育目的、教育内容的局限，使用的教学方法基本上是教师填鸭式的灌输，学生照本宣科、死记硬背。传统教学模式一般是程序化的，长期不变地按照一种套路，以教师为中心、以传授书本知识为中心、以教室为基本场地。所以不可避免地，传统的教学方法也有它的弊端、不足之处。

第一，学生的主体地位不明确。在中国，从古至今都是老师负责教、学生负责学习，这样就形成了一种惯例，就是学生与老师的主体地位和主导思想相互错位了。所以对学生学习的积极性和主动性造成了严重挫伤。传统教学方法把学生看成是被动接受知识的容器，你往里面添加什么都由教师决定，而学生只管机械地接受这些知识，以至于他们思维能力受限。这样的话势必妨碍学生心智能力的发展。比如说，在中国封建社会时期，教学的主要内容是"四书"、"五经"，教师的主要任务是把这些灌输给学生，学生的主要任务是把这些圣训、经典背熟。中国封建社会的这种教学方法，不知戕害了多少读书人。杜威主张，教学方法要以学生为中心。他认为，以教师为中心的教学方法不利于调动学生主体的积极性；他还反对让学生"静听式"的教学方法，多次强调尊重儿童，保存儿童的天性[①]。

第二，特别不利于学生自学能力的培养。教学观念对课堂教学有定向及指导的作用，是社会和教育的客观实际及其要求在教育者意识中的反映[②]。因此我们传统的教育方法以传授知识为最主要任务，间接经验会成为主要内容，从而忽略学生智能、情感及主动性的培养，学生的直接经验被忽视。自学能力是心智训练的结果，这需要在向学生传授知识的同时，注意引导学生独立分析问题的能力并掌握正确的思维方法和独立地理解新概念、新原理的内涵，还要把握学科的知识体系。我们还要通过课堂教学，让学生形成自我定向、自我选择、自我管理及自我评价等一系列自我教育能力，努力帮助他们对不同观点进行评价并做出自我判断的勇气和能力的形成。鼓励学生以独立的角色、建设性的态度及负责的精神对老师、对教材做出质疑、争辩甚至批评，做到这些必须打破传统教学的常规方式。教师不能把人类积累的知识机械地灌输到学生的头脑中去。不管把人

---

① 陈友松：《教育学》，湖北人民出版社 1987 年版，第 222 页。
② 程赐胜：《国内外教学方法比较研究引发的思考》，《交通高教研究》2002 年第 3 期。

类的认识成果转化为学生的知识财富及智力、才能，又或是把知识转化为学生的思想观点，都需要一个内化的过程。而这个过程是让学生通过主观能动性，积极思考和参加实践活动来悟出其中的道理。教师只能给学生传授知识，却不能替他们思考，只有学生积极主动地学习，并将理论与实际相联系，实现书本知识与直接经验相结合才能真正掌握知识。传统教学方法忽视了学生的自我探索、独立研究等方面的发展。学习应该是双向的，也就是学生再向教师学习知识的过程中发挥自己的主观能动性，逐渐培养探究精神。

第三，不利于学生创造精神的培养。传统的教学方法有很大的创造精神是跨世纪开拓型人才素质的核心。创造精神的培养在很大程度上取决于教学方法的开放度，教学方法灵活多样，注重激发学生大胆的探索问题，发表己见，学生的创造潜能便会极大地迸发出来[1]。教师以教学权威的角色向学生讲授现成的结论时，学生基本上不会有异议，而有很多学生连回答教师提出的问题的勇气都没有，怕答错问题老师会生气，而自己又会丢面子。学生基本上不会去探索问题，只知道死记硬背，因为考试的答案就是书上写的那些理论。传统教育方法下培养出来的学生大多都墨守成规，对老师的问题束手无策、一筹莫展，缺少创造的激动和冲动。这种现象在文科院校里很普遍。随着科学技术的发展，创造力已成为现代及未来社会生存与发展的重要条件。现代及未来社会对教学的要求是为创造力而教、为创造力而学。现代教育家会本着这一社会要求，投入探索和研究发展学生智能的教学方法。如施瓦布的探究教学法、布鲁纳的发现教学法，还有目前流行的问题教学法、范例教学法，以及一系列与智力操作、认知策略有关的现代教学方法，都是使学生在教师的指导下，像科学家发现真理那样，通过自己探索去发现事物内部、事物之间的互相联系，并从中找出规律、形成概念，从而发展智力和能力的现代教学方法[2]。在传统教学方法中，很多教师都满足于完成教学大纲上的内容，愿意采取填鸭式、灌输式的讲课方式，很多时候都是从理论到理论，缺乏启发及引导，没有给学生留下足够的思考余地。许多教师依然习惯用传统的一块黑板一支粉笔的教学方式，因此提不起学生们的兴趣，应该更灵活运用现代的众多教学方法

---

[1] 贾雄：《高校教学方法改革的几点思考》，《广西高教研究》1998年第3期。
[2] 李瑾瑜：《现代教学方法发展的趋势与特点》，《中国教育学刊》1990年第2期。

和手段来提高教学效果。

  《经济学说史》因教学内容多、体系庞大，学生在学习教材时也会感到内容多，学习困难，从而产生畏难心理。客观上讲，本门课程教材厚达四五百页，内容有三十四章之多，多数院系仅安排54课时，这给教师授课带来了不少问题。首先，课时少，教学内容多，在授课中如何利用有限的学时来完整、详细地讲授教材内容，这给教师备课提了较高要求。其次，《经济学说史》是一门介绍在不同国家、不同社会体制下，社会发展的不同阶段，各位经济学家通过自己的研究分析，站在不同的立场上提出的各种不同的经济学说和理论，是一门理论性较强的课程，如何把理论和实践结合起来，如何正确分析和评价经济理论，能够让学生既理解课程内容，形成正确认知而不是教条理解，又激发学习的热情，这对教师提出了挑战。最后，《经济学说史》亦是一门介绍经济理论发展的课程，学生在学习过程中了解不同经济学家的不同经济学说并不困难，难点在于如何能让学生把握经济理论发展的内在规律，形成自己的判断和认识。从学生平时学习和期末考试结果来看，这三点是教学过程中存在的主要问题①。

  研究传统教学方法的含义，探讨传统教学方法的优势和弊端的根本目的在于对传统教学方法进行历史的、全面的辩证分析。由于传统教学方法是精华和糟粕并存，既有合理的成分，又有消极的因素，因此，必须从中探索出哪些是应该继承的，哪些是应该改革的。采取全盘否定的态度是不科学的。

三　传统教学方法面临的挑战

  分析传统教学方法面临的挑战，对于把握现代教学方法的发展趋势和进行教学方法的改革以及推动教学方法科学化的进程均有重要意义。传统教学方法和现代教学方法不是相互对立的，而现代教学方法在很大程度上继承和创新了传统教学方法的理论形成的。所以研究传统教学方法面临的挑战对现代教学方法的发展具有非常积极的意义。

  首先，引用启发式教学方法。启发式教学是指学生与教师平等探讨问题的教学方法。其目的在于激发学生学习的积极性，科学引导学生思维，培养学生独立思考问题、解决问题的能力。在教学中，教师要全面掌握经

---

① 芦蕊：《经济学专业〈经济学说史〉课程教学方法改革探析》，《高教高职研究》2011年第8期上。

济学理论,根据学生知识水平和接受能力创造和谐的教学环境,通过设问、提问,结合灵活多样的方式与手段,由浅入深地引导学生思考问题、分析问题,最后解决问题,从而达到培养学生学习、研究的能力。《经济学说史》是一门理论性很强的课程,其理论体系包括阐述、评论两大方面。因此教师在讲课时应先阐述理论,在讲述理论的过程中应简明扼要、准确生动,然后,留出时间让学生们思考这一理论的影响或作用,再列举大量的应用实例,启发诱导学生运用理论思考,鼓励学生提出个人观点。

其次,引用比较教学法。在《经济学说史》中很多知识点有着一定的相似性和对比性,因此在教学过程中,一方面可以将这些内容进行详略安排,具有发展性或延续性的知识进行比较,分析异同,抓住重点,分析影响。比如,比较分析斯密绝对成本学说与李嘉图比较成本学说、萨伊定律与凯恩斯定律等等;而那些相似的内容,可以让学生通过掌握基本分析方法后进行类推。如马歇尔的需求与供给理论,只需要重点讲解有关需求理论的知识,对于供给理论,应提醒学生将之与需求部分进行对比,通过比较进行类推,发现规律,触类旁通,减少记忆内容。

再次,学生和教师之间的多边互动。21世纪是一个信息化及高科技化的知识经济的社会;也是一个"知识爆炸"的时代。知识的容量不断膨胀,每个不同学科之间相互渗透、相互交叉,而新兴学科、边缘学科也在不断出现,知识的更新速度也变得越来越快。所以"教学活动是一种双边活动"这种说法是近几年大部分人都比较认可的一个教学理论命题。这个理论具体是指现代教育方法已不再仅仅限于传统的单向活动论与双向活动论,而要强调教学是一种多边活动,要重视强调师生、生生及师师之间的多边互动。现代心理学认为,多向交流较之单向交流和双向交流有着更加明显的效果,能最大限度地发挥相互作用的潜能[1]。例如"暗示教学法",它运用了学生之间的互动,像角色扮演、游戏及讨论等等,目的是教学兼具单向、双向及多向交流色彩,不仅调动了学生的积极性,也能提高学生的参与度,使教学效果达到常规教学法的数倍之多,这种教学模式也受到了世界各国的普遍关注与欢迎。教师也可以按照自己的教学方式,把课程内容讲完了之后剩下的时间让学生们提出问题,进行探讨。师生可以互教互学,互相切磋课本知识,讨论求解并共同进步。这样师生之间及

---

[1] Hodge B. (1981), *Communication and the Teacher*. P. 5.

生生之间的互动才能得到充分的运用。以多边活动论作为出发点来设计教学方法是现代教学方法改革的一个新走势，它把教学置于师师之间、师生之间和生生之间的多边活动的立体背景中，突出动态因素间的多边互动，这对充分开发与利用教学系统中的人力资源，减轻师生的负性负担，提高学生学习的积极性与参与度，增强教学效果，达成教学目标，无疑有着积极意义①。

最后，教学方法的多元化和教学手段的现代化。我们通常情况下会认为学校只是传授知识的场所，但培养独立获取知识的能力及创造的能力等各种能力才应该是学校所拥有的最大的职能。如此，各个教师不但要肩负传授知识的任务，还应该要针对学生的特点，把他们塑造成为健康的、适应社会发展的高素质的人才。现如今，在现代社会教育中，使用最广泛的教学方法有几种。首先是20世纪70年代兴起于美国，在世界各国流行最广泛的教学方法是"合作学习法"，它是一种最具合作性特点的现代教学方法。合作学习派认为，人类相互作用的基本形式之一就是合作，合作是人类社会生存及发展的重要动力，可以看作与竞争一样，它是人类生活中不可缺少的极其重要组成部分。我们目前所生活的现代社会在要求人们进行激烈竞争的同时，又需要人们进行广泛的多方面的合作②。原因是有竞争就肯定会有合作，合作与竞争是一种互为依托的关系。合作学习最主要的教学形式是以小组合作，尤其强调生生及师生合作，教师与所授课题的教师还要进行合作设计，最后要达到非常好的教学实效。其次是上海育才中学所设计的"八字教学法"，它是最近几年在国内影响比较大的一种合作性很突出的现代教学法。"八字教学法"泛指"读读、议议、练练、讲讲"，这四个环节的关系可以解说成：读是基础，议是关键，练是应用，讲是贯穿始终。除了上述的两种方法之外，还有"协同教学法""掌握学习法""引导发明教学法"和"发现法"等等。

我们把教学的过程看作是信息的传递，随着科学技术的进步，社会的发展，传统的粉笔加黑板正向现代化教学模式成功地过渡，教学手段也向现代化迈进。就像最新引入教学系统的电视、自动教学机、计算机辅助教学机（CAI）及语言作业等。而这些教学辅助手段也在对教学活动产生着

---

① 王坦、高艳：《现代教学方法改革走势》，《教育研究》1996年第8期。
② 王坦：《合作学习导论》，教育科学出版社1994年版，第161页。

特别大的影响。它使师生关系及相互作用的空间与旧的空间发生了非常大的改变，学生可根据自己的能力水平自定进度，不仅超越了时空的限制，也实现了教学的个体化。有的学校进行多媒体优化组合的教学方法改革试验，也取得了显著的成效。还有许多高校在教学方法改革中，科学运用了幻灯、录像、电影、电子计算机等现代化教学设备和手段，使目前的教学方法呈现出了崭新的面貌，从而有效提高了教学质量。教学方法和手段的多元性和灵活性的真正目的在于达到最佳的教学效果，让学生在获取知识的同时也能培养他们的理解能力、思维能力及创新能力。

21世纪是人类科技创新及知识经济时代。世界经济的竞争，其实是知识经济及人才的竞争。所以新的世纪需要新型人才，而人是知识能力的载体。教师和学生接受了先进的教育思想，就会主动地对传统的教学方法进行改革，教师把课讲活，学生把知识学活。改革传统的教学方法是培养适应新时代需要的新型人才的需要，也是教学改革以至整个教育改革的重要内容，是摆在每一个教育工作者面前的紧迫任务。

第三节 《经济学说史》课程教学方法改革与创新

《经济学说史》是经济学专业的重要专业基础课。它的开设为学好当代西方经济学等其他经济类课程奠定了重要基础。该课程可加强学生经济学理论功底，提高思辨和研究能力。但从我国各高校该课程的教学实际来看，由于主客观原因在实际教学中教师和学生都面临着一些教师难教、学生难懂的问题，在很大程度上影响了教学效果。面对知识经济济时代下社会对开拓创新人才的需求，我们的经济学教学模式也应该跟上时代步伐，进行相应的调整。因此本书拟从《经济学说史》课程本身的特点出发，提出有针对性的教学改革思路。

一 《经济学说史》课程特点

（一）系统性强

《经济学说史》研究内容丰富。自古希腊古罗马时期起至20世纪30年代凯恩斯经济学说止，年代跨过几个世纪，以各个时期具有代表性的经济学家和经济派别的主要经济思想和观点为主要学习内容。其中包括重商主义学派、重农主义学派、古典政治经济学派、空想社会主义学派、庸俗经济学派、马克思主义经济学派、边际效用学派、微观经济学、宏观经济学等多个不同的经济学派,更有很多著名的经济学家。

《经济学说史》的内容具有较强的逻辑性、条理性、系统性。各知识环节联系紧密,必须从历史发展的角度分析经济理论体系的形成①。例如,在学习古典微观经济学理论部分时,必须从英国、法国两个资本主义国家的历史出发阐述、分析及比较其产生阶段、发展阶段直至完成阶段不同代表人物的思想理论,最终系统地掌握古典政治经济学派劳动价值论、资本理论、工资利润地租理论等等。

(二) 历史性强

《经济学说史》是一门具有历史性的经济理论学科,各流派面对不同的历史背景,相互继承和发展形成了系统性较强的知识体系②。它主要以马克思主义的立场与方法作为指导,对西方的经济思想与理论进行研究,内容有理论性、历史性及现实性相综合等特点。经济学说史的研究对象是与社会生产关系的学说有关,不一样的生产方式,随着不同的社会发展产生和演变。因此,学习经济学说史,一定要与相应的历史背景相结合,坚持历史和逻辑相统一的原则,这样有助于更好地掌握经济理论产生的背景与核心思想。学生在学习过程中了解不同经济学家的不同经济学说并不困难,难点在于如何把握经济理论发展的内在规律,进而形成自己的判断和认识。

(三) 逻辑性强

《经济学说史》突出了西方经济学理论演化线索的梳理及每个学派方法论的阐释,也突出了各个时代学派代表性经济学家思想的阐述与每个时期西方经济学经典名著的导读。其经济学家的理论体系构建及特别严谨的逻辑框架、独特的思维是我们值得借鉴、值得学习的宝贵精神财富。这不仅对学生论文的构思与写作有很大的启发,也对学生们以后科学思考经济问题也大有益处。从学习实践看,本课程的学习需要多门学科的基本知识,如历史学、社会学、心理学、高等数学等学科,对学生的系统性及逻辑性都有很高的要求。随着时间的变化,经济学也慢慢发展成为很多学科

---

① 姚开建:《经济学说史》,中国人民大学出版社 2005 年版。
② 尹伯成:《西方经济学说史》,复旦大学出版社 2005 年版。

交叉的较为庞大的学科体系,且如今分支众多、立了各种学派。要想全面了解经济学说的发展,仅靠教师课堂讲授是远远不够的,学生普遍反映学习困难。

二 《经济学说史》教学中存在的问题

(一) 教师"灌输"式教学比较严重

《经济学说史》的教学过程以教师的"灌输"为中心,却忽略了学生在教学中应扮演的角色与地位,并没有考虑到学生的思想感情和学生的能动性、创造性,教师与学生、学生与学生之间往往缺乏课堂交流[1]。这种教学模式不仅不利于提高学生学习的积极性,也特别不利于学生创造精神的培养。这样虽然教师完成了课堂教学任务,但师生的创造力在教学中仍没有得到充分发挥,导致学生因缺少参与而对理论的掌握不够透彻。《经济学说史》这门课程,内容多,理论性也强,理解难度比较大,如果教师在教学过程中不改教学模式,总是照本宣科,那么结果是教师把相关内容与理论解释得很细致,但学生也依然会感觉枯燥乏味,最后学生因学习兴趣不足,而达不到教学效果。

(二) 学生学习主动性不强

课堂教学,长期以来由于历史教学方法问题,使得学生形成一种既定印象,认为历史类课程必与枯燥、死记硬背、无用等名词挂钩。据网络调查,喜欢历史课程的学生不到 8%,学生在未学之前就容易产生厌学情绪,认为这种课程对现实和考研都无用,不如学习宏观和微观经济学。同时所学内容复杂且烦琐,加之大部分财经院校是文理兼收的,学生缺乏历史基础知识,而枯燥的讲课方式使该课程缺乏吸引力。如何消除负面情绪,改变学生已有的看法,这就对教师课堂教学提出了很大挑战。

(三) 要求教学方法多样

每个时期经济学说都是在一定的历史背景下产生的,而不同时期经济学说既有继承又有发展,所以在内容上就会有相同和不同之处,特别是对一些基本经济概念的内涵和经济规律是在不断探索和纠错中逐渐完善的[2],所以在教学中同样的一个概念会有不同定义和解释,学生会感觉枯燥且容易混淆,加之连上几节课,学生容易疲乏,影响教学效果。这就要

---

[1] 林祖华:《经济学说史课程教学改革亟待加强》,《边疆经济与文化》2005 年第 11 期。
[2] 史锦梅:《〈经济学说史〉课程教学改革探索》,《经济研究导刊》2011 年第 33 期。

求老师要想办法克服这些困难，采取多种现代教学方法和手段来提高课堂的效率。

（四）多媒体教学方法应用不合理

《经济学说史》课程有很强的理论性和抽象性的特征，为了让理论得到比较直观、形象与更生动的逻辑展示，任课教师需要综合利用多种教学手段，而不再是过多强调重视现代教学手段。多媒体教学手段与传统纸面字手段相比较，不仅更加直观生动，还可以与重点内容相结合，突显学生的视觉特点，像通过字体、动画及颜色等形式，让学生的注意力得到吸引；也可以将知识点展现为一个过程，引导学生思考，使学生慢慢、认真地体会其中的内涵。然而，目前在实际应用多媒体教学当中仍存在着很多误区。

1. 多媒体教学忽略了师生之间的情感交流

在多媒体教学中，教学由从前呆板的二维黑板扩展到了真实自然的多维空间，会出现信息速度加快、停留时间大大缩短等特征，有的教师在教学过程中运用多媒体时，很多时候会忽视教学中比较重要的环节——师生之间的情感交流。虽然使用多媒体教学手段会声像并茂的动态传播效果，而激发学生的学习兴趣，然而在整个授课过程中，师生相互交流却很少，亲和力也不强。屏幕影像和文字陆续播放，教师在频繁机械地操作计算机的同时展示多媒体课件，学生的注意力就自然而然被媒体本身的切换所吸引，很自然的造成师生之间感情交流变少。

2. 教师过分依赖多媒体教学手段

在实际教学中，有的教师认为使用多媒体手段越多，教学效果越好[1]。然而却忽视了多媒体只是一种辅助手段，在课堂教学中起主导关键性作用的还是教师。但有些教师却不曾有这样的认识，他们认为只要大量使用多媒体教学手段就肯定能取得良好效果。这种认识导致某些教师在备课的时候，没有去足够理解消化课本知识，反而花大部分时间在制作多媒体课件。到了上课之时，教师就会对着电脑或屏幕照本宣科，教师成为了课件讲解员，而学生会习惯性的跟着事先规定好的教学内容走，被动地听讲，形成师生教学思维上的共鸣就会变得很难。

---

[1] 雷强：《多媒体教学中不容忽视的几个问题》，《云南教育》2004年第13期。

三 教学方法的改革

(一) 注重理论联系实际

注重理论联系实际，避免空洞的说教和枯燥无味的叙述。对于《经济学说史》的教学，20世纪五六十年代重视评价而忽视阐述，即以简单化的、贴标签式的形式代替科学分析的"评"；七八十年代出现了相反的极端，重视阐述而忽视评价。正确的方法是既要有确切的阐述，又要有公正的评价，同时还必须注重联系实际，如重农学派关于农业问题的认识，对于当前我们做好"农业、农村、农民"问题有重大的帮助；亚当·斯密关于经济自由主义和政府作用问题的论述，对于我们加快社会主义市场经济条件下政府职能的转变有重要的启示作用；李嘉图的国际贸易理论——"比较成本说"，是支配国际贸易的永恒规律，至今仍然是世界各国对外贸易奉行的准则，对整个世界贸易都有重要的影响。这种教学方法既体现了历史性，又体现科学性，还体现现实性；既严肃认真，又生动活泼，这样可以提高教学效果，激发学生的学习兴趣。

(二) 教学方法要力求多元化

目前《经济学说史》教学中采用的教学方法主要有讲授法、讨论法等。讲授法是适用范围较广的传统教学法，包括讲述法、讲解法、讲读法和讲演法等。此法具有短时间传授知识多和系统性强的特点，但在讲授过程中学生处于被动地位，不利于调动学生积极性和创造性思维的培养。讨论式教学是一种在教学过程中结合教学内容提出问题进行讨论的教学方法。即老师根据章节内容提出社会经济活动中出现的新观点或新问题，引发学生对现实问题的思考和讨论，以此培养他们主动思考问题的习惯[①]。但由于学生本身的知识层次和理论分析能力的欠缺，往往讨论最后变成了个别学生的发言，其他人只是听众，教学效果一般。因此除了使用上述教学方法外，还应结合下列教学方法：

1. 启发式教学法

启发式教学是指学生与教师平等地探讨问题的教学方法。其目的在于激发学生学习的积极性，科学引导学生思维，培养学生独立思考问题、解决问题的能力。在教学中，教师要全面掌握经济学理论，根据学生知识水

---

① 陈时见、朱利霞：《现代教学方法发展的背景与趋势》，《基础教育研究》2001年第6期。

平和接受能力创造和谐的教学环境，通过设问、提问，结合灵活多样的方式与手段，由浅入深引导学生思考问题、分析问题，最后解决问题，从而达到培养学生学习、研究的能力的目的。《经济学说史》是一门理论性很强的课程，其理论体系包括阐述、评论两大方面。因此教师在讲课时应先阐述理论，在讲述理论的过程中应简明扼要、准确生动，然后，留出时间让学生们思考这一理论的影响或作用，再列举大量的应用实例，启发诱导学生运用理论思考，鼓励学生提出个人观点。

2. 案例教学法

案例教学法实际上是一种注重理论和实际相结合的教学方法，教师根据教学目的和教学内容的需要，运用典型案例或实例，启发学生独立思考，对案例所提供的材料和问题进行分析研究，提出见解，做出判定和决策，帮助学生加深对经济学基本理论的理解，以提高学生运用所学知识分析问题和解决问题的一种教学方法。通过案例教学，教师能更通俗地解释书本知识，使学生能够感性地理解和掌握抽象、枯燥的理论，培养学生的学习兴趣。

3. 比较教学法

在《经济学说史》中很多知识点有着一定的相似性和对比性，因此在教学过程中，一方面可以将这些内容进行详略安排，对具有发展性或延续性的知识进行比较，分析异同，抓住重点，分析影响。如：比较分析斯密绝对成本学说与李嘉图比较成本学说、萨伊定律与凯恩斯定律等等；而那些相似的内容，可以让学生通过掌握基本分析方法后进行类推。如马歇尔的需求与供给理论，只需要重点讲解有关需求理论的知识。对于供给理论，我提醒学生将之与需求部分进行对比，通过比较进行类推，发现规律，触类旁通，减少记忆内容。

4. 换位教学法

教师让学生走上讲台，既是对学生课前自学情况的检查，也是学生主体性的一种体现。学生的表现欲望得到了满足，表达能力和心理素质也可得到锻炼和培养[1]。所以在具有较好的组织与准备的前提条件下，换位教学法也可认为是一种好的教学方法。但换位教学不能只停留在学生分组后

---

[1] 智瑞芝：《确立教改目标，探索改革方向——以高校经济学说史教学改革为例》，《教育探索》2011年第1期。

对课件的宣读及讲解层面。而是教师要总结和点评各组学生的发言,这样能调动学生的积极性、主动性与创造性。为防止学生因知识有限、经验不足而造成讲述内容脱离主题或偏离重点,教师可以根据先提供教材与相关的经济类书籍当作参考书目,依据教学大纲可以明确相关内容要求。再指导学生进行具体分工,如研讨及资料收集筛选、课件制作与演讲表述等等,尽量保证让每个学生都能参与其中。在学生讲述完后,教师要对学生的表现进行讲评,肯定成绩的同时指出不足,最后再对相关知识点进行概括总结。

(三) 合理应用多媒体教学手段

1. 多媒体教学手段要注重学生参与

在讲"经济学说史"时,可以通过因特网(Internet)将经济思想史发展起源与历程罗列在学生面前,使学生进行"自主发现、自主探索"式学习,这样有利于发展学生发散性思维及创造性思维,为新能力的孕育提供肥沃的土壤。在这样的环境条件下,教师不再变成唯一的、单纯的知识的传授者。学生不仅可以在教师的指导下掌握有限的知识,还会利用网络主动获取无限的相关知识,不断地提出新问题。整个教学过程围绕同一主题,提出各种不同问题,而每个人都分头获取信息,找出答案的过程,最后学生的思维得到了锻炼,学生学会了思考、学会了创造。与此同时,教师也在参与指导的过程中,及时与学生的心理进行沟通,为学生提供了自主发展的广阔空间。

2. 多媒体教学与传统教学的有机结合

虽然多媒体教学是一种有效及先进的教学模式,但它只是我们教学过程中一项比较重要的辅助手段,是结合现代计算机技术与教学的一个产物。然而并不是所有课程与教学内容都适合使用多媒体教学的方式,有些传统教学手段(如观察实物、制作模型、直观演示、教师范读等),就不能简单地用多媒体代替,因为它们的直观形象及生动具体,是学生感受相关知识的最佳途径。传统教学方法是人们通过在长期教育实践中保留下来的传播文化知识的一种方式,教师精妙的语言表达艺术与思维方式、独具匠心的教学方法是其他手段所不能代替的。教师在教学中利用多媒体设备,需要充分吸收传统媒体(粉笔、黑板等)教学的优点,让传统媒体教学和多媒体教学相互结合,实现"优势互补、取长补短",但也不能过多地依赖多媒体手段,在使用过程中充分发挥各自的优势,努力找到两者的结合点，相辅相成，由此形成一种崭新的教学方法。

（四）借鉴慕课学习模式

MOOCs 是一种新近涌现出来的在线课程的开发模式。它发端于过去的旧的课程开发模式。旧课程开发模式是把发布资源、学习管理系统与更多的开放网络资源相综合。简单地说，慕课是一种大规模的网络开放课程，它是由分享和协作精神的个人组织发布的，最终是为了增强知识传播、散布于互联网上的开放课程。在"慕课"的世界里，视频课程不仅切割成 10 分钟甚至更小的"微课程"，而且由许多个小问题穿插其中连贯而成，就像游戏里的通关设置，只有答对才能继续听课。学生往往被课程内容所吸引，根本不可能而且没时间开小差。如果学生有疑问，可以直接在平台上提出问题，师生会在 5 分钟左右解决问题。

慕课这种教学模式值得借鉴，教师可以把在线视频当作教学的线上环节，让学生在课堂外先"听课"，课堂内则可以深入地分享、探讨以及解决问题，最终真正实现"翻转课堂"。对于理论性极强，范围极广，逻辑性极强的经济学说史这门课程来讲，充分利用慕课的教学方式，进行线上视频或者进行 10 分钟甚至更小的"微课程"，能够在很大程度上提高学生学习的积极性，从而彻底改变传统的老师灌输、学生死记硬背的局面。

总之，经济学说史教学不仅要向学生系统传授基础知识，更要重视思维练习和能力培养，使学生感受经济学的博大精深，为后续课程的学习提供方法，为将来的科学研究和实际应用提供基础。教师应积极探索、运用创新教育理念，尝试新的教学方式，培养符合现代社会需求的人才。教学有法，教无定法，在课堂教学实践中，还应针对所教学生的具体情况，具体问题具体分析，尽量结合本学科的学科特点，去积极探索与其内容和体系相符、有效、科学合理的教学方法与教学技巧。

第十一章 《〈资本论〉选读》教学方法改革与探索

2008年的美国次债危机席卷了整个世界,此次金融危机使马克思主义经济学重返西方国家理论舞台成为了时代背景。而一贯坚持马克思主义,坚持用科学的理论指导经济建设的我国,党中央在党的十八大及十八届三中全会上又一次强调系统学习马克思主义理论的重要性。在这个新时期新背景下,高校作为马克思主义经典理论的教学和研究阵地,研究如何更好地继续开展马克思主义教学和传承工作,是时代赋予高校的责任和使命。作为教学工作者,必须认真总结在教学过程中存在的问题,并适时改进教学方法是当前面临的首要任务。

第一节 《资本论》教学的历史沿革

《资本论》作为马克思主义的百科全书及经典著作,一直深受国内学者的广泛关注。谈到《资本论》在国内的教学与研究的历史沿革,还需追溯其在中国的传播历程。

一 《资本论》选读课程设置历程

(一)《资本论》传播的过程

《资本论》是通过十月革命的影响传播到中国的。相关资料显示,第一个提到《资本论》的中国人是蔡尔康(1899年),第一个介绍《资本论》的是朱执信(1906年),第一个翻译《资本论》片断的是费天觉(1920年)。已知最早的《资本论》中译本(上海昆仑书店出版)是1930年,陈启修根据德文版并参照日文版翻译的《资本论》。

《资本论》传播到我国以后,人们把学习和研究《资本论》同我国的革命和建设的任务紧密联系在一起。建国之前研究《资本论》的任务是揭露资本主义对于工人或无产者的剥削，为推翻帝国主义、封建主义和官僚资本主义而服务的。建国以后学习和研究《资本论》是为对资本主义私有制进行社会主义改造和实现工业化任务服务，这个时期的教学和研究的重点在于论证社会主义公有制取代资本主义私有制的历史必然性，为建立社会主义制度的历史任务服务的。改革开放以后，《资本论》的教学与研究重点转向《资本论》所揭示的社会生产一般原理、社会经济发展规律以及《资本论》中所涉及的唯物主义辩证法等方法论，并运用《资本论》的基本原理和基本方法研究和解决中国特色社会主义事业中所遇到的新问题、新情况等。在经济新常态下，经济转型、结构调整升级以及宏观调控政策等也离不开马克思《资本论》中阐述的相关理论的引导。因此《资本论》的学习与研究应与时俱进，不断挖掘其精髓，以引导我国经济社会发展。

（二）《资本论》在内蒙古高校的教学历程

《资本论》在高校正式讲授和研究从20世纪70年代开始谈起。以河南大学为例，当时河南大学政教系主任周守正先生是从日本东北大学毕业回国的爱国学者，他在日本时曾精读过马克思的《资本论》，而中国又是坚信马克思主义的，所以，他就将政治经济学这门课程的主要内容放在《资本论》的教学上，并亲自授课，当时没有通用的教材。[①] 同一时期在中国人民大学、北大等诸多高校也把《资本论》作为经济理论主干课程来讲授。

在内蒙古地区以内蒙古师范大学为例，从1982年正式建立开始算起，《资本论》的教学也经历了30余年的时间了。《资本论》对于充实学生理论经济学知识结构，帮助学生树立科学的人生观、价值观和世界观具有重要意义。培养高水平的经济建设人才，特别是培养能够构建和谐的经济关系的经济建设人才，需要《资本论》的理论武装。因此自建校之初就把《资本论》选读作为本校政治经济系教育专业的专业基础必修课程，自2006年以来又成为本校经济学院的专业基础必修课程。本课程针对本校的办学定位、人才培养目标、生源情况和本科层次特点，不仅介绍马克思主义经济学的基本原理，而且站在经济全球化的角度探索现代社会经济发展规律。通过学习，要求学生掌握马克思主义立场、观点和方法，了解现

---

① 王天义、王睿：《〈资本论〉学习纲要》，中国经济出版社2013年版，第3页。

代经济社会发展方向和理论研究前沿动态。培养学生运用马克思主义立场、观点和方法分析问题和解决问题的能力，从而引导学生树立正确的世界观、人生观和价值观，为后续学习奠定理论基础和思想基础。30年来，《资本论》的教学大致经历了以下三个阶段。

第一阶段为1982年—1990年，顺应70年代末80年代初，我国正处于拨乱反正和改革开放初期，国家的工作重心刚刚从以阶级斗争为纲转移到经济建设上来，经济活动开始讲求经济效益的时代要求，成为了学习《资本论》的开端。

第二阶段为1990年—2000年。与当时的形势相适应，本校从1982年开始，在本科政法系开设了《资本论》课程。当时主要讲解《资本论》第一和二卷，这一时期的《资本论》与西方经济学的教学的地位，不论是从课时上来说还是从其学科地位处于同等重要的地位，可以说西方经济学的教学略显重要。

第三阶段为2000年至今。社会主义建设的新时期、新背景及新的时代要求下，更加重视马克思主义理论学习研究和创新，这一时期是本课程建设快速发展的时期，或可以称之为鼎盛时期。这一时期，《资本论》选读课程在校内被评为精品课程，在学科建设、教师队伍及科研成果方面都有了很大的发展。

纵观《资本论》课程教学在本校的发展过程，在30年的历程中本校的《资本论》教学顺应国家的教育方针，学科地位从未削弱过，并讲求与时俱进，讲求教材的更新与教学方法的创新；在教学实践中不断更新和改进课程建设规划，加强课程本身的建设，编写出教学大纲和试题库，试题库根据授课内容适时调整；加强了师资队伍建设，形成了年龄结构、学历结构、职称结构较为合理的教师队伍，也在不断加强与本课程相关的科研工作。

二 教材内容的更新

内蒙古师范大学建校初期开设《资本论》课程时，还没有成为体系的教材，主要是以《资本论》（中共中央马恩列斯著作编译局编，人民出版社1975年版）原著本身作为教材的。这个时期主要由去日本访学归国的额尔顿扎布教授来讲授这门课程。当时还把相关研究成果作为辅导读物来参考。如徐节文等编《建国以来生产劳动和非生产劳动论文选》（上海人民出版社1983年版）、陶大镛《马克思经济理论探讨》（上海人民出版社 1983 年版）、商德文等著《恩格斯经济思想研究》（北京出版社 1985 年版）、郭寿玉《马克思劳动价值论新论》（北京师范大学出版社 1988 年版）等。

20 世纪 90 年代以后有了相关的教材。这一时期主要开始参考由西南财经大学出版社出版的《〈资本论〉节选本》这门教材，重点围绕这门教材把《资本论》选读作为政治经济学专业本科生的必修课。另外，结合民族区域双语教学特色，在蒙语授课班，围绕蒙语版的《资本论》原著以及王来喜教授自编的蒙语教材《资本论》来讲授相关内容。同时也开设了马克思主义哲学原著这门课程。当时计划学时为 36 课时。

这个时期由于关于马克思主义的理论研究有了很大的发展，因此相关的参考文献也随之增加。在讲授《资本论》这门课程的时候，可以广泛吸收相关研究成果进行旁征博引，进行对比分析和深刻探讨某些学术观点。相关参考资料有：宋承先、胡代光等编《评当代西方学者对马克思〈资本论〉的研究》，（中国经济出版社 1990 年版）、张薰华《资本论》脉络（复旦大学出版社 1999 年版）、［苏］艾·瓦·伊林柯夫《马克思〈资本论〉中抽象和具体的辩证法》（山东人民出版社 1992 年版）、白暴力《政治经济学若干重大争论问题研究》（西北大学出版社 2000 年版）等等。

进入 21 世纪尤其是 2006 年经济学学院成立后，《资本论》选读课成为政治经济学专业的专业主干课程，计划学时 54 课时。自开始招收政治经济学专业硕士研究生，便确定《资本论》研读为硕士研究生的必修课程，计划学时为 54 课时。本科教学使用教材为高等教育"十五"国家规划教材，陈征等编辑的《〈资本论〉选读》，杨志主编《资本论》选读（21 世纪经济学系列教材），在讲授过程中还参考了胡世祯《〈资本论〉研读》（暨南大学出版社 2012 年版）和宫川彰《解读〈资本论〉》（第一卷）（中央编译出版社 2011 年版）等著作，并且编写了相关的蒙文教材，如包玉山教授《马克思主义政治经济学经典著作选读》（内蒙古大学出版社 2007 年版）等。研究生则研读《资本论》原著本身，还要求攻读《政治经济学方法论纲要》。《〈资本论〉选读》课于 2012 年在本校被评为精品课程，还申请立项了《资本论》选读蒙文教材。因此这一时期可以说迎来了《资本论》课程建设历史上最好的时期。

随着《资本论》学习和研究的深入发展，教材的内容不断得到更新和充实。为与时代要求相结合,我们也更加注重不断改进教学方法和改善教学效果问题。

三 教学方法的演进

《资本论》课程是一门逻辑严谨、高度抽象的经典文献选读课,其教学目的是让学生掌握马克思主义的观点和方法,培养他们的理论思维能力,提高学生对经济现象和经济过程的分析能力以及解决现实问题的能力。只有教学方法和教学形式得当,才能达到预期的教学目的。本课程尝试着使用的教学方法和教学形式如下:

(一) 强化学生主体地位

从灌输式教学方法转向注重课堂教学的主体作用,实行以教师为主导,以学生为主体的课堂教学。

①课堂上"教师主讲学生辅讲,大家提问专题研讨"

根据教学大纲和授课计划,教师把教学的核心内容提炼出来,并提出引导学生思考的问题,引发学生思考和讨论,鼓励学生独立思考,勇于发表自己的见解,教师总结评论。每堂课前由学生上台总结上一堂课的内容要点,并指出这些内容与哪些当代经济问题相契合,如何用理论来解释现实问题。培养学生的理论联系实际的能力。在每一堂课结束时安排预习内容,并就一些重点、难点问题布置思考题或论文式作业,教师对作业进行点评。

②课下拓展教学空间,将课堂教学与课后辅导结合起来

课下,教师通过网络等多种沟通方式与学生交流,了解其对授课内容的掌握情况及学习中存在的问题,能够及时给予解决;配合学生学习小组和学生社团活动,就现实生活中的热点问题拟出相关的论文题目并提供参考资料,指导学生进行讨论和理论研究,培养他们的学习能力、动手能力和科研能力,提高综合素质。

(二) 不断丰富教学内容

从立足教材讲授基本理论转向将基本原理、阅读材料、经典典故、每日新闻、重大事件、时事纪录片等结合起来,丰富教学内容,调动学生积极性,拓宽学生的知识面的教学方法。

《资本论》的理论性很强又比较抽象,注定了它必须与现实联系紧密,这就要求教师要不断完善和更新教学内容,掌握最新经济发展动态和学科的新发展、新动向。并把重点资料推荐给学生阅读,否则会使学生感

到理论难理解又没有实用性，因此而对《资本论》这门课程失去兴趣。

另外，为摆脱课外调研条件的制约，课堂上给学生观看一些诸如全球化、贫富差距、资源危机等方面的中外经典纪录片，引发学生对现实问题的思考。

（三）注重学习过程评价

作业与考试相结合，实施教学和考核过程相统一的综合考评模式，考核学生理解能力、分析能力和解决问题的能力。

为打破过去考试方式单一而僵硬，注重知识的传授、轻视能力的培养及重记忆、轻运用的传统，我们实施教学和考核过程相统一的综合考评模式，注重平时作业的留置以及批阅，很好地将作业和考试有机结合起来。根据《资本论》选读课程的特点和教学目的，把作业作为对学生经常性考核的基本手段。将作业分为两类，一类是复习、巩固所学基本理论的作业，在每一章讲授后布置；一类是灵活性大、趣味性浓的案例性作业，根据社会经济运行中的热点问题相机布置。前者突出对学生掌握基本理论的考核，后者侧重于对学生观察和解决问题能力的培养；前者作业成绩在总成绩中的比例不低于20%；后者成绩占10%。考试采用闭卷考试、开卷考试等灵活多样的方式；试题内容采用基本理论知识题、原句解释题和案例分析题相结合，着重考核学生对原著基本知识掌握的熟练程度和分析、解决问题的能力。

（四）结合运用传统与现代教学手段

在《资本论》的教学上，采取传统教学手段和现代化教学手段相结合的教学方式，充分发挥各自的长处，力求提高教学水平和教学效果。一方面，利用教学多媒体教室拥有的台式电脑、视频展示台、网络平台等现代化教学设备来实现教学手段的现代化，充分运用图形、案例，特别是互联网上的相关资源，来充实课堂教学内容，使教学内容形象、简洁、直观、具体。另一方面，某些现代化教学手段难以或无法表达的教学内容，则充分发挥传统教学方法的优势，而且，传统教学方法拉近了教师与学生的距离，使课堂教学更加生动活泼。

（五）重视实践教学环节

重视实践教学环节，以此加深学生对所学理论的理解，提高他们运用所学理论分析和解决现实问题的能力。我们在《资本论》选读课的实践教学中尝试了以下三种具体的方式：

首先，在课堂教学中，模拟一定的市场环境，设定相应的条件，有针对性地提出问题，指定几位学生根据所学相关理论进行分析并提出解决方案，其他学生可对其方案进行评价，然后教师进行讲评。

其次，组织引导学生有针对性地到市场经济实践中实地调研，并要求学生写出调研报告。通过对市场经济运行实践的感性认识，来加强学生对所学理论的理解，启发学生去思考经济活动现实与书本知识的差距，认识现实经济活动的复杂性，以提高其学习理论的兴趣和运用理论分析和解决现实问题的能力。

最后，要求学生利用假期特别是寒暑假，对自己家乡的热点问题进行调研，并写出调研报告或论文，根据成绩每学期在学年组里进行评比，按一定学分把成绩计入毕业总成绩中。

《资本论》课程所讲授的是抽象的经济理论，理论的高度抽象给实验教学带来困难，再加之客观条件的限制，本课程的实验教学或实践教学有相当难度。我们需要进一步总结经验，不断改进，逐步完善这一教学环节。

第二节 新时期《资本论》教学方法面临的挑战与机遇

总结建校和建院以来的教学历程，我们在传授知识，使学生把握马克思主义的基本知识、观点和理论与原理等方面取得了明显的教学效果。在世界格局发生新的变化、资本主义经济在不断解决矛盾中相对稳定发展的新时期，《资本论》的教学和研究面临着新的机遇与挑战。顺应新时期对于《资本论》教学赋予的新要求和新使命，需要我们不断发现教学过程中呈现出的诸多问题，不断地改进和创新教学方法。

一 新时期《资本论》教学方法面临的挑战

随着时代的发展与变化，《资本论》的教学方法面临着各种各样的挑战，要求教学工作者必须正视这些挑战。

（一）灌输式传统教学方法面临的挑战

1. 关于传统的教学模式

传统的教学方法在中国根深蒂固。孔孟时期教育弟子传授知识为例，就是采取由师傅讲弟子静心听的教导方法,这就是从历史传承下来的所谓的传统的教学模式。当时之所以采取类似的教学方法,在于尊重师长的传统美德。之后的教学条件等虽说得到逐步的改善,但教学理念仍没摆脱传统的束缚。

具体来讲,传统教学模式是使用传统教学手段,完成特定教学内容的一种课堂教学形式,即教师利用"一张嘴、一本书、一块黑板、一支粉笔"进行"满堂灌"。传统课堂教学方法中主要采取"五段教学法",即复习旧课—讲解新课—组织教学—巩固新课—布置作业①。传统教学对基础知识、重点知识的理解、掌握非常有益,是一种不可或缺、无法被取代的教学方法。在《资本论》教学过程中,多年来人们主要采取的教学方法也是传统的教学方法,即教师重点围绕原著和教科书讲授每节课需要讲解的相关知识点,基本的步骤就是上述"五段"。而当时考核教师基本功时,也几乎强调"五段教学法"的掌握和运用程度。因此传统的教学方法曾经在很长一段时间内被采用、被重视。近现代的教学过程中,很多高校一直采用教师为主的传统的课堂教学方法,在有限的课时内能够传授基本知识和概念以及原理等。

在还没有具备多媒体网络教学等现代化的教学设备之前,传统的教学方法在传授知识、积累知识等方面所发挥的应有的作用是不容忽视的。我们应从当时的社会历史条件,乃至时代背景等客观因素正确评价和探讨传统教学方法的效果与弊端。

2. 灌输式传统教学模式,在培养应用型和创新型人才方面面临的挑战

在传统的课堂教学中,一方面,教师成为课堂教学的主宰,师生之间的交往实际上成了教师的"独白",缺乏真正意义上的交往和对话;另一方面,在传统的班级教学中,从表面上看,学生是作为班级中的一员在进行课堂学习,但实际上这种"班级"只是一种"聚合的大众",每个学生也只是作为一个"单独的个体"在课堂中学习,缺乏有效的交流和沟通。这样,传统的课堂教学不仅没有确立学生的主体地位,忽视了学生的自主性和能动性,导致"从社会方面舍去个人的因素",而且课堂教学也没有

---

① 聂云霞、郑炎、牟华:《启发式教学在传统课堂教学中的运用和研究》,《科技信息》2013 年第 5 期。

成为一个真正的集体，忽视了教学活动的社会性，从而影响了学生的健康成长。

在传统教学理念的影响下，高校教学中存在一系列弊端：重视教师讲授，忽视学生自主学习；重视书本知识传授，忽视实践能力培养；重视期末考试成绩，忽视平时能力锻炼；重视学习结果，忽视学习过程。造成平时大学课堂气氛死气沉沉，学生昏昏欲睡；考试前学生突击学习记忆就能考个好成绩。这样严重影响学生学习的积极性和主动性，也不利于高校应用型人才和创新型人才的培养。因此，课堂教学必须确立学生在教学活动中的主体地位，加强教学主体之间的交往和对话，使学生得到充分、自由、生动活泼的发展。

（二）以基本理论为主的教学方法面临的挑战

回顾多年来的《资本论》教学过程，不少高校在《资本论》的教学中只注重基本理论的讲授，就理论讲授理论。因为《资本论》出版已有130多年的历史。一百多年来，现代资本主义出现了一些在马克思时代无法预见到的新情况、新问题。中国特色社会主义和马克思所设想的社会主义也不可能完全一致。所以有些人认为作为革命的经济学的《资本论》，不能与现代这一时代要求合拍，所以就说《资本论》已过时。《资本论》的教学面临着理论危机和信仰危机。

尤其是 20 世纪 80 年代末的苏联解体和东欧剧变，社会主义阵营被削弱；很多资本主义国家不断发现和解决自身发展过程中的矛盾和问题，曾迎来稳定发展时期。这些现实使在校的大学生学习《资本论》的时候，对相关理论产生怀疑，并且有些内容在政治经济学课程中已经学到，所以对于《资本论》的学习不感兴趣，甚至产生厌烦的心态。这严重影响着《资本论》课程教学的效果。

产生这些问题的原因在于我们在马克思主义经济学教学中，过多地注重了它的政治性和意识形态作用，而忽视了它的科学性；过多地注重了马克思主义经济学基本理论的灌输，而忽略了"方法"的熏陶和"能力"的培养。导致在计划经济年代里人们对马克思主义经济学盲目信仰和改革开放以后的盲目不信仰。尤其是在社会主义阵营瓦解之后，很多人认为社会主义不行了，马克思主义理论不行了。中国由计划经济向社会主义市场经济转变，一些人误认为马克思主义经济学不行了，只有西方经济学才行。许多大学的经济类专业的政治经济学课程被压缩或取消，认真研读马克思主义经济学的不多，人云亦云、盲目指责和怀疑的比较多，在青年学生中产生了信仰危机。许多青年学生学了马克思主义经济学理论却不会用马克思主义的立场、观点和方法分析问题、解决问题，在大是大非面前往往缺乏基本的立场甚至迷失方向。这些都反映了我们在马克思主义经济学教学方面深层次的问题。

要扭转这个局面，使《资本论》在大学课堂上富有生命力和活力，就需要从教学方法方面进行根本的改进和创新。要摆脱"就理论讲理论的老一套"的教学方法，应将马克思科学的方法论和逻辑思维揉搓到理论讲解过程中，马克思的《资本论》不但是作为经济学经典著作，而且应该作为马克思主义的百科全书来传承；要把《资本论》教学内容与政治经济学乃至西方经济学的教学内容进行对比分析，解决好三者的联系与区别以及教学重点。

二　《资本论》教学的新机遇

国际经济新格局新问题，赋予了人们重新学习和研究《资本论》的历史使命。很多崇尚西方经济学而冷落马克思经济学的西方国家纷纷掀起学习马克思《资本论》的高潮。

从20世纪末以来，很多西方国家开始高度关注和评价马克思及其理论。1999年，在千年交替之际，西方媒体纷纷推出自己评选的千年风云人物。卡尔·马克思在多家西方媒体评选千年风云人物的活动中名列第一或第二；在英国广播公司举办的关于谁是一千年来最伟大的人物评选中，马克思名列"最伟大的思想家"榜首。英国广播公司在报道千年思想家评选结果时说："作为哲学家、社会学家、历史学家和革命家的马克思，其著作今天仍受到学术界的尊敬。"

德国电视二台2003年举办了"最杰出德国人"的评选活动。马克思名列第三，作为辩证唯物主义和科学共产主义学说的创始人，其论著被全世界的共产党和社会民主党视为理论基础。即使在原联邦德国，人们也把马克思视为一位为道德、理智的法治国家而战的历史性人物。

（一）后金融危机时代西方国家更加关注马克思《资本论》

2008年始于美国，进而波及全球的世界性的金融危机导致经济危机，使人们重新审视当今社会的信用问题，并因此重新加倍关注《资本论》。因为马克思在《资本论》第二卷中分析了经济周期性运动的规律及经济危机的根源，又在三卷中探讨了虚拟经济以及实体经济等问题，这些为金融危机产生的国家重新审视其危机产生的原因提供了科学的理论依据。所以在很多西方国家重新掀起学习《资本论》的高潮,从此《资本论》在许多国家畅销,比如在德国,前往马克思故乡特里尔的游客数字直线上升,所有与马克思有关的书籍、纪录片销售情况良好。德国柏林的卡尔—迪茨出版社自 2008 年年初以来,《资本论》销量直线上升,除了学者、专家之外,银行家和经理都开始读《资本论》。

在事隔 40 年之后,《资本论》和马克思的其他著作再次进入德国大学课堂。从 2008 年 10 月开始,在全德国 31 所著名高校的讲堂里,又一次传出了"全世界无产者联合起来"的声音,新一代的德国大学生认真研读这部马克思的经典著作,思考走出眼前金融危机的办法。在包括柏林、慕尼黑、波恩大学在内的 31 所高等学府里,课程长度为两个学期的《资本论》为人们提供了认识金融危机的另一个角度[①]。而在日本也出现了漫画版的《资本论》。

(二)新一届中央领导进一步强调学习马克思主义经典理论的重要性

以马克思列宁主义、毛泽东思想、邓小平理论、"三个代表"思想、科学发展观作为指导的我国执政党,自执政时期开始从未放松对马克思主义经典理论、方法论以及意识形态等领域的学习和研究。新中国的成立乃至今天的繁荣发展,都与马克思主义理论的指引密不可分。党和中央领导在社会主义革命和建设过程中,不断结合本国的实际,学习研究和运用马克思主义理论,与时俱进,不断开创具有中国特色的马克思理论的新境界。

一个国家和民族的兴衰,不仅取决于经济、社会发展的"硬实力",还取决于价值理念、精神力量等"软实力"。以习近平同志为总书记的新一届领导高度重视立德树人工作,就加强高校学习、研究、宣传马克思主义做出了一系列新部署,提出一系列新要求。在 2013 年 8 月召开的全国宣传思想工作会议上,习近平总书记指出,"要巩固马克思主义在意识形态领域的指导地位,巩固全党全国人民团结奋斗的共同思想基础"。实现"两个巩固",关键是要树立马克思主义和共产主义信仰、坚定中国特色社会主义信念。

---

① 吴筠:《马克思经典 40 年后为解读金融危机提供新视角》,《文汇报》2008 年 11 月 4 日。

为深入学习贯彻习近平总书记在全国宣传思想工作会上的重要讲话精神，贯彻落实中央领导同志关于加强马克思主义经典著作教学和研究工作的重要批示以及教育部有关文件精神，2015年1月13—19日由中华人民共和国教育部高等教育司主办在中国人民大学经济学院承办了《资本论》教学与学习十八届三中全会《决定》讨论会。可见从政府到高校，都在高度重视强调马克思《资本论》的教学和研究问题。这为我们进行《资本论》的教学与研究提供了良好的政策环境和氛围。

第三节 新时期改进《资本论》教学方法的措施

传统的教学方法已不能适应新时期培养新型人才的目标，应该与时俱进，改进我们的教学方法。教学方法的改进可以从以下几点着手进行。

一 构建自主式、开放式、启发式教学方法

随着扩招的加剧，高校教育逐步从精英教育转变为大众教育，生源水平差异扩大，加上市场经济发展，社会人才观发生了巨大转变，由过去重学历、轻素质的传统人才需求转变为多层次、宽领域、厚基础的复合型和创新型人才的市场需求格局。新的人才需求模式给高校人才培养提出了新的要求，人才培养的基础是教学。因此，为了适应新的时代形势，当前高校必须进行教学方式的改革和创新，改变传统的灌输式教学模式，构建自主式、开放式、启发式教学方法，建立科学的、灵活的管理制度和评价机制，以适应高等教育快速发展的需要。

（一）注重自主式教学方法

所谓的自主式教学方式，是指在教学过程中，培养学生自己做学习的主人，学会学习、学会应用、学会创新，建立以"三会"为基本点的自主式教学模式。学会学习，即学生自己主动地学习，在获取和积累知识的同时，掌握认知的方法和手段，提高独立学习和更新知识的能力，其中，最核心的是独立思考和善于思考的能力。学会应用，是指培养学生具有较强的理论联系实际的能力和动手能力，善于应用已有知识分析解决实际问题和完成具体任务。学会创新，是指尊重学生的个性特长，在培养学生具有完备的知识体系的基础上，培养学生的创新精神和创新能力，尤其是创

新思维能力、科技工作能力和应变能力[①]。

在自主式教学方法中,学生在完成学校统一教学要求的同时,应根据自身的具体条件,制订出适合自己个性特点的学习计划,以加强某方面基础或发展某方面的能力,并在学习过程中不断调整自己的学习目标;而教师在教学过程中要将自己的身份由单一的教学实践者转变为教学研究者和实践者,由单一的教学管理者转变为教学的引导者和管理者。

以日本的首都大学东京经营学专业的教学模式为例,在大体专业方向和框架下,教师不去指定专用的教材,而是给学生提供与专业相关的众多书籍,让学生自主选择想要读的书籍,并在指定的时间内由学生自己选择相关章节进行研读,根据内容的结构和顺序,每个学生在每堂课讲解自己选择和分担的内容,最后由老师进行点评和总结,讲解此书所讲到的经济学原理。在《资本论》这门课程的教学过程中,尽量让学生读原著,这样很好地做到了由教师讲授为主的传统的灌输式教学方法向由学生自主学习总结方法的转变。

显然以学生自主学习为主的教学模式下,解决了学生被动学习并且不读书、读死书的问题,培养了学生自主学习的习惯,并且加强了学生总结概括和传输知识的重点以及分析问题及解决问题的能力。《资本论》教学中,教师可以让学生自主选择要读的部分,让学生们自己搜索相关读物参考,在课堂上自己试着去总结概括并进行讲解。要达到讲述知识给别人的水准,前提是必须首先自己理解和掌握相关知识,因此自主式教学方法可以锻炼学生主动掌握相关理论和知识及严谨的逻辑思维和生动的表述方法和联系实际的分析能力等,最后可以学以致用,达到理论和方法的创新。

(二)引进开放式教学方法

传统教学存在忽略学生的主体作用、学生被动学习、教学内容单调、考核评价体制单一等诸多弊病,它已不能满足现代教育培养人才的需要,不能适应现代教育发展的基本要求,因此引进开放式教学很有必要。

据论开放式教学模式的基本框架的相关研究所示,所谓的开放式教学方法是指全方位、多角度的开放,包括教育观念的开放、教育内容的开放、教学目的和教学过程的开放、教育空间的开放以及教学评价体系的开

---

① 孟品超、汤新昌:《构建自主式教学模式浅析》,《长春理工大学学报(社会科学版)》2011年第4期。

放等①。

在《资本论》讲解过程中，教师只有在开放的理念下讲授开放的理论才能使《资本论》永葆生命力。比如，《资本论》中解释的经济规律不是一成不变的，也不是为专门解释资本主义经济规律而提出的。当今形势下，我们从正面研究资本主义生产关系是怎样推动社会生产力的发展的规律，是有它独立的科学价值。因为在《资本论》中，尤其是一卷中分析了推动生产力发展的许多经济规律，这些规律蕴含着社会化大生产和发挥市场机制方面的共同的东西。这些规律也必定对社会主义生产力的发展有着借鉴和指导的作用。如果我们把上述规律只当做揭示资本主义经济规律，则最后使《资本论》的理论陷入困境，让人们误以为《资本论》过时了。

在开放的社会经济环境中，我们若拘泥于教科书，按照传统的教学模式和评价体系来衡量和评价学生对知识的掌握程度，则最后只能把学生培养成适应性的人才，这远离新时代对于人才培养的要求。因此，在不断发展变化的新环境中，培养新型的人才，就必须用开放的思维、内容、环境和方式以及开放的评价体系来教导学生。

（三）强调启发式教学方法

以往的灌输式教学方法为主的传统教学方法，教师主要靠"一张嘴、一支粉笔、一本教材"来完成知识的灌输和传承。教学中教师扮演着主要角色，而学生被动地参与整个教学过程中，因此在课堂上出现玩手机、聊天或者打盹等现象。这严重影响着课堂气氛和教学效果。因此在教学过程中，如何把学生的注意力引进教学内容中，使学生们听得津津有味，并且在听课过程中积极互动，这需要我们转变教学方法，即从一味的灌输方法转向启发趣味的教学方法。

现代教学研究表明，所谓启发式教学是指能指导、引导、启示、激发学生自觉地、积极地学习和思考及主动实践的教学。它重在教师的主导性和学生的主体性的结合。如何把启发式的教学方法具体运用到《资本论》的教学过程中，还需要从以下几点入手：

1. 设计好课程导入是启发式教学的关键

以教师备课时要充分挖掘知识的趣味因素，精心设计一个有关本节内

---

① 徐晓放、夏春德：《论开放式教学模式的基本框架》，《继续教育研究》2011年第11期。

容的、易于理解的案例、故事、游戏、情景、实验等进行导入，牢牢抓住学生的注意力，促使他们积极思考，使学生对本节内容感兴趣并大致了解本节知识及其用途。即，采取所谓的启发式教学方法，这样可以先声夺人，为整个课堂打好基础。导入的恰当与否，与课堂教学效果的高低密切相关。

比如讲解《资本论》第一卷第二篇第四章"资本总公式的矛盾"这一内容为例，不是直接讲解资本的总公式是什么作为导入，而是启发大家这节课的内容解决的是所有人都关注的问题。即，设计好大家感兴趣或关注的问题，由此一步步把学生的注意力引向中心内容。学生会从自身所关注的问题开始一一罗列，有的说房价，有的说工作，有的说发财等等。意见集中的最多的是如何很快地赚大钱，即货币增值的问题。由此分析，使货币增值，首先必须有一部分预付资金，但不同的人手中的货币发挥不同的作用，作为学生的我们，手中的货币是发挥流通手段或支付手段的作用，而其他一部分人把货币投入到生产领域当中，因此产生不同的结果。这样在不同的领域货币发挥不同的作用为起点，分析作为货币的货币和作为资本的货币的区别，由此引申资本的总公式，然后分析这个公式蕴含的矛盾，最后总结出货币转化为资本是在生产领域，但又离不开流通领域的结论。

2. 由发展实践总结概括相应的理论是重点

在教学过程中，很多学生渴望获得实用性知识和理论，文科类知识重在构筑学生的知识结构、框架体系，培养学生分析问题、思考问题和解决问题的能力。因此很多学生对于相对抽象的、理论性较强的课程表示厌恶的情绪，所以最终影响了课堂效果乃至教学目的。

要吸引学生对理论性较强又抽象的《资本论》课程感兴趣，那就要在讲课过程中，不断运用现实社会经济问题来举例，分析问题产生的原因乃至理论渊源。只有很好地做到用实际联系理论，分析问题背后的原理，才能使学生对《资本论》的理论不产生怀疑，不误解为已过时。

尤其是与同样的现实问题，以西方经济学与《资本论》的理论对比分析，凸显《资本论》的科学性、逻辑严密性及其生命力。

二　重点讲解《资本论》的脉络、结构及方法论

为应对《资本论》过时论，应把握《资本论》选读课与政治经济学课的讲授内容区别，应重点讲解《资本论》的脉络、结构及方法论，体

现《资本论》的生命力。

《资本论》选读课,是作为经济学专业的必修课来开设的,是在学生已经学过《政治经济学》、《经济学说史》等基础课程,具有一定的专业知识和业务能力的基础上开设的。因此,《资本论》选读课的教学,绝不是重复地讲授政治经济学的原理,而是要求学生在了解政治经济学一般原理的基础上,更深入地掌握《资本论》的理论体系、逻辑结构和辩证方法。从原著中学习和掌握马克思主义的立场、观点和方法。因此,教师的讲授就不应停留于政治经济学一般原理的解释上。如果离开《资本论》的逻辑思路和方法,一般地阐述政治经济学的原理,这就会使学生失去学习的兴趣和钻研的劲头,丧失了开设《资本论》选读课的意义。应让学生重点把握《资本论》的科学性、系统性、完整性、逻辑性。

从《政治经济学》课程内容本身来看,内容上与《资本论》的重复是不可避免的。如果这两门课程各自按照自己的内容体系来讲授和学习的话,难免会给学生的学习带来困扰,也会在一定程度上浪费课时,学生会认为《资本论》是在重复学习《政治经济学》的内容,从而对《资本论》课程不感兴趣,最终没能领略到该课程的独特的魅力。一般说来,教师讲课的主要内容应包括:讲明各篇、章、节的研究对象、内在联系和逻辑方法;阐明经济范畴和基本原理的精神实质;解释学生提出的疑难之点;介绍《资本论》研究中的有关争论问题;指出联系实际问题的思考方向。而不是讲授政治经济学中应作为重点讲授的基本概念、基本知识点、基本原理。

以劳动价值论为例,在讲授《政治经济学》时,教师应重点讲授商品、使用价值、价值、具体劳动、抽象劳动等基本概念以及价值规律、价值形式的两极及其之间的关系、货币的起源、本质和职能等基础知识。而在讲授《资本论》时,教师就应该在学生已经掌握这些基本概念和原理的基础上,按照马克思研究经济学的方法,将"劳动价值论"作为一个完整的理论体系呈现在学生眼前。首先,马克思从商品这一"经济的细胞形式"出发开始研究,一方面体现了其从现实存在的物出发的唯物主义思想,另一方面也是科学抽象法的运用。"商品首先是一个外界的对象,一个靠自己的属性来满足人的某种需要的物。"[①] 因此,对商品的分

---

① 《资本论》(第1卷),人民出版社2004年版,第47页。

析是从使用价值入手，然后进到价值，这是一种从现象到本质的分析方法，使用价值是价值的表现形式，价值是使用价值的本质和内容。商品的使用价值和价值之间是对立统一的关系，马克思通过对二者之间的矛盾运动的分析，为货币和资本的分析奠定了坚实的基础。其次，商品是用于交换的劳动产品，商品的内部矛盾运动自然与劳动有关。因此，在阐明商品二因素及其矛盾运动之后，马克思自然对产生商品二因素及其矛盾运动的劳动二重性进行了分析。这也是从现象到本质的分析方法的体现，同时对商品二因素和劳动二重性的分析都体现了从质到量的分析方法。最后，隐藏在商品中的价值只有在交换过程中才能得到体现。在通过商品二因素和劳动二重性的分析得出科学的价值概念之后，马克思认为要"从商品的交换价值或交换关系出发，才能探索到隐藏在其中的商品价值"[1]。因此，开始了对价值形式的分析。价值形式的发展是商品价值逐步外化的过程。在价值形式的分析中充满了矛盾的分析方法，并且马克思对价值形式的发展的分析是按照历史与逻辑相统一的方法进行的。这样，马克思就通过包括科学抽象法、矛盾的分析方法、从质到量的分析方法、历史与逻辑相统一的分析方法等在内的一系列唯物辩证法体系中的具体分析方法，对"商品和货币"进行了环环相扣的分析，按《资本论》的逻辑形成科学的劳动价值论。如果教师在讲授时忽略了《资本论》的方法，那么《资本论》的讲授就容易仍然停留在对概念、定理的阐述上，从而成为《政治经济学》课程的重读。

由于马克思在《资本论》各篇、章、节对于资本主义生产关系研究的具体侧面不同，因而叙述的重点也是不一样的。有的章侧重于理论分析，如货币理论部分；有的章侧重于数量的分析，如再生产理论部分；有的章侧重于历史过程的叙述，如工作日部分内容。

因此，在教学方法和教学内容的分量上应体现出各个部分不同的特点。侧重于历史叙述的部分材料丰富，容易阅读易于理解，无需教师详细讲解。只要由教师指明该章的研究对象、中心内容、研究方法和它在《资本论》逻辑结构中的地位等问题，就可让学生自学。侧重于数量分析的章、节往往是学生所忽视和不感兴趣的部分。但是数量分析法是马克思在《资本论》中运用的重要方法之一。教师对这些章节的讲解要简明准

---

[1] 《资本论》（第1卷），北京：人民出版社2004年版，第61页。

确，使学生学会从质和量相统一的角度去理解经济范畴，分析经济问题。侧重于理论分析的章、节是《资本论》的主体部分，这是需要教师认真深入地讲解的，在讲解中要注意突出以下四个方面的问题：

首先，要从《资本论》各篇章节的研究对象和目的，去把握体现实际经济关系的经济范畴及其相互联系，做到准确地理解和掌握马克思主义政治经济学的经济范畴和基本原理。

其次，要从《资本论》各篇章节的主要内容、内在联系，去把握《资本论》的逻辑结构和贯穿全书的主线，做到全面地、系统地掌握《资本论》的逻辑结构，深刻地理解《资本论》理论体系的科学性和完整性。

再次，要从《资本论》的逻辑结构和理论体系，去了解各篇、章节之间的前后、上下、左右的呼应关系，从中去理解和把握《资本论》中的辩证方法，做到准确地理解和掌握《资本论》的辩证方法。

最后，运用《资本论》中的基本原理和基本方法研究当代资本主义和社会主义实践中提出的许多新问题，介绍对《资本论》中有关问题的研究现状和不同观点，启发学生思考。总之，在理论部分章、节的教学中要突出研究对象、逻辑联系，辩证方法了有针对性地讲解一些重点问题和疑难问题。

三　在与西方经济理论比较中突出《资本论》的科学性

当代西方经济学的方法论基础基本上是经验主义的，它回避或抹杀生产关系，从"经济人"这一前提出发，只是从物质和技术方面以及从具体的形式、现象层次来研究经济活动。而马克思主义经济学以唯物史观为基础，从"社会生产关系中的人"出发，在生产力与生产关系、经济基础与上层建筑的矛盾运动中研究经济活动的内在联系。

比如，在讲授劳动价值论时，可以与西方经济学中的效用价值论相对比。效用价值论即使用价值是不能解释这一现象的。效用价值论是在19世纪70年代后期一直到90年代，在马歇尔的供求论出来之前流行的理论。这个学派认为效用决定价值，就是商品的价值大小是以商品的效用，特别是主观效用、边际效用所决定的。如馒头，它有没有价值、价值有多大，是由它的效用而定。对于非常饿的人来说吃第一个馒头的效用最大，第二馒头的效用就低，第三个馒头效用更低，第四个馒头对他而言就没有效用了，甚至有反作用。所以，第一个馒头的价值最大，第四个馒头就没有价值了。效用决定价值的大小，这是效用价值论的基础原则。这实际上是用商品的使用价值来决定商品的价值,把价值与使用价值混淆在一起了。使用价值不能决定价值,决不能用使用价值作为社会的尺度,来衡量社会经济关系。任何商品的使用价值都不能代替其他商品的使用价值。因为正是使用价值的不同才有商品交换的必要,而不同的使用价值是不能进行比较的。而且同一商品对不同的人又有着不同的效用,它们之间怎么相通呢?显然,用效用(包括边际效用)是出自主观感受,说明不了具有不同使用价值的商品为什么能够相交换这一现象的。而马克思的劳动价值论认为商品的价值是由生产商品的必要劳动时间决定的,使用价值是价值的载体,并不是使用价值决定商品的价值。

未来高素质的人才必须具有自主参与、积极进取和创新的精神,有正确的道德价值观,注重个性发展,善于与他人合作,具有独立获取知识的能力。因此,教学方法改革的重点是教学生自主学习,教师必须将培养学生的独立思维习惯和学习能力置于教学活动的中心,突出对学生思维能力的训练,为学生今后的不断学习和终身教育打下基础。

教学方法改革的难点在于创新教学,要把创新教学方法贯穿于教学活动的各个环节,提高学生发现问题、提出问题、分析问题和解决问题的能力。顺应时代要求,我们只有不断提升教学方法,才能达到培养新时代新型人才的教学目的,这是时代赋予高校教学的历史使命。

第十二章 《区域经济学》教学方法改革与探索

第一节 课程教育发展史

一 课程设置历程

作为一门经济学分支学科，区域经济学滥觞于德国农业经济学家约翰·冯·杜能1826年提出的农业区位理论，而正式形成于20世纪50年代。自20世纪60年代以来，区位论研究不断地由微观层面向宏观领域延伸扩展，而各国政府也不断加强对区域经济发展的干预，持续开展不同层次的区域规划研究和制定工作，以致力于解决区域发展中面临的各种问题，在理论发展和实践需求两个因素的大力推动下，区域经济学学科得以迅速发展。

我国在20世纪30年代首次引入杜能《孤立国同农业与国民经济的关系》一书，将农业区位论介绍到国内。但直至80年代前，区位理论在我国的发展和影响均比较有限。

改革开放以来，我国由计划经济体制向市场经济不断迈进，国内经济整体得到快速发展，但不同区域经济发展速度和发展水平却不均衡，区域经济社会发展体现出明显差异和差距。如何发挥区位优势，同时如何克服区位劣势，协调区域间发展不平衡问题，解决区域经济发展中的各种矛盾问题，促进区域经济快速健康发展，成为迫切需要深入研究加以解决的理论和实践课题。在这样的背景下，区域经济学相关理论研究和区域经济发展规划研究和制定工作得以深入广泛开展起来，从而极大地推动了国内区域经济学学科建设和发展。国内高校开始将区域经济学作为经济学一个独立的分支学科，在经济学专业设置区域经济学课程。区域经济学教学工作深入开展,教学队伍不断壮大,科研水平不断提高。全国已经有152所高校设置了区域经济学硕士点,近30所高校开设了区域经济学博士点。①

当前,我国经济面临东、中、西部发展严重不均,且各区域内部次区域发展失衡的问题,国家层面和地方政府都在积极研究筹划不同层次的经济区和经济圈,以推动区域经济协调发展,从而推进国民经济健康发展。如国家全力推进长三角经济圈、珠三角经济圈建设已渐成气候,新近提出的京津冀协同发展,进一步加快了环渤海经济圈的发展;各地政府更是纷纷提出符合本地区发展的各类经济圈、经济带、城市群,如海西经济区、成渝经济区、北部湾经济区、呼包鄂沿黄沿线经济带,等等。而区域经济学正是从经济学视野对不同区域内的自然资源和自然环境及区域经济水平、社会因素等进行分析和评价,并建立区域经济发展的计量模型,从而为研究制定区域经济发展规划提出科学合理的理论依据。因此,区域经济学在我国经济社会发展中发挥着十分重要的作用。深入开展区域经济学科研和教学工作,大力推动学科发展和人才培养,既是理论研究的需求,也是社会实践的呼唤。

然而,作为一门相对年轻的应用经济学分支学科,学科建设和教学实践仍在不断探索和发展中,没有形成完整、科学的理论体系。从目前区域经济学的研究与教学现状看,最需要重点研究和说明的问题,恰恰是研究最薄弱的环节、最没有说清楚的问题。不仅定性不明确,而且缺乏定量分析。比如,如何实现区域经济的协调发展?衡量是否协调的标准是什么?这些都是需要明确界定的关键问题。所以亟待改革完善区域经济学教学内容和教学方法。

二 教材内容更新

自从区域经济学设立以来,学者们对其学科体系进行了有益的探索,出版了不少专著和教材。但我国区域经济学作为经济学一门独立分支学科,发展时间较短,学科体系尚在不断发展和建设中,因而相关教材内容和教学大纲也需要不断充实、更新和完善。目前国内区域经济学教材存在以下一些问题:一是国内高校经济学、公共管理学、地理学三类院(系)中均设置区域经济学课程,因而我国区域经济学的研究与教学也分为三个

---

① 踪家峰:《中国区域经济学教学的现状、问题与改革方向》,《经济研究导刊》2008年第5期。

方向，这就导致国内区域经济学学科体系和基础理论、方法较多分散、分歧，统一性较差；二是国内区域经济学教材内容较为杂乱，对同一问题，研究视野、研究范围、研究方法等方面有较大不同。而这也与上面所说的学科设置分散有直接关系。因此，为了促进和推动区域经济学教学水平的进一步提升，有必要对本学科的现有教材进行更新、充实和完善。

当前国内学者已出版的区域经济学教材近30本，在内容上主要有三个方面的特点。

第一，内容本身具有中国特色。首先，它们都十分重视国内区域经济发展的差异化；其次，高度重视人口、资源与环境对于区域经济发展的影响问题；最后，既关注国家层面和地方政府的意愿，又关注学科发展的理论前沿。

第二，定量的经济分析少，定性的事实陈述多。国内区域经济学教材一般存在着仅是罗列问题，而对隐身在问题背后的种种自然、社会、人文等根源缺少深入全面的分析。同时也存在偏重宏观的定性抽象的陈述，忽视微观定量的分析的问题，导致学生死记硬背，不去深究分析问题，不利于学生独立分析问题、解决问题的能力的培养和提升。

第三，相关理论和实际问题联系不够紧密。国内教材往往热衷于对国外理论的引进和介绍，缺乏将这些理论与我国区域经济发展实践结合进行的创新。在解决具体问题时，往往或是列出与实际问题联系不大的经济学模型，或是不能够把实际问题中的相关因素提炼成经济学模型来分析，问题和模型未能够很好地对接。

笔者选取当前国内高校使用较多的4种区域经济学教材进行比较分析，结果如表12-1。

表12-1　　　国内四种典型《区域经济学》教材比较分析　　　单位：个

作者	章（节）	图形	表格	公式	专栏	问题
孙久文	15章（48节）	34	54	21	0	113
吴殿廷	10章（39节）	26	31	134	2	63
高洪森	13章（48节）	6	20	25	0	46
张敦富	12章（42节）	29	45	64	0	0

资料来源：笔者根据有关教材内容整理而得。

孙久文编著的教材与其他教材相比无论是内容选取，还是数据图表，都有一定优势，所以在实际教学中笔者选取孙久文主编的《区域经济学教程》作为指定教材；同时该教材也存在国内教材普遍存在的问题即案例较少，尤其是缺乏紧密结合国内区域经济发展的案例。所以笔者在教学实践中也选取了藤田昌久的《空间经济学》、艾萨德的《区位与空间经济》、库姆斯的《经济地理学》作为教学参考书，以拓宽学生视野，增加学生学习兴趣。

三 区域经济学教学中的主要问题

当前，国内区域经济学教学中存在的一些不足和问题，归纳起来主要有以下几个。

（一）师资力量不足，教学课时较少

随着中国市场经济的深入发展，经济学科发展迅速，学生数量猛增，教师资源不足，一般一个班人数都在 30—40 人，这种情况下教学质量存在下降的趋势，加之由于扩招导致的就业压力，学生往往在大一大二多选课而疲于应付理论学习和期末考试，到了大三就忙于提前毕业、找工作和考研的准备，最终导致必要的研究性和实践性教学大量缺失。

（二）课程设置的多专业和差异化

区域经济学是经济学与地理、管理等学科交叉发展产生的新型学科，因此，如前述国内高校的经济学、公共管理学、地理学三类院（系）中均设置区域经济学课程，教学点分布于不同的学院和专业。不同学院区域经济学课程设置的差异化明显。如经济学专业的课程设置着重区域经济的分析和评价，公共管理专业的课程设置突出管理内容特点，地理学专业的课程设置侧重空间分析和区域规划。区域经济学课程设置的多专业和差异化，反映在的教材建设上，就是教材版本较多，每套教材都自成一派，没有形成真正完全建立在学科交叉基础上并能够很好反映和体现学科发展的权威教材，从而影响了区域经济学教学整体水平的提升。

（三）吸收借鉴国外成果不足

区域经济学起源于国外，国外学科理论发展时间长，成熟度高，高水平新成果多，相对而言，国内起步晚，时间短，仍然在发展探索中。但目前国内高校在吸收利用国外成果方面显得不足，国际上著名的区域经济学著作，如克鲁格曼的《新经济地理学》、藤田昌久的《城市经济学》等，均很少被采用。这也制约了区域经济学教材建设和教学发展。

(四) 课程教学跟不上实践要求

由于区域经济学的理论研究与实践结合得不够紧密，导致课程教学落后，尤其是针对我国不同层次区域经济发展中的现实问题的深入研究分析评价相对滞后，缺少涉及本地区的经典案例教材。另外，区域经济学课程有着很强的"与时俱进性"，区域经济发展中实际问题的层出不穷，要求理论探索不断深入拓展，理论与实践要求紧密联系。但在课程教学实践中，往往更多的是对学生进行理论的宣介，缺乏结合区域社会现实，指导学生运用相关理论思想和计量模型，分析解决实际问题。学生往往仅是学到僵化的理论，而没有培养锻炼出很好的实际应用能力，课程教学与实践要求不能紧密联系和呼应。

第二节 传统教学方法效果评估

一 传统教学方法概述

传统教学包括学生、教师、教材和教学多媒体几大要素，核心则是教师，主要特征是由教师向学生传授教材内容，教学手段和工具主要包括讲授、板书及教学多媒体等。在传统教学中，学生是课程内容的被动学习者和接受者，教师是课程内容的讲授者和知识传递者，教材则是教师讲授和学生考核的主要内容，多媒体则是教师的教学辅助工具。

二 传统教学方法效果分析

(一) 课程教学与研究应用脱节

在传统教学模式下，课堂教学中理论内容很充实，而且区域经济学从形成之初到现在已有不少经典案例。比如美国的"田纳西河流域综合开发"模式、北京中关村高科技园区模式等等就是区域经济学中常涉及的经典案例。对这些经典案例，在案例教学的过程中必须安排课时加以讲授。[①] 但毕竟这些经典案例都是发生在发达国家和国内沿海发达地区，与本地的区情不相符，和学生们的实际生活相去较远，很难引起共鸣。而由于课程教学任务重，而且缺少经费，任课教师一方面不能够对本地区区域

---

① 姚春玲：《区域经济学案例教学中应注意的几个问题》，《内蒙古财经学院学报》2010年第3期。

经济问题展开实地调查研究，另一方面很少有机会参与国内、国际的高规格学术交流。因而任课教师既不能很好地"接地气"，了解区域经济发展的实际状况和突出问题，也没有做到"高大上"，完全掌握区域经济学领域新成果。这样，自然很难运用相关理论和最新成果提炼出紧密结合社会经济现实、具有区域特色的教学案例。导致传统教学中存在课程教学与研究应用脱节的问题，不仅使得教学效果打折扣，同时也不能够很好体现区域经济学的实践性和应用性。

（二）教学方法手段单一化

在传统教学中，以教师为核心和主体，以教师讲授、灌输教材内容为主要教学方法。这使得教学中，老师和学生的互动交流不够，往往仅限于课堂提问和少量课堂讨论，老师不能充分展示利用一些区域经济素材，与学生进行深入讨论分析，从而调动学生自主学习的积极性，培养学生分析解决具体实际问题能力，最终使得课程教学变得枯燥乏味，教学效果差强人意。而学生则死记硬背，其结果是"上课记笔记、下课全忘记"。传统教学中教师的"僵化"、"零散"、"固守"较突出：所谓僵化，即将教学内容当作僵化的教条和现成的结论进行灌输，缺乏具体化、直观性；所谓零散，即只重视对每一章、每一节的知识点进行讲解和传授，缺乏将不同章节的内容融会贯通，更缺乏上下游课程的纵向和横向的联系①。这导致学生只是简单记忆知识点，应付考试，而在应用相关理论和模型解决区域经济发展中的实际问题时显得捉襟见肘，能力不足，难以成为高质量的应用型人才。

（三）教学考核形式单一

现有教学考核制度框架内，存在考核形式单一等问题：一是教学考核目标单一。过度重视学生学习成绩的高低，很少关注学生实践能力的发展，尤其忽视学生心理层面的问题，容易培养成高分低能、高学历低素质的人才，而且走上社会后适应性差。二是教学考核形式单一。对学生的学习考核方式一般是通过期末考试形式进行的，对学生学习过程的动态考评没有或不够，往往流于形式，效果并不理想。

（四）重理论学习、轻实践锻炼

区域经济学作为经济学院经济学专业的限制性专业课程，与其他专业

---

① 唐礼智：《区域经济学教学模式的改革与创新》，《鸡西大学学报》2009年第2期。

课程紧密联系,综合性较强。区域经济学开课学期一般在大三,本课程结束后,大四第一学期学生就进入毕业论文写作阶段。通过区域经济学的教学,一方面让学生掌握本学科理论及模型,同时理解把握本学科与其他相关专业课程之间的内在联系;另一方面可以培养学生综合应用所学专业理论知识分析解决区域经济实际问题的能力,为毕业论文的写作做好准备。区域经济学属于应用经济学,实践性、应用性强。国外高校中大多在本科阶段即设有充分的实践教学环节,此外还有实践技能的训练。而国内高校的区域经济学课程教学中存在重理论、轻实践的倾向,校内的实践教学环节因种种条件限制而未能充分实施,而校外实践技能的培训也由于种种客观原因而流于形式,学生专业技能难以训练提升。

总之,传统的教学模式没有充分体现区域经济学综合性、实践性强的学科特点,没有实现教、学、研三者的紧密结合,不利于本专业应用型人才培养目标的实现。因此积极探索实用有效,既适应学科特点,又能满足社会对人才培养要求的教学方法是当前区域经济学课程教学中急需解决的重要课题。

第三节 课程教学方法改革与创新

一 加强教学实践环节,提高理论联系实际能力

区域经济学研究区域经济发展问题,区域内自然、社会、人文等各个要素相互影响和作用,构成一个复杂的系统,系统内经济发展会受到各个要素的制约和影响,研究解决区域经济问题,需要具备较强的理论分析和综合实践能力。正基于此,区域经济学是一门理论性、实践性、综合性都很强的学科。按照国家关于大学生能力培养和素质教育的教改要求,积极尝试教学、科研、实践的有机结合,通过科研,关注本学科的前沿动态和教材建设状况,及时将相关最新前沿研究成果吸收进教学中,不断提升理论水平和建模质量,积累教学素材和案例,随时充实和更新教案,使教学能够与时俱进,体现课程理论性、实用性特点。同时加强教学实践环节,引导学生课上课下开展形式不同的实践活动,积极参与学校组织的"挑战杯"大学生校外科技作品大赛和"三创"杯电子商务竞赛等活动。通过实践环节促进教学发展,丰富教学内容,革新教学方法和手段,提升教学效果，提高学生的综合素质和理论联系实际，分析解决问题能力。

区域经济学与西方经济学、国际经济学、发展经济学、计量经济学、产业经济学、人口资源环境经济学、投资经济学等其他经济学分支学科之间交叉多、联系比较紧密，存在较多交叉知识点。因此，教学中要处理好本课程与上述其他课程的关系。对于交叉知识点可以应用横向联系法，如在讲区域经济政策时，相关理论部分在西方经济学已详细学习，实际教学中的重点是讲解具体区域经济发展所适用的经济政策和政策评价，尤其需要着重分析研究像内蒙古这样的民族地区经济的发展。这样既重点突出，又避免重复，还能起温故而知新的作用。另外进行区域经济分析时，综合运用产业经济学、计量经济学、统计学知识，实现协同教学。

一是通过利用经济学院已建成的实验室资源和相关软件，让学生走进实验室，利用提供的多种经济数据，运用课堂中所学的理论和模型，对经济发展现状和趋势进行实证分析和检验。具体可以根据教学要求，安排8—10课时，让学生在实验中能够综合运用区域经济学、应用统计学和计量经济学的知识，独立分析2—4个区域经济问题，这样有助于提高学生综合应用本专业知识解决区域经济实际问题的能力。

二是可以借鉴本校HND人力资源（双语）专业的单元考核方法。具体做法是每一学年有一次小组作业，而小组作业一般是案例分析，需要应用一学年所学的各门课程的相关理论知识来分析解决问题，最后各门课程的任课老师各负其责，共同批阅作业。如果经济学各专业课程应用这种考核方法，就能够实现学生对理论与实践结合的深刻认识，大大提高解决区域经济实际问题的能力。

三是采用课程群与模块化互动式教学。主要想法是把区域经济学内容结构分为区域经济理论（宏观经济学）、区域产业结构与布局（产业经济学）、区域经济增长（发展经济学）、区域经贸合作（国际经济学）、区域城乡一体化（城市经济学）、区域发展战略与规划、区域经济政策（财政学与货币银行学）、区域经济分析方法（统计学与计量经济学）八个模块。以上括号内为交叉重叠课程。只要是和其他专业课程有交叉重叠的部分，就邀请安排相关任课老师主讲。这样的好处一是可以减少老师们用于备课的重复劳动；二是由于省出了大量时间，老师们既可以用于提高备课的质量，也可用于教学研究；三是不断有各种讲课风格的老师授课，能够减轻学生的视觉疲劳，提高学习兴趣。

二 教学手段和方法多样化，着力提升教学效果

（一）合理应用多媒体教学

多媒体教学对提高区域经济学的教学质量和教学效果具有十分明显的作用。多媒体教学具有许多优势，可以运用生动活泼、形式多样的文字、图形、影像、语音等方式来演示教学内容，代替传统的单纯依靠老师讲授和板书这种单一的教学方式，使教师在教学方法上具有更大的灵活性和创造空间；可以通过多媒体图形、动画演示，将区域经济学中许多抽象的概念、深奥的理论、复杂的逻辑关系直观、清晰地表达出来，有利于加深学生对知识的理解和掌握；可以将大量原来需要在课堂内进行的板书工作通过课前制作的教学软件演示出来，课堂的富裕时间增加。①

但是，多媒体教学的运用并不等于完全否定传统教学手段，需要在教学过程中合理运用多媒体教学，将两者有机结合，发挥各自所长，弥补各自之短。多媒体教学运用，一要遵循目的性、最优化原则。即教学中多媒体手段和内容的选择，必须适用服务于区域经济学课程教学，不适则弃，切不可为追求时尚而盲目使用，结果是适得其反，弄巧成拙。二要注意多媒体技术选择与组合的最优化。即根据区域经济学的教学目标与教学内容去选用合适的多媒体技术，既要注意选择效果最好的技术来运用，也要考虑多种技术的优化组合的效果，充分发挥各种多媒体技术的最大效能，更好地为课堂教学服务。三要注意多媒体教学的反馈。即教师必须控制多媒体教学过程的各种因素，及时准确地接受学生的反馈信息，适时调整教学内容、方法和进度，优化教学任务，提高教学质量。

（二）建设利用区域经济学精品课程资源平台

加大力度建设区域经济学精品课程资源库，充分利用这一平台，将课程教学大纲与教案、经典案例、复习思考题、优秀课程论文、经典文献、代表性研究成果等优质教学资源提供给学生，积极推动学生自主学习。同时，搭建学生与教师课后交流的平台，促进课堂讲授与课外辅导的结合，更好地促进课程教学效果的提升。

（三）采用互动式教学模式，激发学生学习兴趣

互动教学的实质就是由传统单向被动的灌输型教学转变为师生间互动交流与研讨，从而引导学生运用课堂所授知识去解释现实经济问题和验证

---

① 刘涛：《人口资源与环境经济学课程教学方法探析》，《北方经济》2012年第2期。

理论模型的合理性。开展互动式教学，不仅可以督促学生积极主动学习，学会从多角度看待问题的辩证思维，培育批判、研究、质疑的能力，而且也可以检测学生对知识点的理解和把握的程度，适时解决学生在学习中的疑问，启发学生的创新性思维。案例教学是互动式教学常用的模式。①

课堂教学中引入案例教学，要做到理论与实践紧密结合，讲授深入浅出，使学生容易理解。同时将区域经济发展的热点问题和课程教学实践紧密结合，逐步总结提炼能够反映内蒙古区域经济特色的教学案例，使学生对本地区域经济现状获得感性认识，激发学生学习和探究区域经济问题的兴趣。同时应注意结合当代大学生思想活跃、独立意识强、接收信息渠道多的特点，让学生参加形式多样的课堂教学活动。如笔者在给本校经济学院 2011 级农区班授课时，选取热点问题，由学生课下分小组收集资料，课上安排小组讨论，各小组选代表将讨论内容制作成幻灯片，向全班同学展示讲解；对于有争议的问题采用辩论、讨论方法，寻求结论和解决方案，取得了较好的教学效果。如果能进一步增加文献查阅、收集、整理，以及课程论文写作等实践性教学环节，会进一步促进课程教学理论与实践紧密互动结合，提高学生综合应用本门课程知识解决实践问题的能力。

三 完善教学考核方式，保障教学效果

教学考核应该包含教师教学和学生学习两个方面。在对学生学习的考核方法上，应建立综合运用理论、知识、技能为重点，以学习态度为辅助参考的综合成绩评价体系。具体形式可使用考勤、作业、讨论、口试、笔试等多种形式，其中笔试、口试主要考核学生对教学基本内容的掌握程度，讨论和作业主要考核学生的综合运用能力，记录提问、发言、出勤等情况主要考核学生的学习态度。另外，根据区域经济学的学科性质，考核方式中应特别加入社会实践的环节，通过组织学生参加各类技能竞赛、参加社会调查，培养学生利用所学理论知识解决实际问题的能力。在成绩分布上，应降低期末考试成绩比例（40% 为宜），提高理论应用能力和学习态度的考核的成绩比例（各占 30%）。

而在关于对教师教学的考核方法上，目前存在因学生成绩好坏由教师掌控而导致学生给教师教学打分无法真实评价的困境，所以急需重新设计。如能改为教师提交成绩之后，在下学期初再进行学生给任课老师打

---

① 唐礼智：《区域经济学教学模式的改革与创新》，《鸡西大学学报》2009 年第 2 期。

分，就能够相对避免这种囚徒困境的尴尬。同时既注意采用教师互评、教研室集体听课、督导组听课等传统评价方式，也可邀请其他院校同专业教师听课评价，或安排部分其他专业高年级学生代表参与考核。

总之，在对师生的考核过程中，要坚持公平的原则，注重营造公开、透明、民主的氛围，各方民主协商、共同参与，通过充分的交流与沟通，共同找出教学中存在的问题以及未来改进措施。

四 建立"教—学—研"一体化实践性教学模式

建立区域经济学"教—学—研"一体化实践性教学模式，围绕调动教师和学生两个主体，以"教—学—研"三个环节为基础，形成教学与研究相结合、教师与学生相结合、理论教学与实践相结合的"教—学—研"互动的教学模式。教师要热爱自己所教的课程，理论联系实际，充分发挥区域经济学研究区域问题的特有优势，研究本区域经济现实问题。通过引导学生参与形式多样的实践性教学活动和竞赛，使学生加深对社会的了解，学生的思维、语言表达及写作能力得到锻炼提高，自信心增强，变被动接受为主动探求，增加知识与提升能力结合，为未来的就业和发展积累竞争优势。

第十三章 《产业经济学》教学方法改革与探索

第一节 《产业经济学》国内外教育概况

在欧美国家，产业经济学又被称作"产业组织"理论（Industrial Organization，IO），是以企业之间的竞争与合作关系为核心，以结构（Structure）、行为（Conduct）、绩效（Performance）和产业组织政策为基本理论框架的学科体系。日本等国把产业结构、产业关联、产业布局和产业政策等内容也纳入了产业经济学的研究范围。但针对我国经济发展的实践来看，产业结构等理论确实在支持政府制定产业结构等政策中发挥了一定的作用，而我国目前多数高校在开设这门课程时都采用了较广的内容体系。

一 国外《产业经济学》的演进概况

（一）国外产业组织经济学的萌芽

产业组织（Industrial Organization），指同一产业内企业间的组织或者市场关系，包括交易关系、行为关系、资源占用关系和利益关系。这些企业生产的商品具有高度的替代关系。

最初从体系上对竞争机制进行阐述的是亚当·斯密《国富论》。他认为，"看不见的手"使人财物等资源从价格下跌的产业转移到价格上涨的产业，实现资源最优配置和经济福利的最大化。政府不应过多地干预市场，要维护正常的竞争秩序。马歇尔在《经济学原理》中论述了收益递增即规模经济问题——"马歇尔冲突"——大规模生产能为企业带来规模经济，使产品单位成本下降、市场占有率提高，垄断增强，而垄断又必然阻碍竞争机制的作用，使经济丧失活力，从而扼杀自由竞争。1933年，美国张伯伦的《垄断竞争理论》和英国罗宾逊夫人的《不完全竞争经济学》，都否定了传统的垄断竞争理论①。马歇尔、张伯伦、罗宾逊夫人被称为产业组织理论的鼻祖。

（二）国外产业组织理论的形成与发展

1. SCP范式（"结构—行为—绩效"）

对于规模经济与竞争效率的问题，1940年克拉克提出"有效竞争"的概念，指既有利于维护竞争又有利于发挥规模经济作用的竞争格局。"有效竞争"理论对产业组织理论的发展和体系的建立产生了重大影响。但是，克拉克在理论上没有解决有效竞争的评估标准和实现条件问题。以梅森（Mason）和贝恩（Bain）为代表的哈佛学派认为：市场结构决定企业在市场中的行为，而企业行为又决定市场运行的经济绩效②。为了获得理想的市场绩效，最重要的是要通过公共政策（产业组织政策）来调整和直接改善不合理的市场结构。

2. 产业组织理论的芝加哥学派

20世纪70年代以后，芝加哥大学的产业组织学者向传统的SCP范式提出了挑战。以施蒂格勒（George J. Stigler）为代表的芝加哥学派认为，结构、行为、绩效三者不只是简单的单向因果关系，三者之间还存在双向互动，即使市场中存在着某些垄断势力或不完全竞争，只要不存在政府的进入规制，长期的竞争均衡状态在现实中也是能够成立的。他们注重判断集中及定价结果是否提高了效率，而不是像结构主义者那样只看是否损害了竞争。他们对政府在众多领域的市场干预政策的必要性持怀疑态度，认为应尽可能减少政府对产业活动的介入，以扩大企业和私人自由的经济活动范围③。反对政府以各种形式对市场结构的干预。

3. 可竞争市场理论

1982年鲍莫尔（W. J. Baumol）、帕恩查（J. C. Panzar）和韦利格（R. D. Willing）等的《可竞争市场与产业结构理论》一书出版，标志着该理论的形成。该理论认为，良好的生产效率和技术效率等市场绩效，在传统哈佛学派的理想的市场结构以外仍然是可以实现的，而无需众多竞争企业的存在。他们以完全可竞争市场及沉没成本（Sunk cost）等概念的分析为中心，来推导可持续的有效率的产业组织的基本态势及其内生的形成

---

① 邹小平：《国外产业组织理论的流派及最新动态》，《外国经济与管理》1990年第10期。
② 苏东水：《产业经济学》（第3版），高等教育出版社2010年版。
③ 牛丽贤、张寿庭：《产业组织理论研究综述》，《技术经济与管理研究》2010年第6期。

过程①。潜在竞争压力的存在迫使现存企业无论处在何种市场结构形态中都只能遵循可维持定价原则。自由放任政策比通常的政府规制政策更为有效。确保潜在竞争压力存在的关键是要尽可能地降低沉没成本。

4. 新奥地利学派

在门格尔（Carl Menger）、庞巴维克（Eugen Von Bohnbawark）等奥地利经济学派的传统思想和方法之上，新奥地利学派注重个体行为的逻辑分析，在理解市场时着重过程分析，其研究目标是从个人效用和行为到价格的非线性因果传递②。该学派认为经济生活的手段和目的之间的关系要受有创造性的人的行为的制约，这种有创造性的作用定义为创造精神。市场竞争源于企业家的创新精神，只要确保自由的进入机会，就能形成充分的竞争压力，唯一能真正成为进入壁垒的就是政府的进入规制政策和行政垄断③。该学派对大规模的企业组织持宽容的态度，认为市场竞争过程本来就是淘汰低效率企业的过程。

5. 新产业组织理论

20世纪70年代后，让·梯若尔（Jean Tirole）、戴维·M. 克雷普斯（David M. Kreps）等经济学家将博弈论引入产业组织理论，相关研究形成"新产业组织理论"。该理论强调用博弈论的方法研究企业之间的策略互动④。博弈论方法是20世纪70年代以后产业经济学的重要研究方法，博弈论及机制设计、不完全合同理论的应用也使得产业组织经济学的理论基础大大加强⑤。经典教材是法国学者泰勒尔的《产业组织理论》。

6. 新制度经济学派

罗纳德·科斯（Ronald Coase）、诺斯（North）、威廉姆斯（Williams）等经济学家侧重从制度角度研究产业组织问题。试图从企业内部的产权结构、组织结构的变化来分析企业行为，以及它们对市场绩效的影响。新制度经济学试图打开企业内部的"黑箱"，为产业组织研究提供了

---

① 卫志民：《20世纪产业组织理论的演进与最新前沿》，《国外社会科学》2002年第5期。
② 董艳华、荣朝和：《产业组织理论的主要流派与近期进展》，《北方交通大学学报（社会科学版）》2003年第12期。
③ 苏东水：《产业经济学》（第3版），高等教育出版社2010年版。
④ 余东华：《新产业组织理论及其新发展》，《中央财经大学学报》2004年第2期。
⑤ 李永刚：《基于进化博弈分析的跨国国际战略联盟构建研究》，天津大学，2006年。

全新的"视角"。①

经过几十年甚至上百年的发展,"西方产业组织理论已经形成了对象明确、成果丰富、体系完整、逻辑自治的学科体系,成为国际公认的一门经济学课程,在整个学科体系中具有不可替代的重要地位"②。

二 国内《产业经济学》的发展历程

产业经济学属于应用经济学。产业经济学的课程设置和理论研究在我国的起步较晚,但是其在经济活动中的应用范围越来越大,效果也非常明显。中国学者在系统学习了苏联的政治经济学、西方经济学和产业组织理论之后,经过多年的"引进、消化、吸收",产生了不少有学术价值和应用价值的成果,这些研究又进一步推动中国产业实践发展。

中国的经济学学科理论体系是20世纪50年代从苏联引进的。那时候的产业概念主要指计划经济中的行业、部门,相应的学科专业也设置了农业经济学、工业经济学、商业经济学等门类③。没有明确的"产业经济学"名称。此时有关产业的概念仅仅停留在"产业结构"层面,国家根据经济发展和国际形势的需要,对国内资源进行统一计划和配置,国内的经济运行基本按照事先制定好的"投入——产出"模型的形式运作。

（一）20世纪80年代：引进与探索阶段

最早介绍到中国的产业经济学著作是美国学者谢佩德的《市场势力与经济福利导论》（易家祥译），出版时间为1980年④。

1985年,中国人民大学经济学教授杨治编著的《产业经济学导论》⑤是国内第一本产业经济学教材,在国内引起较大影响。其后,国内出版的产业经济学教材的基本框架大多与此书相近。该著作在写作体例上与当时的西方产业经济学教材有一定的差别。从其理论观点和相关数据来看,受日本产业组织理论的影响,该教材将产业结构、产业发展、产业关联、产业布局及产业政策等方面都纳入产业经济学的研究领域。

1988年,由中国人民大学出版社出版,卢东斌翻译日本学者植草益

---

① 李丹、吴祖宏:《产业组织理论渊源、主要流派及新发展》,《河北经贸大学学报》2005年第5期。
② 钱炳:《〈产业经济学〉中、外课程教学的比较研究》,《学理论》2014年第24期。
③ 戚聿东:《中国产业经济学30年:回顾与展望》,《改革开放与理论创新——第二届北京中青年社科理论人才"百人工程"学者论坛文集》,2008年。
④ 袁媛:《转轨时期我国产业组织的目标模式及其实现》,郑州大学,2004年。
⑤ 杨治:《产业经济学导论》,中国人民大学出版社1985年版。

的《产业组织理论》[①]是第一部系统介绍国外产业组织理论的译著,行文简练,结构框架完整。此后,国内又陆续出版了在当时西方比较有影响的产业组织著作,如克拉克森和米勒的《产业组织:理论、证据和公共政策》[②]、施蒂格勒的《产业组织与政府管制》[③]、丹尼斯·卡尔顿和杰弗里·佩罗夫合著的《现代产业组织》[④]等,上述著作的翻译出版,对中国产业组织理论研究起到了推动作用。

20世纪80年代末,中国的产业经济学处于熟悉和探索阶段。但是一些研究成果已经开始呈现,如周淑莲等主编的《产业政策问题探索》[⑤]、杨沐所著的《产业政策研究》[⑥]、王慧炯和李泊溪等主编的《中国部门产业政策研究》[⑦]等。

与此同时,相关的研究机构对产业经济学理论的应用研究步伐也在加快。清华大学经济学院与世界银行经济发展学院联合举办经济管理讲习班,编印了《产业组织经济学》,对西方产业组织理论进行比较系统的介绍[⑧]。

(二) 20世纪90年代:应用与发展阶段

改革开放以后,由于计划体制的"惯性",某些企业存在规模和运行模式制约或阻碍了市场的公平竞争。同时,由于能源、环境和就业等因素的影响,我国的经济发展逐渐由数量增加转向质量和效率提升,这就要求在保持投入的同时调整产业结构,强化产业组织,转变增长方式。在这种背景下,中国的学者一方面加强对中观经济的研究[⑨];另一方面,通过加强对外交流,开始逐步尝试运用欧美已经较为成熟的产业组织理论和研究范式对中国的产业组织问题进行研究。

我国商品经济和市场经济发展对产业组织和经济转型提出了新要求,

---

① [日] 植草益:《产业组织理论》,卢东斌译,中国人民大学出版社1988年版。
② [美] 克拉克森,米勒:《产业组织:理论、证据和公共政策》,杨龙,罗靖译,上海三联书店1989年版。
③ [美] 施蒂格勒:《产业组织与政府管制》,潘振民译,上海三联书店1989年版。
④ [美] 丹尼斯·卡尔顿,杰弗里·佩罗夫:《现代产业组织》,黄亚钧等译,上海三联书店1998年版。
⑤ 周淑莲:《产业政策问题探索》,经济管理出版社1987年版。
⑥ 杨沐:《产业政策研究》,上海三联书店1989年版。
⑦ 王慧炯、李泊溪:《中国部门产业政策研究》,中国财政经济出版社1989年版。
⑧ 袁媛:《转轨时期我国产业组织的目标模式及其实现》,论文,郑州大学,2004年。
⑨ 王慎之:《中观经济学》,上海人民出版社1988年版。

也为产业组织和产业经济学的深化研究提供了丰富的素材。国内许多学者在此领域进行了不懈探索。其中,比较有代表性的是王慧炯与陈晓洪主编的《产业组织及有效竞争——中国产业组织的初步研究》①。1991年,马建堂出版《结构与行为——中国产业组织研究》②一书,对中国的市场结构、行业集中度、利润率等做了实证研究,而且计算了中国39个主要工业行业前4位和前8位企业的集中度和集中度系数,得出行业集中度和利润率的关系。1994年,夏大慰编著的《产业经济学》③,将体制因素包括在产业组织的研究框架内,试图建立一个新的分析范式,形成中国产业主治理论研究的一大特色。在90年代后期,伴随着自然垄断行业的改革过程,如电信、电力和银行业引入竞争机制,对这些行业放松管制与规制的研究也取得了较多成果④。

1996年国务院学位委员会正式将产业经济学列为应用经济学中的二级学科以后,产业经济学才引起了教育界广泛的重视。目前,国内高等院校的经济学专业基本都开设了《产业经济学》这门课程。

(三) 21世纪以来:研究视角多样化

进入21世纪,中国产业经济学的研究更多地集中在特定的产业形态和新兴产业的发展上,前者如产业集群与产业升级、全球化视角下的产业链以及产业模块化等问题,后者包括文化创意产业、航天产业等新兴产业。

经过30多年的发展,中国产业经济学的理论研究和应用研究出现多样化的趋势:在研究框架上,既有在正统的SCP分析框架内展开分析的论著,也有在新制度选择理论框架内进行分析的成果;在研究方法上,规范分析减少,实证和案例分析增加;在分析的广度上,综合性分析、行业分析和专题研究百花齐放。

在教材出版方面,体现区域特色的明显增加。如魏农建、谷永芬编写的《产业经济学》是在经济全球化的背景下,适应上海作为中国最重要的经济、贸易、金融和航运中心面临的产业结构调整和城市功能转型而作

---

① 王慧炯、陈晓洪:《产业组织及有效竞争——中国产业组织的初步研究》,中国经济出版社1990年版。
② 马建堂:《结构与行为——中国产业组织研究》,中国人民大学出版社1991年版。
③ 夏大慰:《产业经济学》,复旦大学出版社1994年版。
④ 迟福林:《走入21世纪的中国基础领域改革》,中国经济出版社2000年版。

的，在体系上增加了"产业竞争和国家竞争力"、"国际贸易与产业链构建"以及"技术创新与产业发展"等内容①。

总之，21世纪以来，我国基本完成了中国对产业经济学的引进、消化、发展和创新过程。

第二节 课程体系改革与教学方法研究述评

一 课程体系改革研究

(一) 我国产业经济学课程体系现状

在欧美等国家，产业经济学主要指产业组织理论。中国的经济学者真正展开产业组织理论研究是20世纪80年代之后的事。我国的产业经济学受苏联和日本等国家的影响较深，加上我国长期实行计划经济，强调中央计划对经济的干预。

在我国，研究内容涉及产业内部各企业之间相互作用关系的规律、产业自身发展规律、产业与产业之间互动联系的规律以及产业在空间区域中的分布规律等的学科被称为产业经济学（Industrial Economics）。该体系不仅涵盖了产业组织理论，还包括产业结构、产业关联、产业布局、产业发展和产业政策等内容②，下图反映了当前比较有代表性的产业经济学内容体系安排。

(二) 对当前课程体系问题的两类观点

针对我国的产业经济学课程体系中存在的问题，当前有两种提法。第一种观点认为，我国的产业经济学学科体系深受苏联影响。在计划经济条件下，产业的设置和行业发展成为产业研究的重点。在我国的产业经济学教学研究中，内容过于庞杂，造成了研究范围的模糊和不确定。

第二种观点认为，我国的产业经济学课程内容多引自西方教科书，部分内容与我国经济社会发展实际相脱节。例如，西方的产业组织理论模型以完全信息为假设前提，引入博弈论使不完全信息模型也存在均衡解。由

---

① 魏农建、谷永芬：《产业经济学》，上海大学出版社2008年版。
② 钱炳：《〈产业经济学〉中、外课程教学的比较研究》，《学理论》2014年第24期。

苏东水版的产业经济学体系

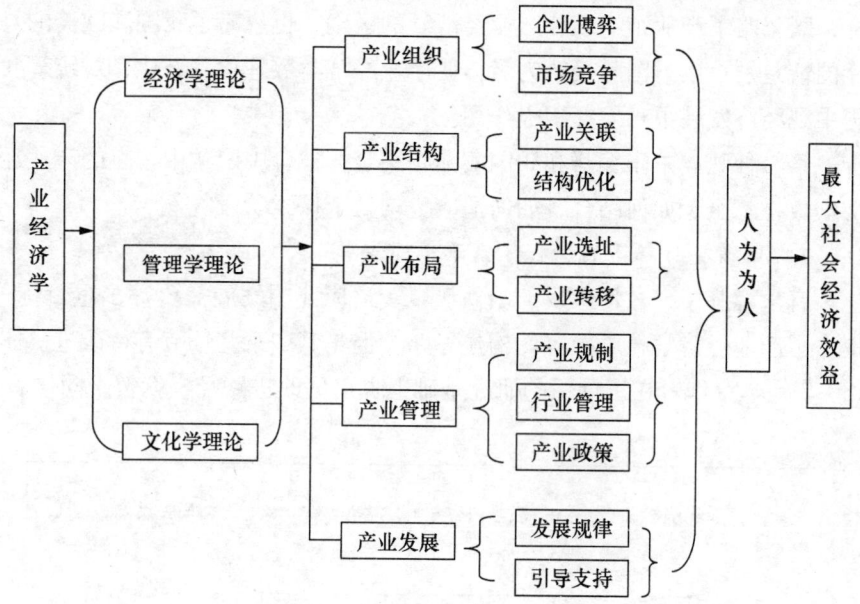

图 13-1 当前我国典型的产业经济学课程体系
资料来源：根据苏东水主编《产业经济学》教材绘制。

于市场经济发展历史较长，市场交易法律体系相对完备，在发达国家，生产者和消费者的信息不对称情况并不严重，这些模型对其企业行为有一定的解释力。但在我国国内，由于市场经济体制建立的时间并不长，相关法律体系有待完善，生产者和消费者存在严重的信息不对称，国内企业和国外企业的策略性行为有较大差异。运用西方的产业组织模型分析我国的企业行为，解释力不强。中国学生在学习了这些内容以后，仍然不能对身边的企业行为做出正确解释，失去学习兴趣，素质技能提高缓慢。

（三）课程体系改革的两类建议

针对我国产业经济学教材体系与西方产业组织经济学不一致，与我国经济社会发展实际不相适应的问题，基本有两种政策主张。

一种观点主张以"产业组织学"取代"产业经济学"，建议将企业组织和市场机制作为核心内容，"将产业关联、产业布局、产业发展与产业优化等理论放到区域经济学或发展经济学的内容中进行教学，如有必要，也可将其单独作为教学内容另开课程①。这种观点，实际上是以欧美为标杆，既忽略了产业组织学和产业经济学的区别，也忽略了我国和欧美的具体国情差别；以与国际接轨为名，使产业经济学数理化、玄化，对统筹我国中观经济发展很难发挥积极作用。

第二种观点主张编写和我国实际相结合，适合中国学生特点的产业经济学教材。至于如何结合，如何适应，均处于探索阶段。

（四）多重目标下的课程体系改革建议

有学者基于人才培养及与国外接轨、适应我国发展需要等多重目标②提出了产业经济学核心内容的构建思路，但是其中某些环节有待改进。图13-2是本章作者在王艳荣的研究基础上提出的改进路径，就教于同仁。

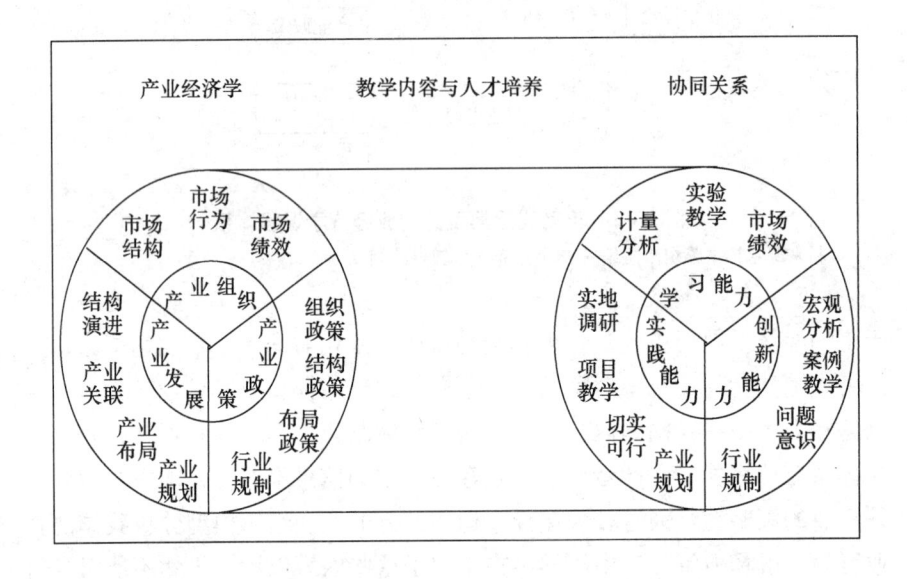

图13-2 产业经济学课程体系与教学目标、路径协同示意图

资料来源：本章作者综合有关研究③及个人思考整理而得。

通过产业经济学教学，既要构建科学的理论体系，解释和解决我国经

---

① 钱炳：《〈产业经济学〉中、外课程教学的比较研究》，《学理论》2014年第24期。
② 王艳荣：《基于人才培养的产业经济学教学方法设计》，《当代教育理论与实践》2013年第5期。
③ 王艳荣：《基于人才培养的产业经济学教学方法设计》，《当代教育理论与实践》2013年第4期。

济发展中的一系列产业难题；还要提升学生的学习能力、实践能力和创新能力。基于以上目标，与我国经济社会发展实践及学生能力培养相适应的产业经济学课程体系，可以分为三部分：一是产业组织理论，以西方产业理论为基础，通过 SCP 等范式研究我国市场经济中典型产业的组织绩效问题；二是产业发展问题，包括产业结构、产业关联、产业布局及产业规划；三是基于经济管理视角的产业政策，包括产业组织政策、产业结构政策、产业布局政策和行业规制。该体系在以往产业经济学教材基础上，增加产业规划的内容，强调加强对行业规制的研究。产业规划在我国园区发展实践中广泛发挥作用，但被产业经济学学科研究忽略，现实中此类人才紧缺。行业规制是市场经济发展的需要，能有效弥补宏观经济管理及法制调控的不足，但在我国发展并不规范，应加强相关研究。

二 教学方法优化研究述评

（一）对教学效果的影响因素研究

影响产业经济学教学效果的因素有很多。侯茂章、朱玉林等运用模糊层次分析法，从教师、学生和其他等三个方面进行深入分析后发现，教学方法创新、教师个人魅力、班风、备课、案例教学与联系实际等是主要因素[①]。

（二）多种教学方法的综合运用

王艳荣（2013）根据学习能力、实践能力、创新能力等人才培养目标，总结了安徽农业大学在产业经济学教学中通过案例教学法、实践教学法和实验教学法提升教学质量的主要做法和经验[②]。

申倩（2014）等提出从经济学方法论的角度探索提高教学效果的途径[③]。一要重视现代经济学基本分析框架在教学中的应用：通过界定经济环境、设定行为假设、给出制度安排、选择均衡结果、进行评估比较五个步骤，形成一个循环的过程；二要运用马克思的唯物辩证法分析产业结构问题；三要运用实证经济思想分析产业发展问题；四要运用计量经济学研

---

① 侯茂章、朱玉林：《产业经济学课程教学效果影响因素分析》，《当代教育论坛》2013 年第 3 期。

② 王艳荣：《基于人才培养的产业经济学教学方法设计》，《当代教育理论与实践》2013 年第 4 期。

③ 申倩：《经济学方法论在高校产业经济学教学中的应用》，《教育教学论坛》2014 年第 14 期。

究市场绩效等问题。

随着科学技术的发展及其在教育领域的普及，为了克服传统"说教型"课堂的枯燥和被动局面，张彤彤（2011）倡导将博客运用于产业经济学教学[①]，一是便于学生表达个性化的想法、展示教学成果、激励每个交流者的参与和共享；二是通过大量的链接了解更多的理论、更前沿的研究成果；三是能为师生搭建起与外界交流的平台；四是提供温故而知新及教学反思的载体。

针对实践运用的综合性，黎兴强（2009）提出通过"课程整合·分工·评价式教学方法"探究将理论知识和城市规划实际运用相结合的路径[②]。

三 实践教学的组织方式问题

（一）学生实践能力现状

我国高校的产业经济学课程还停留在讲授的层次上，缺乏辅助教学手段和实验或实践环节。绝大多数学生不了解企业以及产业运行，无法理解产业理论或模型，运用理论分析实际问题的能力更弱，最终影响教学效果。

（二）改进实践教学的做法

为了提高学生的实践能力，有学者主张在教学中应多组织一些实际的案例，如中国三十年改革开放积累了大量的企业、兼并重组和分拆以及其他的案例[③]。

有的院校通过组织学生到产业园实习获得锻炼机会，如安徽农业大学组织经贸系学生到本校高新技术农业园、江淮汽车有限公司、徽商金属物流有限公司等教学实践基地参观和学习，了解不同产业的产业组织状况、产业布局原则及发展特点。

也有的院校通过建立产业经济学的模拟实验室为学生提供训练平台。如合肥工业大学自制相关软件，用于分析市场集中度、产业空间集中度、投入产出、地区产业结构、产业安全和产业竞争力等问题[④]。安徽农业大

---

① 张彤彤：《浅议教学博客在产业经济学教学中的作用》，《黑龙江经贸》2011年第1期。
② 黎兴强：《课程整合·分工·评价式教学方法的探究》，见韦明、胡国柳、陈立生《教育教学理论与方法探索》，西南财经大学出版社2009年版。
③ 赵红：《浅析产业经济学在高校中发展前景》，《科技向导》2013年第9期。
④ 娜仁：《自制产业经济学模拟实验软件》，《科技信息》2007年第27期。

学经济分析与预测实验室,编写了产业经济实验指导书,配备计量经济分析软件等,通过鼓励学生进实验室参加教师的科研项目,让学生的个性得到充分的拓展,促进创新精神的形成与创新能力的提高,取得了良好的教学效果。但是,对偏文科的学校来说,类似的实验室建设受到学校财力、物力、人力的约束,往往建设时间长,利用效率低。

第三节 项目教学法在《产业经济学》中的应用

一 专业转型背景下的教学目标改革

传统大学教育,重视知识传授,忽略能力培养,因此出现"大学毕业即失业"的现象。为了促进我国由"人口红利"大国向"人才红利"大国转型,提升大学毕业生的有效就业率,我国提出必须加快地方院校的专业转型,目的是培养更多的高级应用型人才。

产业经济学属于应用经济学一级学科。在我国地方经济转型发展、产业结构优化升级的关键时期,中观层次的产业规划和产业管理变得尤为重要,产业经济学为地方经济发展服务的功能凸显。各类工业园区在设立、升级为盟市级园区、自治区级园区及国家重点园区的过程中,均需要提交园区产业规划。据不完全统计,内蒙古每个旗县有 1—3 个园区。这些园区的发展需要顶层设计,因此需要专业人士完成大量的园区产业发展规划。粗略估计,每年合同额度累计超过 3000 万元。但是,区内高校、科研院所目前能承担该类规划的人才较少,以致各园区不得不聘请省外专家完成相关项目。

为了提升服务地方经济的水平,地方高校产业经济学课程的教学目标应由知识传授逐步转向能力培养,通过改革教学方法、优化教学过程,改变被动教学现状,逐步培养掌握科学分析方法、具有主动探索精神和动手实践能力的专门人才。

二 典型的课程训练方式比较

目前,我国大多数高校的产业经济学课程教学以"讲授"为主,缺乏辅助教学手段和创新实践训练环节。目前,在产业经济学课程教学过程中,可能采用的方式有以下五种(见表 13-1)。

表 13-1　　我国"产业经济学"课程典型训练方式比较

训练方式	实施方式	训练目的	执行情况	主要特点
识记练习	在每章课后列名词、问答等练习题；课前复习提问。	明确本章重点、难点、记忆点。	部分教师有复习提问，作业批改和反馈。	指导复习；死记硬背；可能导致抄作业等投机行为。
案例分析	根据教材里的案例或实地调研的材料进行案例分析。	拓展视野，提高分析能力。	仅部分教师对相关案例做分析引导；实地调研的寥寥无几。	给定材料的局限性较大；教师相关检查不到位。
拓展阅读	教材中插入专栏；每章后列参考文献。	扩大知识面，拓展研究深度。	教师无硬性要求，学生几乎不阅读参考文献。	缺乏针对性和目的性，效果差。
计算练习	针对课程内容的公式、计算方法做相似练习题。	掌握公式及应用方法。	少部分教师单独提供计算题训练。	相关习题较少，应用能力提升有限。
项目练习	以完成某一项目为考核依据，对该项目的引导贯穿教学全过程。	训练学生自主搜集信息、应用基本公式原理分析实际问题。	已有教材及论文资料均未显示有教师采用过此方法。	资料获取范围广、及时利用公式分析问题、使学生主动阅读参考资料。

资料来源：笔者根据教学实践和教材检索而得。

从上表的分析可知，我国产业经济学的教学基本以课堂说教为主，课后训练仅限于做作业、背笔记，计算练习较少，案例分析督促检查不到位，教学效果差。最终形成"课上抄笔记—考前背笔记—考完全忘记"的恶性循环，这种情况从学生的毕业论文写作可见一斑。很多经济学本科生的毕业论文都没有系统的论证体系，几乎不涉及一个公式的运用、一组数据的计算，现状分析无指标，问题分析无对比，对策建议缺乏操作性。

项目练习的目的是满足产业发展和园区建设需要，现状分析、问题探究及对策解决都以"实践"作为检验真理的标准。项目练习的素材来源于现实，克服假设条件脱离实际的不足，克服抽象学习的缺陷。项目练习以未来工作角色作为项目选择的依据，通过"教学—资料搜集—训练—评价—修改"等环节，使学生掌握一种技能或分析框架，为毕业论文创作、参加公务员考试及从事有关项目研究奠定基础，能有效地提高学习积极性和教学效果。

三 项目教学法在产业经济学中的运用

(一) 项目教学法研究进展与述评

项目教学法是职业院校的主要教学方法之一,相关研究自 2003 年以来较多。项目教学法在大学的运用主要体现在大学英语教学上,以"项目教学法"并且"大学"为"篇名"在中国学术期刊网络出版总库可以检索到有关文章 34 篇,其中以"大学英语"为研究对象的有 30 篇,大学语文 2 篇,艺术设计 2 篇。截至目前,将该方法运用于产业经济学的相关研究较少,本书结合作者的产业规划实践和教学实践,对此略作探索。

表 13-2　　以项目教学法为核心的学术期刊论文检索统计　　单位:篇

检索条件	检索词为"项目教学法"的检索结果	检索词为"项目教学法"并且"职"的检索结果	检索词为"项目教学法"并且"大学"的检索结果
主题	7119	802	136
篇名	4599	360	34
全文	27051	7499	14061

资料来源:笔者根据表中所列检索条件对中国知网的检索结果

(二) 项目教学法在产业经济学中的运用

在产业经济学中运用"项目教学法",要求教师在学期初向学生布置结合自身特点的训练项目,并指导资料获取路径;在教学过程中,督促学生查找有关数据,运用基本公式计算数据之间的关系,结合基本理论及课外阅读,分析有关结论并提出对策建议。各章的分析结果,能为毕业论文写作奠定基础。

项目 1:某省区某产业发展研究

此训练项目涉及产业经济学的各知识模块。通过产业组织理论的学习,要求学生搜集该区域内(及全国)该行业前 4 位或前 8 位大企业的产值、销售额、从业人数等数据,通过计算行业集中度,判断该产业市场结构,分析主要企业的价格、广告等市场行为,通过与国内外同行业先进地区的比较,判断该地区该行业的主要问题,为提出产业组织政策奠定基础。通过产业结构模块的学习,计算该行业的产业关联度、判断其产业成长阶段,发现制约该产业发展的瓶颈,为提出产业组织结构策奠定基础。通过产业布局模块的学习,判断该产业的主要企业布局是否合理,如何促进其向集群化方向发展。通过产业政策的学习,结合之前各部分的分析结果,从行业规制和产业管理等方面提出对策和建议。

项目 2:某工业园区产业发展规划

通过实地调研,对该园区的发展基础和环境做 SWOT 分析。基于资源基础、产业成长环境等,以主导产业选择理论、产业关联理论、产业发展理论为指导,确定适合该园区发展重点的产业,并对重点产业的市场前景、产业链、产业布局、产业项目作出具体分析。最后,依据产业管理理论,提出保障园区发展的建议。

四 优化项目教学法的路径选择

(一)科学安排训练项目

训练项目安排得是否科学是项目教学法成败的前提。从训练内容来说,该项目应涵盖产业经济学的主要知识点,不能太窄。从训练时间来看,该项目应贯穿学习全过程,不能虎头蛇尾。从训练难度来看,该项目应是本科生通过理论学习和数据分析能把握得了的。从训练布置来看,应在讲完导论之后,进入第一个大模块讲解之前布置项目任务。从训练形式来看,结合学生写作基础,可以给出格式模板和主要框架,由学生结合具体的区域和产业,完成训练内容。

(二)指导资料查找途径

能否获得相应资料是进行产业分析的基础。对研究对象的认识涉及表象和本质、数量和质量、优势和挑战等多个方面。为了尽可能获得关于研究对象的全面认识,教师应对资料查找途径进行科学指导:一是建议学生选择较熟悉的产业进行观察和分析;二是建议学生对相关产业和重点园区做实地调研;三是为学生提供查找、下载有关统计数据的平台,如中国经济信息网、上市公司统计年报、《中国统计年鉴》、《各省市区统计年鉴》、各盟市统计年鉴、《中国金融年鉴》、《中国高技术产业统计年鉴》,等等。

(三)重视项目指导与交流

项目训练的关键在于及时。为了做到交流及时、信息准确,建议将博客①、微信等新媒体运用于项目训练指导,其优点有四:一是便于学生表达个性化的想法、展示项目成果、激励每个交流者的参与和共享;二是通过大量的链接了解更多的理论、更前沿的研究成果;三是为师生搭建起与外界交流的平台;四是提供温故而知新及教学反思的载体。

---

① 张彤彤:《浅议教学博客在产业经济学教学中的作用》,《黑龙江经贸》2011 年第 1 期。

（四）完善过程评价机制

教师可以将训练项目和课程进度有机结合，依据模块进行进度检查。每讲完一个模块一周以后，就对相应训练结果进行抽查，发现普遍存在的问题，集中讲解完善方法。此抽查必须当场评分，并公开计入平时成绩，起到奖勤罚懒的作用，督促学生及时修改，认真对待下一个训练模块。

（五）展评优秀项目作品

当所有知识模块都讲完以后，督促学生根据之前各模块的分析，提出对策，提升结论。并以产业或地区分组，在小组内讲解的基础上，选出优秀代表，在班内展示，并根据展示结果给出分数。对比较优秀的作品，提出修改意见，鼓励学生将优秀的作品向经济类学术期刊投稿，并为学生提供投稿指导。

总之，在产业经济学中运用项目教学法，不受教学软硬环境的制约，训练方式简单易行，训练内容覆盖全课，训练内容因人而异，能有效发挥及时复习、系统训练、过程评价和能力提升的作用。

第十四章 《劳动经济学》教学方法改革与探索

第一节 《劳动经济学》课程教育发展史

一 课程设置历程

（一）古代思想家的劳动经济思想

古代思想家早就研究了许多经济问题与劳动问题，并提出了许多至今仍有影响力的劳动经济思想。经济史学家认为重商主义是经济学的开端或早期阶段。重商主义的思想家们在对流通领域的偏爱和国家干预、国家权力的兴趣的主旨之下，有与其相适应的劳动经济思想，主要包括四点：一是贵金属是一国财富的主要形态，但国家的富庶也是财富的主要内容。国家的富庶来自于天然的和劳动创造的两方面。二是立法保护本国的熟练技工，培训本国居民中的熟练技工可以增加国家的财富。吸引外国技工也可以增加国家的财富。三是高报酬刺激劳动的发展，增加国家财富。低利率会促进技工勤劳及技术熟练程度的提高。四是物价上涨对固定收入者的危害最大[1][2]。

（二）早期对劳动和工资问题的研究

劳动经济学是从经济学中分化出来的，是经济学的一个分支，其萌芽和产生与经济学的发展有着密切的关系。17世纪中叶至19世纪70年代，以英国亚当·斯密和李嘉图为代表的古典经济学派对劳动与工资问题作过深入的论述。亚当·斯密是古典经济学的奠基者，他的主要著作《国民

---

[1] 袁伦渠、林原：《劳动经济学的形成与发展》，《中国流通经济》2011年第6期。
[2] 袁伦渠：《劳动经济学》（第二版），东北财经大学出版社2007年版。

财富的性质与原因的研究》（以下简称《国富论》）出版于1776年。该书的出版标志着经济学的诞生。《国富论》所研究的中心是国民财富的性质及增长途径。围绕这一中心，亚当·斯密研究了劳动是价值的源泉和商品价值的尺度；分配论以价值论为基础；社会财富增长依赖于资本积累；劳动分工产生的劳动生产力的提高等经济学的基本原理，并相应地界定了经济学的基本范畴。

亚当·斯密的上述研究一般属于经济学基础理论范畴，但同时也是系统地奠定了劳动经济学的基本理论框架。其主要方面为：①劳动分工对劳动生产力增长的分析；②工资性质的分析；③决定工资差别因素的分析；④劳动力供给与劳动力需求和工资率变动状况的分析；⑤高工资经济的原则分析；⑥关于经济运行的天赋自由权的分析；⑦关于自由企业的市场经济体制中政府职能的分析及结论，特别是政府为普通人民（工资劳动者）提供教育的便利，以克服分工带给劳动者的愚钝和无知的分析等等。

大卫·李嘉图《政治经济学及赋税原理》（1817）一书中的研究中心是分配理论，虽然是从经济学原理的角度研究工资的性质和工资决定问题，并且继承了前人的研究成果，但他与古典经济学的其他创立者不同，他把工资理论看作是整个分配理论的关键。他认为在商品的价值中，利润所占的份额首先决定于工资所占的份额，并且始终坚持工资由劳动（力）的再生产费用决定的观点，在此基础上阐述工资运动的规律。大卫·李嘉图的工资理论成为劳动经济学关于工资运动的规律以及劳动供给决定工资观点的直接基础。

（三）劳动经济学的产生

劳动经济学作为一门独立的学科产生于20世纪20年代。根据美国劳动经济学家麦克纳特的考证，劳动经济学是由美国制度学派的经济学家首先建立起来的，该学派学者认为各种制度（如家庭、公司、工会、同业工会、政府机关等）对经济发展起着重要作用，因此他们研究经济问题时，特别重视这些制度的结构和活动。在第一批以劳动经济学命名的著作中，最早的一本是1925年出版的素罗门·布拉姆的《劳动经济学》。同时，美国一些大学（如芝加哥大学、维斯康星大学等）先后在经济学系单独开设了劳动经济学课程，出现了一批专门研究劳动经济学问题的学者。从此，劳动经济学被承认为一门独立的经济学科。早期的劳动经济学强调制度的作用，主张工会与雇主通过谈判提高工资待遇，改善劳动条件。这使得劳动经济学这个学科的研究集中于工会运动,范围过于狭窄,理论性也很薄弱。

(四) 20世纪60年代以来劳动经济学的新发展

20世纪60年代以来,劳动经济学在西方发达国家得到了进一步的发展。以新古典经济学为代表的劳动经济学家,努力将劳动经济学与主流经济学即新古典经济学的研究方法相融合,更加注重经济学分析。

(五) 马克思主义劳动经济学的产生与发展

马克思和恩格斯批判地吸收了前人关于劳动经济论述的合理内涵,在《资本论》等相关著作中,对劳动经济问题作了精辟论述。如,关于价值、劳动二重性、剩余价值理论、生产价格理论以及利润、地租、工资理论和劳动与劳动力的科学区分等,这奠定了马克思主义劳动经济学的理论基础。俄国十月革命与第二次世界大战后,苏联在批判西方劳动经济学的基础上,建立了他们称之为马克思主义的劳动经济学,或称为社会主义劳动经济学。

(六) 劳动经济学在中国的产生与发展

建国前,我国学者就出版了劳动经济学的相关著作。20世纪30年代,商务出版社出版了著名社会学家陈达教授的著作《中国劳动问题》。1931年,黎明书店出版了朱通九教授的《劳动经济学》。1935年,陈振鹭先生在上海大学书店出版《劳动大纲》。在这个阶段,劳动经济学主要在社会学和经济学领域中讲授,没有成为一门独立的学科。

新中国成立后,劳动经济学成为了一门独立的学科和专业。但受到计划经济体制的束缚,我国的劳动经济学在相当长的一段时间里背离了主流劳动经济学的研究范式,其发展也陷于停滞不前的状态。20世纪50年代初,我国邀请苏联专家来华讲学,全面吸收了苏联劳动经济学理论,翻译出版了柯斯津和梁思尼科夫的《劳动经济学》和《劳动经济》。1981年,三联书店出版了袁伦渠等翻译的《劳动经济学》。这些著作成为了当时劳动经济学的教科书和劳动干部的参考书,它们与计划经济体制相适应,论证了劳动工资政策的合理性。

党的十一届三中全会后,随着改革开放的逐步深入和社会主义市场经济体制的逐步建立,我国经济学界对劳动经济理论的研究出现了重大的突破,主要体现在以下几个方面:①劳动力具有商品性质属性的理论。②劳动力产权归个人所有的理论。③企业用工主体理论。由国家用工主体转换为企业用工主体理论。④企业与劳动者双向选择的理论。⑤工会与集体谈判理论。⑥按劳分配与按生产要素分配理论。⑦劳动力市场理论。

二 教材内容更新

从1931年我国第一部劳动经济学教材出版至今经历了几十年，现在市场上畅销的教材较多。并且，也有一些国外教材在国内出版发行，影响力也较大。综观这些教材，从教材内容上、分析数据上、案例分析等方面，在不断更新，有些教材已经出版到了第十版。这些教材对理论联系实际、解释现代劳动经济问题具有重要的影响。

（一）初期教材内容

1931年10月上海黎明书局发行的朱通九的《劳动经济学》是我国第一部教材，其内容较多，分为20章。即：什么叫劳动经济、经济学的科学方法、劳动运动的背景、工业革命与劳动运动、基而特制度与工厂制度、资本主义、社会思潮与社会变迁、劳工与自由、阶级立法、最低工资立法、工会的技术、失业、劳动保险、劳工组织、劳动者的国际组织、国际劳工组织、劳资调协，科学管理法与生产合理化、工资原理和近代社会思潮等内容。

（二）现代教材内容

目前，在市场上销售的教材较多。其内容有所不同，但是大体上大同小异。但是每个教材所附录的案例等都不同。笔者针对影响力较强且销售量较高的教材的内容进行分析。

1. 杨河清主编的教材

2002年，杨河清主编的《劳动经济学（第1版）》出版，集中考察和阐述了劳动力的需求与供给、劳动力市场、劳动时间、工资理论、就业和失业、人力资本投资、劳动歧视、政府行为和劳动力市场、劳动关系等。本教材共设了12章内容，包括劳动力需求、劳动力供给、劳动力市场的均衡与内部劳动力市场、劳动时间、生命周期和劳动参与决策、劳动力市场中的工资生成理论、劳动力市场中的工资水平与工资差别、就业与失业、人力资本投资、劳动力市场中的歧视、政府行为与劳动力市场、劳动关系。2006年和2010年的第二版和第三版，分别对前一版的内容进行了更新。

2. 何承金主编的教材

2002年，何承金、唐志红等人编写的《劳动经济学（第一版）》由东北财经大学出版社出版。该教材分为 12 章：分别为劳动力需求、劳动力供给、劳动力市场的均衡与内部劳动力市场、劳动时间、生命周期与劳动参与决策、劳动力市场中的工资生成理论、劳动力市场中的工资水平与工资差别、就业与失业、人力资本投资、劳动力市场中的歧视、政府行为与劳动力市场、劳动关系。2005 年，何承金主编的《劳动经济学（第二版）》出版，与第一版的教材相比，增加了劳动力流动、劳动工资与福利、工会、劳动保障和劳动管理等内容。2010 年，对第二版的教材进行了更新和调整，出版发行了第三版《劳动经济学》。

3. 袁伦渠主编的教材

2002 年，袁伦渠主编的《劳动经济学》第一版出版发行，分为 12 章内容：导论、劳动力供给、劳动力供给的实证分析、劳动力需求、劳动力供给与劳动力需求的相互作用、人力资本、完全竞争市场条件下的工资水平与工资结构、非完全竞争市场结构对工资与就业的影响、就业与宏观经济变动、失业与通货膨胀、政府对劳动力市场的干预和调节、劳动关系等内容。2007 年和 2011 年分别出版《劳动经济学》第二版和第三版，对前一版本的教材内容进行了更新和调整。

4. 曾湘泉主编的教材

2008 年，曾湘泉主编的《劳动经济学（第一版）》由中国劳动社会保障出版社出版，分为 10 章内容。分别为导论（研究对象、研究方法、研究特点、与相关学科的关系）、劳动需求分析、劳动供给分析、家庭劳动供给理论、人力资本投资、劳动力流动、工资的确定及制度设计、劳动力市场歧视、收入分配的不平等、失业等。2010 年，出版了劳动经济学第二版，分为 9 章内容，对一些章节进行了调整和更新，并且增加了大量的案例。

三 教学方法演进

教学目的在于培养对社会有用的人才，随着经济社会的快速发展，社会所需的人才不断变化，对人才的要求不断提升。为了适应时代的要求，教学方法必须随之发生改变。因此，教学方法从传统教学法发展到了多种教学方法并存状态。

20 世纪 80 年代，刘道容（1987）认为我国教学方法的变革有以下四种趋势。

第一，从传统讲授的"一一对应性"走向现代教学的"结构迁移性"。传统教学方法把一切知识全部地、一次性地灌输给学生为主,因而教学采用的是教师的"讲授法"。而在当代,给学生传授学科的"基本结构"、"范式",使其具有更大的应变能力和适应能力,激励学生的自主学习。

第二,从传统的教师中心走向现代的学生主体性。重视学生主体性已成为世界性的教学方法改革趋势。教学中可以采取多种形式,其目的在于调动学生主体的积极性,集中体现在以下两个方面。其一,全面实行"愉快教学法",充分调动学生的学习热情。其二,注重课堂讨论和讲授的合理结合,更以讨论为主,以调动学生思维的主动性和积极性。

第三,从传统方法的贫困走向多方法的系统最优选择。传统教学法强迫灌输,死记硬背,学生自主学习性差。现代,综合多种教学方法的优点,不断完善教学方法。

第四,从传统的封闭型走向现代的开放型。当代经济社会的快速发展形势要求教育走向社会,入实践,教学方法必须适应时代的步伐。教学应该更加重视"实验法"、"参观法"、"现场指导法"等动手操作的方法。

21世纪的现在,教学方法在传统的教学方法的基础上,出现了"案例教学法"、"演示法"、"参与式教学法"、"实习法"、"启发法"等多种教学法。不管出现多少种教学法,其目的是让学生愉快地学习,灵活掌握知识,培养学生的应变能力,其最终目的在于培养对社会有用的人才。

第二节 传统教学法的内涵及其利弊

一 传统教学方法概述

教学法是教学过程中的重要组成部分之一,它是为完成教学任务、实施教师怎样教和学生怎样学以及师生相互作用所采取的方式、手段和途径。

传统教学法是指教师通过系统、细致的讲解,使学生掌握大量知识的教学方法,形式比较单一,一般都是老师站在讲台上讲,学生在下面被动地接受。传统教学法也常常被戏称为填鸭式教学。也有人称其为接受式学习。其特点是教师口授、板书,学生耳听、笔记。教师根据学生及时反馈的信息,了解学生对所学知识的理解程度,并据此调整教学策略以达到预期的教学目的。传统教学方法中有讲授法、谈话法、讨论法、实习作业法、练习法、实验法、参观法等方法。

随着科学技术的发展，教育水平的不断提高，教学法也有了很大的进步。现在人们崇尚现代教学法，甚至有人认为传统教学法一无是处。笔者认为传统教学法能沿用至今，肯定有其合理性。在这里主要是重新审视总结传统教学法的优缺点，以便在今后的教学活动中能避其短，扬其长，与现代教学法有效结合起来，形成属于自己的教学方法，达到预期的教学效果和教学目的，使得教学活动发挥其应有的教育作用。

二 传统教学法的优点

（一）发挥教师的主导作用

在传统的教学模式中，教师是教学活动的中心，是教学活动的主体，是知识的传授者，学生是知识的接受者，媒体是教的工具，教材是教的内容，学生的成绩是教师教学水平的反映，课堂作为教学的主要环境则是提供给教师表演的舞台。从教师的角度来看，首先他们自己大都是在传统的教学模式中获得知识，或者说是在传统的教育熏陶中成长的[①]。

（二）能传递大量信息

传统教学法能提高教学效率。要在短时间内将大量信息传递给学生时，讲授法是一种比较适合的教学方法。讲授法在导入新课题，给出背景知识，并激励学生独立学习等方面也比较有效。沿用讲授法进行讲授式学习省时、高效，并且保证知识的系统性和完整性，传统教学法的这些优点是其他教学法无法取代的[②]。

（三）降低教学成本

单个教师可以同时对多名学生进行教学和辅导，一个班级可以同时有几十名学生甚至更多，既提高了教学效率，也有效降低了教学成本和学习费用[③]。

（四）便于教学管理

传统教学中将学生固定编班按学习计划进行教学，学习目标明确，教

---

① 骆敏：《正视传统 放眼未来——浅析传统教学模式的利弊及影响》，百度文库。
② 中国教育资源服务平台新思考网，http://qhpx.cersp.com/article/browse/524613.jspx（2014年1月检索）。
③ 优点的第三和第四来源于中华文本库，http://www.chinadmd.com/file/ov6uazxpi6ee3z36crccoetx_3.html（2014年1月检索）。

学进度有序可控，有利于实行规范的教学管理，成规模地开展教学活动。

（五）利于师生交流

传统教学有利于提供良好的集体环境和学习氛围，增进学生间的交流、培养正常的人际交往，培养集体主义的精神，有助于培养正确的道德观、人生观、世界观[①]。

三 传统教学法的缺点

（一）教师的个体差异影响教学效果

教学质量跟授课教师的个人素质直接相关。首先，由于地域经济、生活习惯、教育水平以及其他一些师资条件方面的限制，很难在大面积范围都由优秀教师任教，从而使得不同班级、不同学校、不同地区之间的教学质量，从教师的因素上就形成了较大的差异。其次，教师的主体作用又因各地区、各学校、各教师之间的不同而存在着个体差异，这种个体差异会形成事业心、责任心及教学效果的不同。再次，许多教师以教材为中心，填鸭式地传授知识，为高考而教，为考试而教。最后，受传统教学模式的影响，许多教师的教学方法死板，教学手段单一[②]。

（二）对学生创造力、想象力开发不足

从学生的角度来讲，首先，学生逐渐失去学习的主动性。教师在课堂教学中占据主导地位，学生只是听众和配角。其次，学生的学习方法较古板。传统课堂教学往往只注重分数，采取填鸭式的教学方法，学生的主要任务是理解和记忆，这就容易导致学生失去学习兴趣、产生厌学情绪，不利于培养学生的创新精神，不利于提高学生的独立思考和实践能力，还可能造成学生的偏科。再次，学生只是死读书，读死书，为了考试而读书[③]。

（三）不利于因材施教

课堂教学的进度是统一的，教师无论采用何种教学模式，都难以顾及全体学生在知识程度、学习风格、性格能力等方面的差异，只能适应部分

---

① 周辉：《传统课堂教学与网络教学的比较研究》，《技术监督教育学刊》2005年第2期。
② 付江：《关于对外汉语教学网络课程系统结构设计的思考》，《文教资料》2011年第25期。
③ 《传统课堂教学与网络课堂教学比较——发挥传统教学模式优势提高网络课堂教学效果》，中华文本库，http：//www.chinadmd.com/file/ov6uazxpi6ee3z36crccoetx_1.html（2014年1月检索）。

学生的需要，不利于因材施教，不能单独对全班每一个学生进行辅导，阻碍学生的个性发展①。

（四）双基教学较弱

传统教学模式中，因忽略"双基"教学而导致最终失败的不乏其例。人们做过这样的比喻：知识是刀刃，能力是锋利，知识是能力的载体，能力是知识的应用。知识是核材料，能力是核反应，核材料只有聚集到临界值时才能发生核反应，知识只有当综合到一定的层次才能升华为能力。现代知识更新较快，课堂教学一味地按照教材死教，而教材本身更新也较慢，许多知识可能已经比较落后，不能适应社会发展的需要，跟不上时代先进的步伐，使得学生即使学会了也无法运用到实际生活和工作之中②。

（五）不重视非智力因素的培养

在应试教育体制下，传统教学法重视的是智力的培养，更具体地说是考试成绩的提高。其评价体系中成绩是重中之重，由此自然而然地在其教学活动中以提高成绩为主要目的。这样的教育往往忽视了学生的非智力因素的培养。教学永远具有教育性。这要求教学承担着文化知识传递、智能开发、能力培养等智力发展方面的义务，也承担着学生情感意志、习惯等非智力因素的培养责任。从系统论上看，非智力因素属学生学习的动力系统，是学习的动力或内趋力。20世纪一位日本学者曾对本国1200名成功人士做调查，发现85%的人的成功不是靠智商，而是靠情商，情商非智力水平。现代教育更应该重视学生非智力因素的培养。

现代教学法要求以教师的教为主导，以学生的学为主体，是以学生为中心的教学法。也有人称之为发现式学习法。也有人提出现代教学法应该既以学生为中心，也以教师为中心的"双心教学法"。现代教学法的名称虽有所不同，但其教学方式方法大同小异。加之，纵观其教学理念、教学目的都是为了培养适应现代社会所需人才。

我国各地区教育资源分配不均，教育水平参差不齐，教育基础差异较大。在这种情况下，完全照搬现代教学法的理论方法显然欠妥。反之，在科学技术日新月异的当下，仍延续从前的教学法更脱离实际，落伍于时代。为适应现代的要求，应该根据当地的教育资源情况，使传统与现代教

---

① 付江：《关于对外汉语教学网络课程系统结构设计的思考》，《文教资料》2011年第25期。
② 丁学东：《传统的教学模式告诉我们什么》，《语文教学通讯》2005年第2期。

学法有机结合起来，各取所长，避其所短，博采众长，兼收并蓄，探索实施以学生为中心又以教师为中心的兼容教学法，逐步将学生引向完全以学生为中心的教学模式。

第三节 参与式教学法在《劳动经济学》教学中的应用

一 参与式教学方法概述

（一）参与式教学法的内涵及形式

1. 参与式教学法的内涵

参与式教学法是20世纪50年代，一些英国社会学专家在第三世界国家进行国际援助性研究过程中，总结出来的一套社会学培训方法，特别强调受训者的主动参与，认为只有让当地人最大限度地参与到援助项目当中，才能使援助项目取得成功。由于可以充分调动学习者的积极性、培养学习者的创新精神，20世纪90年代以来，参与式教学法在西方高等教育机构逐渐普及。中国自20世纪末引入该教学法，首先在健康学、医学和MBA（工商管理硕士）等专业培训及学历教学中开展，取得了很好的教学效果①。

关于参与式教学法的内涵，有不同的观点和解释。主要观点如下：

陈华（2001）认为参与式教学法是一种合作式或协作式的教学法，这种方法以学习者为中心，充分应用、灵活多样、直观形象的教学手段，鼓励学习者积极参与教学过程，成为其中的积极分子，加强教学者与学习者之间以及学习者与学习者之间的信息交流和反馈，使学习者能深刻地领会、掌握和运用②。

陈时见、冉源懋（2012）总结了现存的八种不同的观点。其中观点三认为：参与式教学通过小组讨论合作、师生信息交流对话、评价反馈，以及灵活多样、形象直观的教学手段促进学生参与学习，并努力营造轻松愉快、民主和谐的课堂氛围，同时通过设计富有趣味、意义和挑战性的学

---

① 苏文平：《参与式教学法在本科教学中的实践创新》，《北京航空航天大学学报（社会科学版）》2009年第3期。
② 陈华：《参与式教学法的原理、形式与应用》，《中山大学学报论丛》2001年第6期。

习活动来激发学习者参与的热情，以便积极克服困难、解决问题①。

不同的学者，从不同的角度提出了不同的观点。但是，主要特点是一致的，即开放式的教学内容，灵活的教学手段，学习者的主动参与等方面是相同的。

2. 参与式教学法的形式

参与式教学的形式多种多样，包括分组讨论、头脑风暴、案例分析、角色扮演、模拟、填表、画图、访谈、观察辩论、排序以及根据学习内容设计的各种游戏、练习活动等②。

（二）参与式教学法的特征

一般认为参与式教学具有八大特征，即主体参与性、互动性、民主性、合作性、开放性、激励性、发展性和反思性③。

1. 主体参与性

参与式教学注重发挥学生的主体作用，通过活动让学生积极参加到教学中，转变了过去讲授式教学中学生被动接受知识的角色，学生成为学的主人。

2. 互动性

课堂上通过师生互动、生生互动，学生得到多方面的满足，教师的创造才能和主导作用得到充分发挥。参与式教学强调学生对活动的亲自性、卷入性，它是展示和发挥人的潜能的重要途径。

3. 民主性

民主性最直接地体现在课堂实施中，学生能够平等地参与，教师与学生之间的交流是平等的，教师要尊重学生的认识和感受。

4. 合作性

参与式教学提倡分组活动的形式，这种形式为师生、生生、组与组之间的合作提供了机会。智慧经验在合作中得到分享，学习在合作中得到成功。

5. 开放性

教室里，从课桌的摆放、墙壁的布置、教师的行为举止到活动的内容

---

① 陈时见、冉源懋编：《参与式教学》，高等教育出版社2012年版，第6-7页。
② 刘红霞：《〈劳动经济学〉课程参与式教学模式探索》，《合作经济与科技》2012年第7期上。
③ 陈时见、冉源懋编：《参与式教学》，高等教育出版社2012年版，第9页。

和方式都是开放的。开放的课堂，形式是活泼的，气氛是活跃的，学习内容是丰富的。参与式教学为每个学生提供了发现与创造的机会。

6. 激励性

参与式教学法注重发挥激励功能。这里没有失败，只有不断的探究。

7. 发展性

参与式教学过程期待每一个学生的发展，只要学生努力探究了、在他人的帮助下进步了、在学习中获得了自信的体验，他就获得了发展。发展只有快慢之分，没有高低之分。

8. 反思性

参与式教学的最高境界在于反思，在于顿悟，在于通过群体交流不断发现自身之外的知识来构建新的经验体系。

二 应用参与式教学法的程序与方法

劳动经济学是伴随着劳动市场的出现、发展而逐渐形成的一门经济学的分支，是一门应用性较强的学科。曾湘泉教授认为劳动经济学是对劳动力资源配置的市场经济活动过程中的劳动力需求和供给的行为，及其影响因素的分析和研究。不难看出，劳动经济学是离不开市场经济，离不开活生生的现实劳动力市场。但是，传统的教学方法是教师全堂讲，学生全堂听，教学气氛非常沉闷。而且，不添加现实化的问题的情况下，教学内容学生似懂非懂，学习积极性不高。为了调动学生的学习积极性，增强学生学习的主动性，必须对教学内容、教学手段和教学方法进行改革和创新。我们在教学过程中，在传统教学法的基础上，不断地探索新的教学方法。在实际的教学过程中采用参与式教学法较多，尝试通过学生的参与，帮助学生加深对相关问题的理解。

（一）设置问题

参与式教学法中设计问题的情况较多，比如章节介绍时的提问、小组讨论、讨论课、案例分析、回答问题等环节中总要设计诸多问题。那么，如何设计问题才能引起学生的学习积极性呢？设计问题时必须要做到设立现实问题，与时代关系密切的问题，与教学内容紧密联系的问题。这样的问题才能引起学生的兴趣爱好和学习的积极性，才会认真听课、认真思考、认真查阅相关资料来丰富自己的知识面和阅历。因此，在《劳动经济学》课程的教学中，结合劳动经济学的特点，特别注意从现实问题出发，选择一些与学生的学习和工作有着紧密联系的问题进行设置。例如，在讲述"人力资本"时，面对有些大学生后悔选择上大学的情况，我们设置的问题是"接受大学教育，教育投资有哪些？上大学是不是合算的？"在讲述失业理论时，面对大学生就业难的问题，设置了如下问题："为什么一部分人失业，而有些用人单位常年在招聘人员？"我们讲授内容之前，提前布置作业，让学生们查阅相关资料和论文，说明理由。如此一来，学生非常积极地参与到教学中，而且成为学习的主体。在针对这些问题进行讨论时，课堂气氛比较活跃，而且学生们听得非常认真，收到了很好的效果。

（二）小组讨论

开始讲授《劳动经济学》之前，让学生们自由组成小组，每组 4 到 5 个学生。具体的教学过程中，每章内容开始讲授之前都设置一个讨论的题目，每章结束后，选择两个小组向教师和全班学生阐明该小组的观点。两个小组具有不同观点时，可以进行辩论。讨论和辩论结束后让全班学生参与打分，评分结果当场公布。学年结束后，对每个小组的得分进行排序，获得前三名的小组给予奖励。

（三）案例教学

案例教学是参与式教学法的一种具体表现，通过案例教学可以把劳动经济学的基本理论讲得更直观，而且能理论联系实际。案例教学往往能引起学生的兴趣，学生的学习主动性能自然而然地提高。比如，进入新一章的内容之前，选择一个合适的，学生能感兴趣的案例，让学生课后查阅资料，认真准备后进行分析，在讲课的时候进行讨论和分析。这样能达到案例教学的效果。

（四）考核形式

传统的教学法中学生的最终考试成绩仅仅取决于卷面分数的高低，有很多弊端，如考试前死记硬背。为了克服这些弊端，我们在考核学生的成绩时，采用灵活的考核形式。学生的总成绩由两部分构成，即平时成绩和期末卷面测试成绩。平时成绩占总成绩的40%，主要包括回答问题、出勤、课堂讨论、小组讨论、课程作业等。其中，课堂讨论和小组讨论成绩取决于参与积极性、立论视角、看待问题的深度与广度。课堂作业要注重作业的完成程度和质量。期末卷面成绩占总成绩的60%，期末考试所涵盖的内容比较广，涉及基本概念、基本原理的掌握程度，又测试理论联系实际的功底。

综上所述，参与式教学法融汇了教与学的过程，可以提高学生的积极性，活跃课堂气氛，让学生不断思考不断整理所学的知识，可以大大提高学生的学习兴趣。当然，没有一个教学模式是完美无缺的，参与式教学方法同样存在一些问题。在具体的教学过程中，我们不断发现问题，然后解决问题，不断完善教学方法。

第十五章 《人口、资源与环境经济学》教学方法改革与探索

第一节 课程教育发展史

一 课程设置历程

20世纪是人类社会大发展的时代，然而发展的代价也是极为巨大的。自然资源过度开发，消耗殆尽，未经处理的各类污染物质大量排放，全球性的资源短缺、环境污染和破坏问题突出。而人口的爆炸性增长更加剧了人类与自然之间的矛盾。人口、资源与环境已经成为影响人类社会现在和未来生存发展的重大现实问题。中国作为一个发展中的大国，在环境与发展上遇到的挑战更是前所未有的。目前面临着人口三大高峰（人口总量、就业人口总量、老龄人口总量）的压力、生态环境的日益恶化、工业化和城市化及现代化的急速推进、区域发展差距加剧等问题，这些已经成为中国经济可持续发展的主要障碍。

正是在这样的形势下，1998年，我国响应联合国教科文组织积极倡导的可持续发展教育，增设人口、资源与环境经济学学科，作为隶属于理论经济学一级学科下的一个二级学科。人口、资源与环境经济学主要是研究人口、自然资源、生态环境与经济发展的基本规律和相互之间的辩证关系，揭示人口、资源与环境问题的原因，并综合运用经济学、人口学、资源环境及生态学等学科的基本理论来提出解决问题的方法，从而为实现我国社会经济的可持续发展和资源节约型、环境友好型社会的建设提供理论指导和策略建议。

由于开设时间较短，又是经济学、人口学、资源学、生态环境学等多个学科交叉，因此，人口、资源与环境经济学课程的学科建设仍在不断讨

论、探索和发展中，没有形成完整、科学的学科体系和研究框架，教材建设和教学实践也在完善之中，其教学和研究不仅定性不明确，而且缺乏定量分析。比如，什么是经济、社会发展与人口、资源、环境互相协调？衡量是否协调的标准是什么？这些都是需要明确界定的关键问题。①

二　教材内容更新

目前，人口、资源与环境经济学在理论架构和学科体系的完善方面取得了很大进展，出版了不少成果。但作为一门兴起不久的交叉学科，其学科建设仍在进行中，学科体系仍不成熟，因此教材还有诸多不足和缺陷。最突出的表现是国内不同版本教材在理论框架、学科体系及逻辑方法等方面缺乏统一性，由此也导致各版本教材内容选取和板块排布出现较大的差异性。国外的人口、资源与环境经济学教材，虽然名称各异，但从其研究对象、研究思路、研究目标等方面来说，都与国内教材相同或相似，很多内容值得我们借鉴吸收。因此，为了进一步提升人口、资源与环境经济学课程教学水平，有必要对本学科的现有教材进行内容更新。

当前国内学者先后已出版的 8 本教材，在内容上主要有以下特点。

一是内容选取和安排体现中国特色。首先，我国是人口大国，所以人口与经济发展的关系问题，如人口规模、人口质量与经济发展的关系，人口分布、人口迁移对经济发展的作用和影响以及人口老龄化对经济社会发展的影响及其应对等问题，都是国内教材的重点内容；其次，除了资源的配置，教材中也安排了资源的行政管理的内容；最后，相对于资源约束趋紧、环境污染严重、生态系统退化的严峻现实形势，教材中有关生态环境与经济发展之间关系及相关问题之应对解决的内容相对不足，需要大力充实丰富。

二是事实描述较多，模型实证分析较少。国内教材对我国人口、资源、环境的现实状况及突出问题有较多的描述，而对产生这些问题的社会经济根源缺乏深入分析。定性的结论多，定量的实证分析少；抽象理论阐释多，直观方法运用少；宏观层面描述多，微观个案分析少；内容起点低，重复多。教材没有充分利用图示、统计表、公式等多种形式来分析解释各种具体问题。以国内使用统计表格和公式最多的钟水映版教材来说，分别只有 26 个和 24 个，其他教材中就更少了。这就容易导致学生只知其

---

① 钟水映、简新华：《人口、资源与环境经济学》，科学出版社 2011 年版，第 1 – 10 页。

然而不知其所以然，面对问题不知如何解决，不利于培养学生分析解决问题的能力。

三是介绍国外理论多，结合国内实践少。国内教材对国外相关理论，特别是人口理论的介绍十分重视，而在将这些理论与我国人口、资源、环境现实问题的结合方面，还有很大的空间。教材要么缺少把人口、资源、环境等具体问题简化成经济学模型，要么列出经济模型，但缺乏将之与具体现实问题联系起来进行实证分析。例如，钟水映主编的教材中虽然介绍了资源最优配置模型以及常见的自然资源定价模型，但并没有运用这些模型来深入分析中国资源开发和利用中存在的具体问题。

四是吸收国际性最新优秀成果不足。国内教材没有很好地吸收反映本学科领域的最新国际前沿研究成果，除了杨云彦在降到人口经济问题时引用了一些时间较早的国外文献外，其他教材中引用的国外文献十分有限。吸收借鉴国外成果不够，使国内教材难以具备全球视野，不能很好地将中国的现实问题放到世界范围内去考察，难以创造性地结合国外典型案例和实证研究成果来分析解决国内类似的问题。

五是参考书目和文献注释列举引用不多。国内教材普遍没有列出大量的参考书目，以引导学生进行拓展阅读，自主学习。此外文献引用和标注方面，与国外教材比，也有很大提升空间。

目前国内翻译出版的国外相关教材只有两本，分别是罗杰·珀曼的《自然资源与环境经济学》和汤姆·泰坦伯格的《环境与自然资源经济学》。两书内容基本侧重环境与资源方面，主要特点有四[①]：一是在运用经济学理论和方法分析资源和环境的现实问题的同时，利用了大量数据和模型来分析解释、说明验证各种具体问题，并使用了大量资源和环境问题的现实案例。珀曼《自然资源与环境经济学》用了73个统计表、458个公式，泰坦伯格《环境与自然资源经济学》用了32个统计表、21个公式，反映了作者对经济学基本方法、公式和实证模型的充分掌握和灵活运用。两本教材还使用了大量发达国家经济发展中的经典案例，丰富了教材内容，开阔了学生的视野。二是注重引导学生进行延伸阅读，培养自学能力。教材中给出了大量课外阅读书目，供学生自主选择学习，以培养学生

---

① 谢双玉、许英杰：《人口资源与环境经济学教材比较研究》，《中国人口资源环境》2008年第2期。

的学习兴趣和自学的能力。三是注重参考文献的引用和标注。珀曼《自然资源与环境经济学》引用了585条参考文献，泰坦伯格《环境与自然资源经济学》引用了527条参考文献，都明确加以标注，体现了编者扎实的研究功底和宽厚的学术素养，反映了编者严谨的治学态度和对学术规范的严格遵守。这些都是国内教材所不及的。四是两书缺乏对发展中国家人口、资源、环境问题的关注。

综上所述，笔者在实际教学中选取钟水映主编的《人口、资源与环境经济学》作为指定教材，主要理由是：教材结构合理，参考文献引用较多，理论与实际结合较为紧密。同时选取珀曼的《自然资源与环境经济学》、泰坦伯格的《环境与自然资源经济学》作为教学参考书，以拓展视野，激发兴趣。

第二节 传统教学方法及其效果分析

一 传统教学方法概述

传统教学包括教师、学生、教材和教学媒介几大要素，核心则是教师，主要特征是由教师向学生传授教材内容，教学手段和工具主要包括讲授、板书及教学多媒体等。在传统教学中，学生是课程内容的被动学习者和接受者，教师是课程内容的讲授者和知识传递者，教材则是教师讲授和学生考核的主要内容，教学媒介则是教师的教学辅助工具。

传统教学方法主要包括以下一些理论：

一是赫尔巴特提出的"五段教学法"，包括组织教学、复习过渡、讲授新教材、巩固新教材、布置课外作业五个阶段，其思想核心是"三中心"，即"教师中心、教材中心、课堂中心"，重视教师讲授，教学围绕教材，强调课堂教学。

二是凯洛夫在赫尔巴特基础上提出的"五环节教学法"，包括组织教学、检查作业及复习、揭示新课及其与旧课的联系、巩固新课、布置作业五个环节。这一教学法的思想核心是以教师为主导和中心；强调教学内容的系统性；重视知识的传递和学习，轻视学生智能的发展，在中国影响很大。

三是布鲁纳提出的"引导发现教学法"，教学环节包括提出问题、制定假设、验证假设、得出结论。这一方法极端重视学生智力发展和自主发现、创造精神。摒弃知识传授和接受式学习,未能推广。

四是布鲁姆提出的"目标—导控教学法",其教学步骤为目标认定、前提补偿、达标教学、矫正深化。这种方法过分重视教学评价和反馈,完全按外显行为结果确定教学目标,并不科学。

五是"自学—指导教学法",包括提出自学要求、开展自学、讨论答疑、练习应用、评价反馈和纠错、系统小结等环节。这种方法满足了学生在新技术条件下(如网络、慕课)独立自主学习的要求,但受限于教材的选取和任课教师的驾驭能力,实施的难度较大。当然传统教学方法还有很多,大同小异,此处就不一一列举了。

二 传统教学方法的效果分析

（一）传统教学方法对师生的影响

1. 智力因素方面的影响

相当长的一段时间,我们并没有把学生所需掌握的"生存能力"分为知识、智力、能力三个不同层次。所以在教法上,只注重知识的传授,最后的结果是老师成为讲课的机器,学生则成为一个个接收终端。实际上以传授知识为己任的教学方法本身并没有过时（相反,还应该进一步完善）。但传授知识的教学方法不应该再以一个相对的整体结构出现,而应该以一个教学方法的部分出现。它只有和开发智力、培养能力的教学方法有机地构成一个相应的整体结构,才能适应当今的教学任务。

2. 非智力因素方面的影响

传统教法中教师与学生之间是主动传授与被动接受的关系,同时传统教学讲究教师的权威,而忽视学生的人格。所以,在非智力因素方面衡量传统教学与改革后教学方法的基本标准应是师生之间关系是否平等,即师生都必须充分尊重对方的性格、气质、兴趣、能力等。

3. 自身构成要素方面的影响

随着社会的发展,教育也应跟上时代的要求,因学生个性、才能、兴趣爱好而施教;因社会对人才的要求而施教才是大势所趋。如果守着传统教学方法的自身结构要素不变,势必影响教学质量。

（二）传统教学方法的效果评估

第一,传统教学方法重思辨,轻实证。这一教学思想使教师习惯于滔滔不绝地"传道授业",过度重视教师的讲课技能,而忽视了对学生的实践能力的培养；同时由于学生习惯于闭门读书、不求甚解，死记硬背而不会应用，所以每到期末考试，就会看到两种现象，要么追着老师要求给划范围，要么死记硬背、考完试就把书和笔记都抛弃了。

第二，传统教学方法重求同，轻创新。在教学组织管理方面，在教学目标、教材、大纲、教学组织形式、教学过程和方法、教学考核等方面均强调统一规范；在对学生的评价标准上，听话、顺从、容易接受老师观点的学生是好学生，而那些爱思考、有自己的独特见解、敢于发表自己观点和不同意见的学生，被认为是不守纪律、不懂规矩的"坏"学生。在这种教育思想影响下，教师进行教学创新和丰富的动力受到限制，学生创新思维与能力遭到扼杀，教学过程中师生之间难以形成良好互动。

第三，传统教学方法重整体，轻个体。这容易使广大教师把所有的学生（比如一个班）只当作一个整体（集体）对待，而很少了解发现每个学生自身的特点。因而在教学中，只有普遍使用的教案讲授，难以做到因材施教。这使得教师难以关注每个学生的特长优势，学生的个性特点难以充分展示，学生难以做到根据自身特点采取更为有效的方式进行学习。

第四，传统教学方法重知识，轻逻辑。表现为教师讲授是什么的知识多，解释为什么的知识少，学生则死读书、读死书，不求甚解。当然也和当前大学生普遍课程任务重，占用其大部分时间而没有足够的复习和预习时间有关。尤其是新时代多媒体教学的过度使用，使得学生更加忙于记笔记而没有时间思考，时间一长也养成不爱思考的习惯。

第五，传统教学方法重目标，轻过程。传统教学过分强调目标和结果，注重学生成绩考核，而忽视学生学习过程中方法的掌握、基础的积累和能力的发展。教师教学奔成绩而去，学生为考试而学习，学生综合素质的培养和提高被忽视。

总之，上述传统教学方法存在的不足，影响教学质量的提升，影响学生的全面发展，难以满足社会对创新人才培养的要求。因此探索实用有效而又能满足社会需求的教学方法，是当前教学中急需解决的重点。下面提一些个人体会供参考。

第三节 《人口、资源与环境经济学》教学方法改革

与经济学其他分支学科相比，人口、资源与环境经济学具有学科内容动态性、学术观点多样性和理论联系实际紧密性等特点。因此，人口资源与环境经济学的课程教学中，单纯采取传统的以讲授理论为主的方法，或者理论和实习教学各自独立进行的方法，均难以取得良好的教学效果。而根据学科特点，改革教学方法，采用传统模式与互动模式相结合的教学法，则可以取得很好的教学效果。

互动式教学法，就是在整个教学过程中，教师组织引导学生参与每一个环节，教学活动以学生为中心，使其真正成为教学活动的主体。教师在教学中充分发挥引导作用，使教师与学生之间、学生与学生之间通过互动参与、互相进步，实现共同目标的多向交流的教学方法。① 笔者在《人口资源与环境经济学》课程教学实践中，结合传统教学法，很好地运用了主题讨论法和案例教学法这两种互动式教学方法，取得了非常好的教学效果。

一 主题讨论法

主题讨论法是强调在教师的精心准备和指导下，为实现一定的教学目标通过预先的一定意义的教学内容主题的设计和组织，启发学生就特定问题发表自己的见解，以培养学生的独立思考能力和创新精神的一种启发式教学方法。②

在《人口、资源与环境经济学》教学中运用主题讨论法，能够让老师和学生在课上课下开展良好的教—学互动。笔者在《人口、资源与环境经济学》课程教学过程中，就运用了主题讨论法。每讲授一章，就根据教材内容中理论知识要点，结合当前的社会热点或焦点问题，提出一到两个论题，再将论题拆解为几个具体问题（或者说是几个讨论方向），以便讨论能够充分深入展开，有的放矢。如在讲授《人口与可持续发展》

---

① 刘瑞玲：《互动式教学法在大学英语教学中的作用》，《边疆经济与文化》2010年第6期。

② 张伟丽：《运用主题讨论法创新高校人文地理学教学》，《当代经济》2011年第7期。

这一章时，结合我国人口发展形势和人口结构失衡的突出问题，提出"中国人口老龄化所面临的问题及对策"、"中国人口性别比例失调的影响"等讨论主题；在讲授《资源与可持续发展》及《环境与可持续发展》等章时，结合我国当前面临的资源约束趋紧、环境污染严重、生态系统退化的严峻形势，提出"中国资源开发利用研究"、"逆城市化现象"、"如何评估环境价值"、"探讨控制环境污染的方法"等主题。[①] 学生分为几个小组（每个小组5人左右），每个小组选择一个要讨论的具体问题。各小组同学课下充分收集资料，既广泛收集文献材料，也尽量通过社会调研收集一手资料；在此基础上，结合课堂讲授的理论知识，进行深入分析研究，就问题本身及其产生原因及解决策略，得出自己的结论，提出自己的看法，形成课堂讨论的提纲和发言稿。小组讨论时，先让各小组宣读自己的提纲或发言稿，然后让学生们围绕论题进行深入讨论，充分发表自己的观点，可以补充完善别人的研究方法、结论或观点，也可以就不同观点批驳切磋，真正实现思想的交流交锋和观点的激烈碰撞。讨论结束，教师最后进行总结点评，提出需要阅读参考的相关文献、资料，指导学生开展进一步研究。主题讨论全部完成后，各小组要撰写一篇两三千字的论文或报告，并要说明每个小组成员所做的工作和贡献。教师通过认真细致批阅报告，可以考察学生是否完全掌握了课堂所讲授理论知识，从而能够及时全面地了解和掌握教学效果、教学质量。而学生通过准备资料、深入讨论以及撰写论文或报告，独立思考和初步通过学术研究解决具体问题的能力均得到培养和锻炼，并为以后毕业论文的写作做了很好的基础训练。

主题讨论教学法，使学生通过课前收集资料和课上集中讨论，真正参与到教学过程中，形成师生互动，教学相长的良好局面。不仅教学质量可以得到有效提升，学生的学习兴趣和主动性也得到极大提高，真正能够实现教与学的相辅相成，课上与课下的有机联系，以及老师与学生、学生与学生间的交流沟通与互助协作。整个教学过程有的放矢，理论联系实际，既训练了学生的创新能力，培养了学生的创新思维，也锻炼了学生理论联系实际、解决具体问题的能力。

二 案例教学法

案例教学法也是一种有效的互动教学方法，主要是教师围绕所讲内

---

① 刘涛：《人口、资源与环境经济学课程教学方法探析》，《北方经济》2012年第20期。

容，采用典型案例，让学生以分组或个人的形式，课前预习准备，课上进行分析讨论，课下以报告、论文的形式总结。[①] 在教学实践中，案例教学法经常与主题讨论法结合使用。

案例教学法不同于传统教学法中的课堂举例说明。课堂举例说明，是教师在传统教学过程中，为了讲清楚某一经济学理论或相关知识点，特别列举某个案例应证。案例教学法则是教师引导和学生参与的互动教学方法，案例教学中，教师对知识的讲授、传递与对学生能力的培养，两者紧密结合在一起，并通过教师与学生围绕典型案例展开深入充分讨论来实现。在《人口、资源与环境经济学》教学中，将案例教学法与前述主题讨论法结合起来，合理运用，教学效果能够得到很好的改善和提升。

案例教学法的关键和难点均在于典型案例的选择上。目前，国内《人口、资源与环境经济学》教材的内容，基本侧重概念和理论的解释和阐述，通过案例加以实证分析的内容较少，往往一章仅有一两个案例。而国外教材中往往通过大量典型案例，来检验说明相关理论和模型。不过，国外教材中绝大多数是发达国家的案例，而发展中国家和中国的案例极少，因此，这些案例不能拿来说明中国的社会问题。在这样的情形下，不能仅仅利用教材来选择案例，应尽量结合相关理论知识，选取社会现实中的典型问题作为案例，这也就也增加了教师选择案例的难度。选择案例原则上应该做到难易适中。因为如果案例太难，学生会因知识储备不足而感到难以下手进行分析研究，失去兴趣，参与度低，讨论无法深入有效开展，教师也会陷入被动；如果案例太简单，学生又会感觉太容易，不会进行深入分析思考，两种情况均会影响教学效果，使教学质量打折扣。笔者在教学实践中，精心选择典型案例，提出问题，让学生们围绕案例和问题进行讨论。如选取的典型案例有2008年"三聚氰胺事件"、2009—2011年"瘦肉精系列事件"、2010年"认识反式脂肪酸"、2011年"地沟油事件"、2012年"螺旋藻铅超标事件"、2013年"雾霾影响"等。[②]

用案例法教学时，教师需要在授课前几周发放典型案例和相关问题，让学生提前阅读案例内容，查阅相关资料，思考相关问题，为课上讨论做好准备。授课时，教师先通过多媒体等展示案例的具体内容及其相关的背

---

① 郑凌燕：《案例教学法在高校教学中的应用初探——以西方经济学教学为例》，《宁波教育学院学报》2008年第2期。

② 刘涛：《人口、资源与环境经济学课程教学方法探析》，《北方经济》2012年第20期。

景资料,然后组织学生围绕案例涉及的各个具体问题展开深入细致的讨论,对事件本身及其背后的自然、社会、政治、经济、人文等种种必然和偶然因素,进行多层面、多视角的深入分析,力求揭示案例所反映的深层次社会现实问题及其发生的深刻原因,并尝试提出合理的应对策略和解决办法等。通过案例的学习讨论,一方面,学生会深刻理解人口、资源与环境经济学学科所蕴含的科学发展、和谐发展、可持续发展的知识和理念,自觉认同建设资源节约型和环境友好型社会的意义目标;另一方面,培养和锻炼了学生思考解决具体问题的能力。

三 多媒体教学法

在教学中,教师不仅要有可行的教学方法,而且也要运用好各种教学手段和工具。既要利用好各种传统教学工具和手段,更要与时俱进,科学合理地应用现代化的多媒体教学,以提高教学质量、改善教学效果。多媒体与传统板书相比具有诸多优势。多媒体可以通过具体形象的图表、图片、动画、视频等多种形式,表达抽象的概念和关系,展现理论知识的系统性、连贯性和整体性,并能直观动态呈现事件的过程和全貌,更好地揭示问题的实质,而板书却难以实现这一点。多媒体教学要求教师在课前制作课件,不仅包含教材内容,还要收集大量教材以外的资料充实到教学课件中,既节约板书的时间,也使得教师在课堂上向学生讲授传递的知识内容更多更丰富,增加了学生的信息接收量,提高教学效率。

多媒体教学的关键是合理应用和科学应用。教学中不应一味依赖多媒体,否则容易导致多媒体依赖症。久而久之,教师疏于记忆课程内容的框架体系和知识要点,一旦发生诸如停电、机器故障等意外情况,多媒体无法使用时,难以很好地采用传统方法进行授课。因而,教学中,老师要根据所讲课程的理论架构、知识体系和具体内容,合理安排哪些章节使用传统教学方法讲授,哪些章节采用多媒体教学,将传统教学方法与多媒体教学有效结合起来。同时,多媒体教学信息量比较大,必须科学使用,否则会造成学生在听课和记笔记之间顾此失彼,教学效果不理想。因此,教师课前最好是把需要学生做笔记的知识点打印出来,发给学生。当然,一个制作精美的课件也是多媒体教学成功的前提。教师必须广泛收集资料,认真制作好课件,用语言、数据、图表、图片以及视频等形式,在传授知识的同时,也传递丰富的信息,便于学生接受、理解和掌握课程内容。如笔者在讲环境问题时,通过多媒体展示大量的有关全球气候变暖、生物多样性减少、土地荒漠化扩大、水环境污染严重、城市和工业垃圾成灾等的图片和视频,让学生们充分了解相关信息,深刻地感受到环境破坏的危害性和解决环境问题的重要性和迫切性,有效地激发了学生学习的兴趣和欲望,提高了教学效果和教学水平。[①] 总之,充分利用多媒体等现代化手段,可以节约板书时间,传递更多的知识信息,激发学生学习的兴趣,提高教学效率。

总之,《人口、资源与环境经济学》是一门与社会经济发展紧密相连的新兴交叉学科。因此,在课程教学中,要注意理论联系实际,把抽象的知识与生动的现实问题联系起来,采取师生互动的开放式、多样化教学形式和方法,将传统讲授为主的教学方法与主题讨论法和案例教学法结合起来,并充分合理运用多媒体等现代教学手段,调动学生的积极性,培养学生的学习思考和实践创新能力,提高教学质量和教学水平。

[①] 刘涛:《人口、资源与环境经济学课程教学方法探析》,《北方经济》2012年第20期。

第十六章 《新制度经济学》教学方法改革与探索

第一节 《新制度经济学》课程发展概述

一 《新制度经济学》课程发展概况

《新制度经济学》是经济学的重要分支。它兴起于20世纪60年代,是科斯、诺思、威廉姆森等人运用新古典经济学的理论和方法,分析制度的构成和运行,探究制度对经济发展的影响而建立起来的一门学科。在经济学内部,运用制度分析的方法对新古典经济学的分析框架进行批判与改造,已经成为经济学方法论新成果的主导方向之一。"制度分析"的方法越来越多地被学者们关注和应用。

20世纪80年代后期,《新制度经济学》传入中国。在国家实施改革开放,由计划经济向市场经济过渡的背景下,制度分析的方法被国内学者所青睐,广泛地用来分析市场经济制度的建立和完善、国有企业改革等一系列现实问题。《新制度经济学》开始在我国全面传播,并迅速形成学习、研究和讨论《新制度经济学》的学术热潮。

随着《新制度经济学》成为我国经济学研究的热点,《新制度经济学》的教学日益受到重视。20世纪90年代开始,《新制度经济学》被列入我国高校教学计划之中,成为高校经济管理类专业一门必修课程。如今,《新制度经济学》已经成为国内许多高校经济管理类专业的一门主干课程,全国已经有几十所高校财经类专业开设了该课程,有的高校还设置了《新制度经济学》硕士点或博士点。根据刘甲朋(2010)对30所高校财经类专业所做的初步统计,《新制度经济学》教学队伍整体状况较好,具有高级职称的教师占50%,具有博士学位的教师占27.1%,具有国际交流经验的教师占19%，具有社会经济实践经验的教师占31.1%。专任教师队伍的绝对数量在逐年增加，且增速在不断加快。①

二 《新制度经济学》的课程特点

①理论体系的复杂性。《新制度经济学》是一门新兴学科，很多问题还处于探索阶段，目前尚未形成一个统一的理论体系。因此，《新制度经济学》理论体系较为复杂，产生了很多经济学理论。例如，在微观层面有交易费用理论、产权理论、企业理论等；中观层面有制度选择理论；宏观层面有国家理论。

②学者观点的对立性。由于没有统一的理论体系，《新制度经济学》很多概念和观点尚处于争论之中。从方法论上讲，存在着个人主义方法论与整体主义方法论之争；从理论基础上讲，存在着是新古典经济学还是演化经济学作为《新制度经济学》理论基础的问题；从人类行为研究来讲，存在着规则遵循者与理性最大化之间的关系问题；从制度形成来讲，存在着自然演化与人为设计之间的争论。②

③研究方法的多样性。由于理论体系的不统一和众多观点的存在，使得《新制度经济学》在研究方法上出现了多样性。在基本理论的论述中既有语言逻辑分析方法，又有数学分析方法；既有抽象的概念，又有形象的图表；既有定性分析，又有定量分析；既有边际分析，又有均衡分析。

《新制度经济学》的特点决定了该课程所具有的特点。再加上课程入选高校本科教学计划仅有十几年的时间，所以在教学过程中，对于教师教学组织、课堂讲授，以及学生的学习、理解和具体运用都有不小的难度。

第二节 《新制度经济学》教学效果评估

为了了解和掌握《新制度经济学》教学方法的实施效果，研究借2012年《新制度经济学》课程结束之际，面向这学期134位选课学生开

---

① 刘甲朋：《新制度经济学教学方法存在的问题及其对策》，《网络财富》2010年第1期。
② 卢现祥：《新制度经济学有争议的四大问题》，《湖北经济学院学报》2006年第6期。

展问卷调查。为了真实有效,问卷采用匿名方式填写,本着自愿参加调查的原则,共发放问卷 134 份,收回 127 份。在回收的问卷中,剔除不完全回答、有明显错误以及无兴趣作答等情况,共计获得有效问卷 118 份,形成最终研究样本。

一 《新制度经济学》整体教学效果

在调查学生对《新制度经济学》课程的整体评价时,有 43 人表示较有收获,占有效样本的 36.44%;有 49 人有收获,占 41.53%;有 15 人表示很有收获,占 12.71%;另有 8 人表示收获不大,3 人表示没有收获,分别占 6.78% 和 2.54%。结果显示,该课程基本上得到广大学生的认可和接受,这也是课程本身的学术地位和魅力所在。但由于课程开设在大四上半学期,学生迫于考研及就业压力,普遍学习兴趣不浓,只是为了能获得学分,学习效果不是很好。这也启示教师要在调动学生学习热情、明确课程实践意义上做出探索和努力。

二 《新制度经济学》教学方法效果评估

(一)教师常用的教学方法

调查中,教师在讲授《新制度经济学》时运用讲授法最多,其次是实习作业法和问答法。相比之下,讨论法和读书指导法等能提高学生自学能力的方法运用得较少。讲授法是高校常用的教学方法,这是由大学生的认知特点所决定的,只要运用得当,并无异议,但是针对高等教育层次的学生应适当地灵活应用启发性较强的方法,以培养学生的创新能力。

进一步调查学生对授课过程中教学方法重要性的认识,4.24% 的学生认为教师选择怎样的教学方法对学习《新制度经济学》课程影响非常明显,15.25% 的学生认为比较有影响,认为影响一般的占调查样本的 51.69%,见表 16-1。由此可见,绝大多数学生都认为教学方法对学习是有影响的。学生对于教学方法重要性的认识应当引起教师的高度重视,因为目前大多数教师在课堂备课时,对于"上这节课需要用哪些教学方法"之类的问题意识不是很明确,偶尔会想一想教学方法的选用,但是大多数情况都是根据一种习惯来上课。[1]

---

[1] 袁艳:《教师选用教学方法现状研究》,华南师范大学,2002 年。

表 16-1　教学方法对学生学习《新制度经济学》课程的影响程度

题目	选项	百分比（%）
你觉得老师采用的教学方法对你学习《新制度经济学》课程有影响吗？	非常明显	4.24
	较有	15.25
	一般	51.69
	几乎没有	27.12
	完全没有	1.70

资料来源：根据调查数据整理所得。

（二）教学方法运用效果评估

与普通的教学方法相比，高校教学方法有两个特殊性：一是专业教育特点；二是大学生身心发展特点。明确的专业指向和由此产生的与科学发展过程和研究方法的接近性，是高校教学方法的特殊性。[1] 王健（2005）在《高校教学方法与教学内容的不断创新》一文中认为："高校的教学方法与中小学以外的具体教学方法或教学形式的教学法是有很大区别的：如果说传统观念认为中小学由于以对学生传授知识为主的教学特点和学生年龄决定了其教学方法多在外在的形式上下工夫，对教师教学技能的要求比较高的话，那么高校在向大学生传授必要的基础知识的同时，主要应以培养学生的创新能力为主，而这种创新能力的获得，应当是教师掌握所教课程的科学方法，并能运用于知识传授中。"[2] 洪巧红（2008）认为教学方法的问题关系到如何培养人才，培养什么样人才的问题，高校教学方法是以造就具有创新精神和独立工作能力的人为目的，它的教学方法应带有"探索"和"创造性"的特征。[3] 可见，高校教学方法应当突出学生的主体性，在关注学生专业知识获取的同时，更应当关注学生思维能力和创新能力的培养。综上，研究在调查教学方法运用效果时设立了三个维度：教学方法的启发性、教学方法对创新能力的培养、课程学习中最大的收获。

1. 教学方法的启发性

如表 16-2 所示，学生认为教师运用的教学方法在思维启发性上非常

---

[1] 潘懋元：《高等学校教学改革的理论研究》，福建教育出版社 1995 年版，第 256 页。
[2] 王健：《高校教学方法与教学内容的不断创新》，《南京晓庄学院学报》2005 年第 2 期。
[3] 洪巧红：《高等学校教师教学方法创新研究》，华中科技大学，2008 年。

明显的只占调查样本的 2.54%；认为较有启发性的学生占调查样本的 3.39%；还有 26.27% 的学生认为教师的教学方法没有启发性可言（包括"几乎没有"和"完全没有"）。可见，授课过程中教师惯用的一些教学方法对于学生而言只是枯燥的知识"灌输"，学生处于被动接受的一方，缺乏学习的主动性和积极性。如何运用适宜的教学方法引导学生主动参与教学，拓展学生思维已然成为教师课堂教学活动亟待关注和解决的重点问题。

表 16-2　　　　　　教师常用教学方法的启发性

题目	选项	百分比（%）
你认为老师常用的教学方法对你具有启发性吗？	非常明显	2.54
	较有	3.39
	一般	67.80
	几乎没有	24.58
	完全没有	1.69

资料来源：根据调查数据整理所得。

2. 教学方法对创新能力的培养

调查中，学生认为教师选择的教学方法对于自己创新能力的培养完全没有和几乎没有发挥作用的学生占调查样本的 93.23%。仅有 2.54% 的学生认为比较有作用，发挥作用"非常明显"的选项则为 0%（见表 16-3）。这与当前全社会提倡创新驱动发展和高等教育的办学目标相距甚远。

表 16-3　　　　教师使用教学方法对学生创新能力培养的作用

题目	选项	百分比（%）
你认为教师使用的教学方法对你创新能力的培养是否有作用？	非常明显	0
	较有	2.54
	一般	4.23
	几乎没有	67.80
	完全没有	25.43

资料来源：根据调查数据整理所得。

3. 课程学习中最大的收获

问卷中设计"课程学习中最大的收获",旨在了解学生在学习过程中知识学习和能力培养的情况。从表 16-4 可以看出,有 55.93% 的学生在学习过程中认为知识获取较多,而能力培养较少;有 20.34% 的学生认为知识与能力均有收获。可以看出,大部分学生还是肯定了知识的价值,但是这在一定程度上也反映出在教学中教师依然是以传授知识为主,对于学生能力的培养仍然较为薄弱。

表 16-4　　　　　　　　学生课程学习中最大的收获

题目	选项	百分比(%)
你觉得在课程学习中最大的收获是什么?	能力培养大于知识获取	11.02
	知识与能力都有收获	20.34
	知识获取多,能力培养少	55.93
	没用的知识	10.27
	不确定	2.44

资料来源:根据调查数据整理所得。

(三) 教学方法整体满意度

当被问及"教师选取的教学方法你是否满意"时,表示非常满意的学生有 10 人,占调查样本的 8.48%;表示较为满意的学生有 26 人,占调查样本的 22.03%;表示一般满意的学生有 74 人,占调查样本的 62.71%;表示不满意的学生有 5 人,非常不满意的有 3 人,分别占调查样本的 4.24% 和 2.54%。可以看出,学生对于教师在授课过程中运用的教学方法普遍满意度为"一般",教师在教学方法上还有非常大的提升空间。

三　传统教学方法中存在的问题

"教学的成败在很大程度上取决于教师是否能妥善地选择教学方法"。① 教学方法是课堂教学中活跃而重要的因素。它既是体现教师主导作用的重要渠道,又是影响学生发挥主体作用的关键因素。② 综合上述调

---

① 孔德拉秋克:《教学论》,人民教育出版社 1984 年版,第 57 页。
② 洪巧红:《高等学校教师教学方法创新研究》,华中科技大学,2008 年。

查，研究发现目前《新制度经济学》课程在教学方法方面存在着一些较为突出的问题。

①教学目的的设定上，仍然单纯地强调理论知识的讲授和深化，缺乏对学生思维能力的拓展和创新能力的训练。理论知识与实践需求缺少融合，学生无法从课堂知识的学习中得到专业素质的培养，更无法找到理论知识在实践中的价值，使得所学无法致用。

②教学方式的选取上，主要依靠教师的讲授。由于《新制度经济学》理论性强，许多概念、理论较为抽象难懂，教师的讲解和分析的确十分重要。所以，《新制度经济学》这样的课程，很容易形成教师一个人唱"独角戏"，将自己确立为课堂活动的主体，常常忽略学生的参与，没有形成良好的课堂互动，采用"满堂灌"的方式解释理论，一遍遍地向学生强调理论的重要性。可是学生却由于理论的枯燥难懂和课堂教学方法的单调，被动地接受知识，无法真正认同理论知识的价值和重要性，缺乏学习的主动性和积极性。

③案例教学的运用上，没有实现案例分析对于知识理解的助推作用，没有达到利用案例分析提高学生分析解决问题能力的最终目的。案例分析是化解理论型课程枯燥、难懂的有效方法。在《新制度经济学》庞杂难懂的理论讲解过程中，案例分析是教师最先采用也是最频繁使用的教学方法。但是在教学实践中，案例分析往往只局限于举例子，而缺乏深入分析；或是虽有分析，也主要体现在教师给出学生案例后面思考题的"标准答案"。由于缺乏教师的关注和引导，学生较少思考为什么在此处引入某个案例，如何运用理论知识分析案例，分析得到的结论反过来又对理论知识的学习起到了什么作用，难以真正通过案例分析消化理论知识的学习。此外，在《新制度经济学》案例教学中很多教材和教辅资料中的案例都是直接翻译外文资料形成的，这些例子对于中国学生来说存在明显的制度背景和文化背景差异，学生较难进行深入的理解和分析，更谈不上通过案例教学来掌握相关理论了。再加上多数案例反映的都是过去发生的经济事件，缺乏时代感和实用性，所以在调动学生学习兴趣上大打折扣。

正是由于教学目的设定"重理论，轻应用"，以及教学方法枯燥缺乏新意，使得学生在教学活动中缺乏主观能动性，甚至有的学生在这种"满堂灌"的教学方法下逐渐产生了厌学情绪，直接影响了课堂教学效果。而学生的这种被动学习状态反过来又影响了教师的授课情绪，使得教学活动的开展陷入了师生互相抱怨的恶性循环之中，教学方法的改进变得十分必要而又迫切。

第三节 《新制度经济学》研究性学习模式的构建

一 "研究性学习"的内涵特征

研究性学习是近年来被许多教学研究专家和一线教师推崇的教学方法。霍益萍（2000）认为"研究性学习"是学生在教师指导下，选择并确定研究专题，以科学研究的方式主动获取知识、应用知识、解决问题的学习活动。[①] 安桂清（2002）强调作为一种学习方式，研究性学习是学生自主地发现问题、探究问题、获得结论的过程；作为一种课程形态，是学生确定研究专题，主动地获取知识、应用知识、解决问题的学习活动。笔者认为，研究性学习作为一种新的教育理念，以学生的"探究"为出发点和立足点，让学生在兴趣驱动下，以主动研究的方式开展学习活动。它体现了教学本应有的思考、理解过程，更加有利于学生独立思维能力和创新能力的培养。

研究性学习的特征表现在许多方面，以下几种观点较有代表性。霍益萍（2000）指出，研究性学习主要是围绕问题的提出和解决来组织学生的学习活动，呈开放学习的态势，具有实践性、开放性、自主性和过程性的特点。[②] 张肇丰（2000）提出，研究性学习具有重过程、重应用、重体验和重全员参与的特征。[③] 从研究性学习的性质定位角度出发，李召存（2001）认为它具有探究性、主体性、交互性、过程性和开放性等特点。[④] 从课程类型、教学组织形式和学习方式三个层次上看，石中英（2002）概括研究性学习具有综合性、实践性和活动性。综合上述学者的观点，笔者认为研究性学习应兼具理论教学课程和实践活动课程的特点，作为教师教学组织方式，应具有自主性、参与性、互动性，即学生自主选择研究对象，自主开展研究活动；引导学生积极参与课堂教学和讨论研究；在师生

---

① 霍益萍：《我们对"研究性学习的理解"》，《教育发展研究》2000年第11期。
② 霍益萍：《我们对"研究性学习的理解"》，《教育发展研究》2000年第11期。
③ 张肇丰：《试论研究性学习》，《课程·教材·教法》2000年第6期。
④ 李召存：《研究性学习初探》，《中国教育学刊》2001年第2期。

的互动讨论中逐步理解掌握理论知识。作为学生的一种学习方式，应具有学习性、研究性和实践性，即学生自主学习作为课堂教学的有效补充和拓展；遵循学术研究的思维和方法深入，探究理论知识的内涵；在学习和研究的过程中，尝试利用理论知识分析和解决实际问题，促进学生实践能力的提升。

二　研究性学习模式的构建

《新制度经济学》理论体系庞杂，概念、原理较为晦涩难懂，结合前述课程特点及教学活动中反映出的各种问题，笔者尝试在教学实践中构建研究性学习模式。在学习借鉴同行尤其是《新制度经济学》授课教师的先进经验，总结自身教学活动的心得体会，结合授课学生的实际情况，笔者构建了课上和课下相组合的研究性学习模式。

（一）课上的研究性学习模式

课堂上的研究性学习模式突出体现在以案例教学为依托，引导学生进行开放式讨论。

案例分析法是《新制度经济学》在经济学方法论上的创新与发展，当然也是《新制度经济学》首选的教学方法。案例分析法的关键之处首先在于案例的选取。一般来说，案例的选择要遵循以下几个原则：①针对性。选作案例教学的素材必须是课程某一章节教学内容所需要的，对知识点的学习和疑难问题的解决有针对性。让学生通过案例的分析，能够更清晰地理解和掌握知识点。②现实性。案例的选择要生动鲜活，体现现实经济现象，贴近学生的认知范围，以更好地激发学生学习和讨论的兴趣和积极性，提高学生理论联系实际的能力。③综合性。随着教学进度的推进和教学内容的不断深入，案例的选择也要体现从易到难。让学生接触综合性较强的案例，不仅有利于理论知识的融会贯通，还有利于拓宽学生的理论深度，拓展学生的视野和知识面。在教学中如何带领学生进行案例分析是难点所在。教学活动中一直遵循这样几个步骤：让学生通读案例；概括案例的核心问题或中心思想；按照案例提出的思考问题，结合所学理论知识，寻求多角度的解决方法；汇总不同角度的观点，给出相对最优的解题答案。在整个案例分析结束之后，对学生进行案例总结，点评学生在分析过程中的表现，提出进一步改进的可能。

在案例分析的过程中，要引导学生进行开放式讨论。教师要抓住学生在讨论过程中的分歧，鼓励学生质疑争辩，在宽松的课堂氛围下自由讨论，让学生在激励的讨论中强化理论知识，拓展思维，逐步做出自己的决策，以解决案例中特定的问题。在开放式讨论中，教师要明确自己的角色，引导学生思考的方向，适时做出提示性的建议，留给学生更广阔的讨论空间，是教师在讨论中发挥的功能。

（二）课下的研究性学习模式

课下的研究性学习模式突出体现在利用课后时间安排学生进行文献阅读和课题研究。

文献阅读是学习《新制度经济学》这样理论性较强课程的必要环节。它不仅可以成为课堂知识的辅助和拓展，还可以有效提升学生的学习兴趣，帮助学生养成阅读的良好习惯。文献阅读的关键在于阅读素材的选取上。课堂上提到的《新制度经济学》代表人物的经典作品应当是学生课后文献阅读的宝贵素材。例如，要理解交易费用理论，就必须了解威廉姆森、阿尔钦、张五常等人的文章；要理解代理理论，就必须了解阿尔钦和德姆塞茨等人的文章。这样与课本相结合，运用文献学习的方式更能理解知识的系统性；阅读专业课程的代表作品和经典著作，对于学生专业素养的形成和视野的开拓也起到了积极有效的作用。此外，学术期刊上的研究论文以及网络资源上与课程内容相关的热点焦点，都可以入选学生文献阅读的行列，以保证阅读材料的时效性和多样性。在阅读的同时，要求学生结合课堂知识完成一篇3000字左右的书摘，把自己感兴趣的、认为十分重要的句子、观点、例子等摘录下来以补充课堂知识。读书笔记的完成一方面可以有效督促学生认真阅读，成为学生知识积累的有效手段。另一方面，也可以作为教师了解学生学习动态，反馈学生阅读关注点的有效途径。

课题研究是创造机会让学生成为学习活动的主体，能够很好地体现研究性学习的自主性、参与性和研究性。教师根据班级学生人数，将学生划分成若干课题小组。在课程刚开始时就布置科研课题，以保证学生有充分的时间进行准备。课题的题目由教师提供，学生可以从中选取，也可以自行拟定，但一定要在开始深入研究之前与教师进行沟通，以保证选题方向的正确性。各个小组题目选定后，按照查阅资料、小组讨论、形成观点、得出结论、提出对策建议的步骤开展课题研究。最后要求每个小组完成一篇3000字左右的研究报告，并将其作为学生平时成绩的重要组成部分。在课题研究结束之后，利用1~2次课时时间，选拔2~3个小组向全班同学进行课题研究成果的展示。要求组内由一名同学负责讲解本小组的研究，其余同学接受老师和同学们的提问和质疑，并现场讨论和答辩。整个课题研究从选题、分析再到论证都按照学术研究的步骤开展，有利于学生学术思维能力和科学研究方法的形成；小组成员的分工合作，有利于学生团队合作能力的培养；课题报告的撰写，有利于学生学术论文写作能力的锻炼；答辩环节的激辩，有利于学生拓展思维，开阔眼界。整个课题研究，学生都处于主体位置，自觉自发地开展学习，积极主动地思考问题和分析问题，让理论的学习变得生动具体，让理论联系实际变得切实可行。

在开展研究性学习的过程中，如何对学生进行考评直接关系到模式运行的效果。考评的目的在于评价学生通过研究性学习模式的构建，知识目标和能力目标达成的情况，以便发现问题并及时解决问题。考评应从课上教学和课下研究两个部分综合考虑，关注教学结果和教学过程两个维度。考评的方法采用闭卷考试和撰写研究论文，并把案例分析中开放式讨论和文献阅读中读书笔记的完成情况纳入平时成绩，提高平时成绩在期末总成绩的占比，改变期末考试"一锤定音"的局面，引导学生重视教学过程中的参与和表现。

三 研究性学习模式的教学效果

在研究性学习模式下《新制度经济学》的教学实践效果是否比之前所采用的教学方法有所进步呢？笔者在2013年末又开展了一次问卷调查。对于选修《新制度经济学》课程的学生发放调查问卷130份，回收问卷110份，有效问卷105份。调查结果表明：第一，学生课堂上的学习和讨论变得积极主动，有89.52%的学生选择"喜欢本门课程"，85.71%的学生选择"愿意参与课程案例分析和讨论"；第二，学生课后学习的自觉性提高了，有86.67%的学生选择了"增加课外查阅文献资料的时间"，94.29%的学生"至少阅读了一本教师推荐的课外书目"；第三，学生知识收益和能力培养都得到了提升，98.09%的学生表示基本掌握了课程的核心概念和理论；83.81%的学生表示课题小组研究的参与和完成提高了自身分析问题和解决问题的能力；第四，研究性学习模式的构建提升了学生对教学方法的整体满意度。33.33%的学生认为"非常满意"，56.19%的学生选择"较为满意"，表示"一般满意"的学生占调查样本的10.48%，没有学生选择"不满意"。由此可以看出，研究性教学模式在《新制度经济学》课程的运用中收到了较为理想的效果。

研究性学习为学生创造了一个开放自主的学习氛围，能够激发学生学习的积极性和主动性，有效地实现理论知识和实践活动相结合。它是一种比较符合学生认知规律和心理需求的教学方法，能有效实现教学活动从枯燥乏味到生动有趣的转变。从教师角度来说，这种教学方式是面对知识经济和信息时代的挑战，强化学生创新能力培养所应做出的必然抉择。

参考文献

一 专著与教材

1. 《资本论》(第1卷),人民出版社2004年版。
2. 《马克思恩格斯全集》(第13卷),人民出版社1962年版。
3. [美]丹尼斯·卡尔顿、杰弗里·佩罗夫:《现代产业组织》,黄亚钧等译,上海三联书店1998年版。
4. [英]亚当·斯密:《国民财富的性质与原因的研究》,麦休因出版公司1904年版。
5. [英]大卫·李嘉图:《政治经济学及赋税原理》,G.伦敦:贝尔父子公司1911年版。
6. [美]克拉克森,米勒:《产业组织:理论、证据和公共政策》,杨龙、罗靖译,上海三联书店1989年版。
7. [英]约翰·S.穆勒:《政治经济学原理》,伦敦:Longmans, Green, and Co., 1909年。
8. [美]施蒂格勒:《产业组织与政府管制》,潘振民译,上海三联书店1989年版。
9. [美]大卫·科兹:《马克思主义政治经济学的历史及未来展望》,《学术月刊》2011年第7期。
10. [日]植草益:《产业组织理论》,卢东斌译,中国人民大学出版社1988年版。
11. [美]艾默生:《教育理想发展史》,郑梦驯译,商务印书馆1932年版。
12. 陈友松:《教育学》,湖北人民出版社1987年版。
13. 陈征:《政治经济学》(第4版),高等教育出版社2008年版。
14. 程恩富、冯金华、马艳:《现代政治经济学新编》(第三版),上海财经大学出版社2008年版。

15. 程恩富、马艳：《高级现代政治经济学》，上海财经大学出版社 2012 年版。
16. 程恩富、周光召、徐惠平：《政治经济学》（第四版），高等教育出版社 2013 年版。
17. 程恩富：《政治经济学》（第四版），高等教育出版社 2013 年版。
18. 程恩富：《政治经济学》（第一版），高等教育出版社 2000 年版。
19. 迟福林：《走入 21 世纪的中国基础领域改革》，中国经济出版社 2000 年版。
20. 高鸿业：《西方经济学》，中国人民大学出版社 2000 年版。
21. 谷书堂：《政治经济学：社会主义部分》（第一版），陕西人民出版社 1979 年版。
22. 蒋家俊、吴宣恭：《政治经济学：社会主义》（第一版），四川人民出版社 1979 年版。
23. 蒋学模、张晖明：《高级政治经济学——社会主义总论》，复旦大学出版社 2001 年版。
24. 蒋学模：《政治经济学教材》（第十三版），上海人民出版社 2011 年版。
25. 蒋学模：《政治经济学教材》（第一版），上海人民出版社 1980 年版。
26. 刘永佶：《经济中国》（第 1 辑），中央民族大学出版社 2006 年版。
27. 刘永佶：《政治经济学大纲》，中国经济出版社 2007 年版。
28. 刘永佶：《政治经济学方法史大纲》，河北教育出版社 2006 年版。
29. 刘永佶：《中国经济矛盾论——中国政治经济学大纲》，中国经济出版社 2004 年版。
30. 刘永佶：《中国政治经济学——主体主义主张主题》，中国经济出版社 2010 年版。
31. 刘雍潜、齐媛、李文昊：《学与教的理论与方式》，北京大学出版社 2011 年版。
32. 马建堂，《结构与行为——中国产业组织研究》，中国人民大学出版社 1991 年版。
33. 潘懋元：《高等学校教学改革的理论研究》，福建教育出版社 1995 年版。
34. 苏东水：《产业经济学》（第 3 版），高等教育出版社 2010 年版。

35. 汪丁丁：《经济学思想史讲义》（第 2 版），上海世纪出版集团 2012 年版。
36. 汪丁丁：《新政治经济学讲义：在中国思索正义、效率与公共选择》，上海人民出版社 2013 年版。
37. 汪丁丁：《新政治经济学评论》（第 26 卷），上海人民出版社 2014 年版。
38. 汪丁丁：《行为经济学讲义：演化论的视角》，上海人民出版社 2011 年版。
39. 王慧炯、陈晓洪：《产业组织及有效竞争——中国产业组织的初步研究》，中国经济出版社 1990 年版。
40. 王慧炯、李泊溪：《中国部门产业政策研究》，中国财政经济出版社 1989 年版。
41. 王慎之：《中观经济学》，上海人民出版社 1988 年版。
42. 王坦：《合作学习导论》，教育科学出版社 1994 年版。
43. 卫志民：《20 世纪产业组织理论的演进与最新前沿》，《国外社会科学》2002 年第 5 期。
44. 魏农建、谷永芬：《产业经济学》，上海大学出版社 2008 年版。
45. 魏埙：《政治经济学：资本主义部分》（第一版），陕西人民出版社 1986 年版。
46. 夏大慰：《产业经济学》，复旦大学出版社 1994 年版。
47. 许涤新：《政治经济学词典》，人民出版社 1981 年版。
48. 杨沐：《产业政策研究》，上海三联书店 1989 年版。
49. 杨治：《产业经济学导论》，中国人民大学出版社 1985 年版。
50. 姚开建：《经济学说史》，中国人民大学出版社 2005 年版。
51. 尹伯成：《西方经济学说史》，复旦大学出版社 2005 年版。
52. 袁伦渠：《劳动经济学》（第二版），东北财经大学出版社 2007 年版。
53. 张宇、孟捷、卢荻：《高级政治经济学》（第二版），中国人民大学出版社 2006 年版。
54. 周三多：《管理学——原理与方法》，复旦大学出版社 1993 年版。
55. 周三多：《孙子兵法与经营战略》，复旦大学出版社 1995 年版。
56. 周淑莲：《产业政策问题探索》，经济管理出版社 1987 年版。
57. 钟晓敏：《高等财经教育教学方法与手段改革的理论与实践》，浙江大学出版社 2008 年版。

58. 《壬寅新民丛报全编、军国民篇》，第 13 卷。
59. 《绍介批评、各科教授法精文》，《教育杂志》，商务印书馆 1909 年 05 月 14 日，首卷第 4 期。
60. 赵纯均、雷暇、杨斌：《中国管理教育报告》，清华大学出版社 2003 年版。
61. 陈时见、冉源懋编：《参与式教学》，高等教育出版社 2012 年版。
62. 逄锦聚、刘灿、白永秀、何自力：《新中国经济学教育 60 年——回顾与展望》，高等教育出版社 2010 年版。
63. 戚聿东：《中国产业经济学 30 年：回顾与展望》，《改革开放与理论创新——第二届北京中青年社科理论人才"百人工程"学者论坛文集》，2008 年。
64. 圣才考研网：《宋涛〈政治经济学教程〉笔记和课后习题详解》，中国石化出版社 2012 年版。
65. 施正一：《科学的理论思维方法》，民族出版社 2004 年版。
66. 束炳如、倪汉彬：《启发式综合教学理论与实践》，教育科学出版社 1996 年版。
67. 宋涛：《政治经济学教程》（第八版），中国人民大学出版社 2008 年版。
68. 宋涛：《政治经济学教程》（第九版），中国人民大学出版社 2013 年版。
69. 宋涛：《政治经济学教程》（第一版），中国人民大学出版社 1982 年版。
70. 苏联科学院经济研究所：《政治经济学教科书》，人民出版社 1955 年版。
71. 王天义、王睿：《〈资本论〉学习纲要》，中国经济出版社 2013 年版。
72. 钟水映、简新华：《人口资源与环境经济学》，科学出版社 2011 年版。
73. 何爱平：《新中国 60 年马克思主义政治经济学教育的回顾与展望》，逄锦聚、刘灿、白永秀等：《新中国经济学教育 60 年——回顾与展望》，高等教育出版社 2010 年版。
74. 靳辉明：《〈马克思主义研究 50 年〉，载中国社会科学院科研局编《中国社会科学五十年》，中国社会科学出版社 2000 年版。

75. 孔德拉秋克：《教学论》，人民教育出版社 1984 年版。
76. 逄锦聚、洪银兴、林岗等：《政治经济学》（第四版），高等教育出版社 2009 年版。
77. 韦明、胡国柳、陈立生：《教育教学理论与方法探索》，西南财经大学出版社 2009 年版。
78. 卫兴华、顾学荣：《政治经济学原理》，经济科学出版社 2004 年版。
79. 吴树青、卫兴华：《政治经济学：资本主义部分》（第一版），中国经济出版社 1993 年版。
80. 张丽华、余凯成：《管理案例教学法》，大连理工大学出版社 2000 年版。
81. 张维达、谢地、宁冬林：《政治经济学》（第 3 版），高等教育出版社 2008 年版。

二 教学研究论文

82. "马克思主义政治经济学原理"教学基本要求，《教学与研究》1998 年第 8 期。
83. E. 赫克歇尔：《对外贸易对收入分配的影响》，见《国际贸易理论文集》，纽约：美国经济学会编印，1949 年。
84. P. 波斯纳：《国际贸易与技术变化》，牛津经济文献，1961（13）。
85. R. 弗农：《产品生命周期中的国际投资与国际贸易》，《经济学季刊》1966（80）。
86. W. W. 里昂惕夫：《国内生产与对外贸易：美国资本地位再考察》，《美国哲学学会会刊》1953（97）：334。
87. WU Ping. Five years of bilingual Teaching Research ［J］. China University Teaching，2007（1）：37 – 44.
88. 安万明：《〈管理学〉实训方法初探》，《康定民族师范高等专科学校学报》2008 年第 3 期。
89. 陈道源：《研究新情况　充实新内容——全国高等学校哲学、政治经济学教学大纲修订会议记实》，《高教战线》1983 年第 3 期。
90. 陈华：《参与式教学法的原理、形式与应用》，《中山大学学报论丛》2001 年第 6 期。
91. 陈克勇、张岩秋：《走出教条主义误区，赋予"政治经济学"教学活的灵魂》，《齐齐哈尔师范学院学报》1995 年第 1 期。

92. 陈时见、朱利霞：《现代教学方法发展的背景与趋势》，《基础教育研究》2001 年第 6 期。

93. 陈孝强：《周三多教授管理思想与实践》，南京大学商学院，http：//nubs. nju. edu. cn/news. php/E21。

94. 陈兴建：《高校西方经济学教材建设的思考与探索》，贵州师范大学，2009 年。

95. 陈亚芹：《浅析高校国际经济学教学模式改革》，《科教纵横》2011 年第 8 期。

96. 程赐胜：《国内外教学方法比较研究引发的思考》，《交通高教研究》2002 年第 3 期。

97. 程恩富、胡乐明：《中国马克思主义理论研究 60 年》，《马克思主义研究》2010 年第 1 期。

98. 丛树海：《论我国财政学理论体系的创立和发展》，《财经问题研究》1998 年第 2 期。

99. 崔亚飞：《财政学教材、教法与社会需求的"三位一体"模式探讨》，《淮北职业技术学院学报》2010 年第 6 期。

100. 戴青兰：《我国高校政治经济学教学的尴尬困境与对策思考》，《黑龙江教育》2011 年第 7 期。

101. 丁学东：《传统的教学模式告诉我们什么》，《语文教学通讯》2005 年第 2 期。

102. 丁证霖：《中国近代改革教学方法的历史与经验》，《教育评论》1986 年第 1 期。

103. 董艳华、荣朝和：《产业组织理论的主要流派与近期进展》，《北方交通大学学报（社会科学版）》2003 年第 12 期。

104. 杜伟：《试析电大市场营销学案例教学水平的提升对策》，《湖北广播电视大学学报》2010 年第 5 期。

105. 段若非：《抽象力·抽象思维过程及其它——关于政治经济学方法论的几个问题》，《晋阳学刊》1981 年第 2 期。

106. 冯琦：《〈经济学说史〉教学改革刍议》，《江苏教育学院学报》（社会科学版）2009 年第 5 期。

107. 付江：《关于对外汉语教学网络课程系统结构设计的思考》，《文教资料》2011 年第 25 期。

108. 甘小军、王翚：《当前高校西方经济学教学中存在的问题及其解决方案》，《高等教育》2013 年第 2 期。
109. 耿娜：《案例教学法在管理学教学中的应用》，《致富时代》2010 年第 9 期。
110. 顾海良、顾钰民：《关于"马克思主义政治经济学原理"教学基本要求修订的几点说明》，《思想政治教育导刊》2003 年第 4 期。
111. 郭爱民：《略论亚里士多德的经济思想》，《学术交流》2006 年第 6 期。
112. 何爱平、任保平：《新中国 60 年政治经济学教学与研究的特征总结与展望》，《经济纵横》2010 年第 2 期。
113. 何天祥：《西方经济学教学中存在的主要问题及其对策研究》，《长沙铁道学院学报》（社科版）2003 年第 3 期。
114. 何志毅、孙梦：《中国工商管理案例教学现状研究》，《南开管理评论》2005 年第 1 期。
115. 洪巧红：《高等学校教师教学方法创新研究》，华中科技大学，2008 年。
116. 侯茂章、朱玉林：《产业经济学课程教学效果影响因素分析》，《当代教育论坛》2013 年第 3 期。
117. 霍益萍：《我们对"研究性学习的理解"》，《教育发展研究》2000 年第 11 期。
118. 贾雄：《高校教学方法改革的几点思考》，《广西高教研究》1998 年第 3 期。
119. 姜鑫：《当前西方经济学教学中出现的新问题及改革措施》，《长春师范学院学报》（社科版）2010 年第 5 期。
120. 蒋满元、唐玉斌：《西方经济学教学过程中存在的主要问题及其化解对策探讨》，《铜陵学院学报》2008 年第 6 期。
121. 蒋学模、吴树青、辛守良等：《〈政治经济学教学大纲〉（修订稿）的若干说明》，《高教战线》1983 年第 5 期。
122. 蒋智华：《"西方经济学说史"课程建设探讨》，《经济研究导刊》2010 年第 22 期。
123. 李丹、吴祖宏：《产业组织理论渊源、主要流派及新发展》，《河北经贸大学学报》2005 年第 5 期。

124. 李冬梅：《财经类院校〈财政学〉课程教学改革研究》，《石家庄经济学院学报》2012 年第 4 期。

125. 李芳：《对立与融合：传统教学方法与现代教学方法》，《华南师范大学学报》（社会科学版）2003 年第 6 期。

126. 李刚：《西方经济学教学中存在的问题及改进措施》，《教育与现代化》2009 年第 3 期。

127. 李红霞：《西方经济学教学中存在的问题及其原因、解决对策》，《广西大学梧州分校学报》2005 年第 1 期。

128. 李琼：《民族地区国际经济学教改研究》，《职业教育》2013 年第 6 期。

129. 李相合：《顺应时代要求，更新政治经济学教学内容与方法》，《内蒙古师范大学学报（哲学社会科学版）》1994 年第 3 期。

130. 李秀梅：《财政学专业人才培养面临的机遇和挑战》，《内蒙古财经学院学报（综合版）》2009 年第 5 期。

131. 李永刚：《基于进化博弈分析的跨国国际战略联盟构建研究》，天津大学，2006 年。

132. 李召存：《研究性学习初探》，《中国教育学刊》2001 年第 2 期。

133. 林祖华：《〈经济学说史〉课程教学改革亟待加强》，《边疆经济与文化》2005 年第 11 期。

134. 刘红霞：《〈劳动经济学〉课程参与式教学模式探索》，《合作经济与科技》2012 年第 7 期。

135. 刘建准、齐庆祝、熊德勇等：《基于 Web2.0 思想的工商管理类课程资源库建设与网络教学平台设计研究》，《廊坊师范学院学报》（自然科学版）2011 年第 1 期。

136. 刘丽萍：《从馒头与汉堡包引发的思考》，《都市家教（上半月）》2013 年第 5 期。

137. 刘瑞玲：《互动式教学法在大学英语教学中的作用》，《边疆经济与文化》2010 年第 6 期。

138. 刘涛：《人口、资源与环境经济学课程教学方法探析》，《北方经济》2012 年第 20 期。

139. 卢现祥：《新制度经济学有争议的四大问题》，《湖北经济学院学报》2006 年第 6 期。

140. 陆爱勤：《政治经济学课程的教学探究——兼论提高学生的认同感和接受度》，《上海师范大学学报（哲学社会科学·教育版）》2001年第10期。

141. 陆丽芳：《政治经济学教学中应该处理好的几对关系》，《南京医科大学学报》2001年第4期。

142. 陆晓燕：《关于统计学教学改革若干问题的探讨》，《教育教学论坛》2013年第5期。

143. 娜仁：《自制产业经济学模拟实验软件》，《科技信息》2007年第27期。

144. 倪学志：《从加强方法论教学角度来理解和讲授马克思政治经济学——以"前提假设运用"为例》，《内蒙古财经学院学报》2012年第2期。

145. 聂云霞、郑炎、牟华：《启发式教学在传统课堂教学中的运用和研究》，《科技信息》2013年第15期。

146. 牛丽贤、张寿庭：《产业组织理论研究综述》，《技术经济与管理研究》2010年第6期。

147. 牛亮云、李同彬：《西方经济学教学中存在的问题及改革方向》，《安阳师范学院学报》2010年第6期。

148. 亓文恭：《正确分析政治经济学教科书内容体系的现状，探寻适宜的教学方案》，《中国人民公安大学学报》1989年第5期。

149. 钱炳：《〈产业经济学〉中、外课程教学的比较研究》，《学理论》2014年第24期。

150. 秦军、王爱芳：《我国高校创新型人才培养模式研究》，《教学与研究》2009年第4期。

151. 任奋兰：《一位研究型化学教师的成长路程及其启示——清华附中特级化学教师闫梦醒的个案研究》，首都师范大学，2006年。

152. 任佳、汪俊：《高职物流案例与实践课程教学的探讨》，《科技信息》2010年第16期。

153. 申倩：《经济学方法论在高校产业经济学教学中的应用》，《教育教学论坛》2014年第14期。

154. 施正一：《由具体到抽象再由抽象到具体是理论思维的科学方法——读马克思的〈《政治经济学批判》导言〉第三节"政治经济学的方

法"》,《中央财政金融学院学报》1983 年第 3 期。

155. 史锦梅:《〈经济学说史〉课程教学改革探索》,《经济研究导刊》2011 年第 33 期。

156. 舒喆醒、宋加升、王悦:《管理学案例教学中存在的问题及对策》,《中国新技术新产品》2010 年第 6 期。

157. 宋胜洲:《理解西方新政治经济学》,《经济评论》2005 年第 5 期。

158. 宋涛:《在社会主义政治经济学的教学中怎样联系党在过渡时期的总路线（初稿）》,《教学与研究》1954 年第 8 期。

159. 宋晓青:《高职院校〈统计学〉课程教学改革之我见》,《商情》2012 年第 1 期。

160. 苏文平:《参与式教学法在本科教学中的实践创新》,《北京航空航天大学学报（社会科学版）》2009 年第 3 期。

161. 苏毅之:《把政治经济学的资本主义部分和社会主义部分合并起来教学》,《桂海论丛》1986 年第 3 期。

162. 苏勇、刘国华:《中国管理学发展进程：1978～2008》,《经济管理》2009 年第 1 期。

163. 孙小东、祝慧:《全国高校政治经济学教学改革研讨会纪要》,《教学与研究》1999 年第 3 期。

164. 谭玉成:《基于"管理学"课程的教育教学研究》,《兰州教育学院学报》2013 年第 9 期。

165. 唐礼智:《区域经济学教学模式的改革与创新》,《鸡西大学学报》2009 年第 2 期。

166. 唐胜辉、瞿艳平:《浅析市场营销课程案例教学法》,《当代教育论坛》2009 年第 2 期。

167. 唐志:《独立学院经管类专业〈统计学〉课程教学模式改革探讨》,《教育教学论坛》2012 年第 8 期。

168. 唐志:《统计学课程研究性教学的理论和实践》,《陕西教育》2012 年第 5 期。

169. 田芳、李乐群:《经济与管理类课堂运用多媒体教学的基本原则》,《湖南大众传媒职业技术学院学报》2005 年第 3 期。

170. 王宝娥等:《多媒体教学与传统教学方式的有机结合——环境经济学教学的体会》,《世纪桥》2008 年第 12 期。

171. 王晨光：《浅谈如何搞好政治经济学的合并教学》，《齐齐哈尔师范学院学报》1989年第6期。
172. 王峰：《〈国际经济学〉课程双语教学互动模式探析》，《广东外语外贸大学学报》2010年第4期。
173. 王健：《高校教学方法与教学内容的不断创新》，《南京晓庄学院学报》2005年第2期。
174. 王娟涓、朱宇：《中美国际经济与贸易专业本科课程之比较》，《四川教育学院学报》2004年第3期。
175. 王淑英、曹广秀：《传统教学模式与多媒体教学模式的优化与整合》，《商丘师范学院学报》2007年第9期。
176. 王坦、高艳：《现代教学方法改革走势》，《教育研究》1996年第8期。
177. 王文海：《现代教学的"十大教学法（一）"》，《中国电子教育》2005年第2期。
178. 王锡宏：《试论传统教学方法的改革》，《高教探索》1987年第3期。
179. 王艳荣：《基于人才培养的产业经济学教学方法设计》，《当代教育理论与实践》2013年第4期。
180. 吴筠：《马克思经典40年后为解读金融危机提供新视角》，《文汇报》2008年11月4日。
181. 谢双玉、许英杰：《人口资源与环境经济学教材比较研究》，《中国人口资源环境》2008年第2期。
182. 徐晓放、夏春德：《论开放式教学模式的基本框架》，《继续教育研究》，2011年第11期。
183. 许康、高开颜：《百年前中国最早的〈财政学〉及其引进者——湖南政法学堂主持人胡子清》，《财经理论与实践》2005年第6期。
184. 颜泳红、李元初、周雪元：《基于信息化背景下的统计教学模式探析》，《湖南农业大学学报》（社会科学版）2008年第6期。
185. 杨帆：《构建〈财政学〉案例教学体系的建议》，《科技经济市场》2007年第11期。
186. 杨林：《论经济学课程的"研究性学习"模式——以财政学为例》，《湖南第一师范学报》2009年第4期。
187. 杨瑞龙、张宇：《政治经济学评论发刊词》，《政治经济学评论》

2010 年第 1 期。

188. 杨蕴丽：《表象—抽象—具体：对马克思科学理论思维方法的突破性研究》，《集宁师专学报》2006 年第 2 期。

189. 姚春玲：《区域经济学案例教学中应注意的几个问题》，《内蒙古财经学院学报》2010 年第 3 期。

190. 姚迪生：《政治经济学基本概念教学十法》，《成人教育》1989 年第 6 期。

191. 叶琳、刘文霞：《国外分层教学历史发展概况》，《教学与管理》2008 年第 1 期。

192. 易磊、程志宇、曹宏亮：《〈管理学原理〉实践教学改革与实施刍议》，《牡丹江教育学院学报》2012 年第 4 期。

193. 余东华：《新产业组织理论及其新发展》，《中央财经大学学报》2004 年第 2 期。

194. 原野：《图表在政治经济学教学中的作用》，《教学与管理》1987 年第 1 期。

195. 袁伦渠、林原：《劳动经济学的形成与发展》，《中国流通经济》2011 年第 6 期。

196. 袁艳：《教师选用教学方法现状研究》，华南师范大学，2002 年。

197. 袁媛：《转轨时期我国产业组织的目标模式及其实现》，郑州大学，2004 年。

198. 卫兴华、谷书堂：《政治经济学：社会主义部分》（第一版），中国经济出版社 1993 年版。

199. 张炳根：《试行政治经济学合并体系教学的一点体会》，《桂海论丛》1987 年第 4 期。

200. 张翠玉：《谈〈政治经济学〉教学的条理性》，《黑龙江财专学报》1990 年第 3 期。

201. 张桂文：《政治经济学创新应从高校教学改革入手》，《经济纵横》2011 年第 5 期。

202. 张洁：《关于政治经济学教学模式改革的探索与思考》，《文科资料》2012 年第 5 期。

203. 张君玉：《浅谈案例教学法在政治经济学课堂教学中的运用》，《海南广播电视大学学报》2002 年第 2 期。

204. 张彤彤：《浅议教学博客在产业经济学教学中的作用》，《黑龙江经贸》2011 年第 1 期。
205. 张伟丽：《运用主题讨论法创新高校人文地理学教学》，《当代经济》2011 年第 7 期。
206. 张肇丰：《试论研究性学习》，《课程·教材·教法》2000 年第 6 期。
207. 张忠：《我国管理学案例教学存在的问题及对策》，《前沿》2006 年第 12 期。
208. 赵红：《浅析产业经济学在高校中发展前景》，《科技向导》2013 年第 9 期。
209. 郑凌燕：《案例教学法在高校教学中的应用初探——以西方经济学教学为例》，《宁波教育学院学报》2008 年第 2 期。
210. 郑展鹏：《案例教学法在〈国际贸易〉教学中的应用研究》，《北方经贸》2011 年第 5 期。
211. 《政治经济学教研室上学年教学基本情况（摘要）》，《教学与研究》1954 年第 8 期。
212. 智瑞芝：《确立教改目标，探索改革方向——以高校经济学说史教学改革为例》，《教育探索》2011 年第 1 期。
213. 中南财经大学政治经济学教研室：《高等财经院校政治经济学社会主义部分教学大纲》，《中南财经大学学报》1986 年第 3 期。
214. 周辉：《传统课堂教学与网络教学的比较研究》，《技术监督教育学刊》2005 年第 2 期。
215. 朱巧玲：《新中国 60 年政治经济学教材体系的演变》，《社会科学战线》2010 年第 6 期。
216. 踪家峰：《中国区域经济学教学的现状、问题与改革方向》，《经济研究导刊》2008 年第 5 期。
217. 邹小平：《国外产业组织理论的流派及最新动态》，《外国经济与管理》1990 年第 10 期。
218. 洪永淼：《计量经济学的地位、作用和局限》，《经济研究》2007 年第 5 期。
219. 雷强：《多媒体教学中不容忽视的几个问题》，《云南教育》2004 年第 13 期。
220. 李瑾瑜：《现代教学方法发展的趋势与特点》，《中国教育学刊》

1990 年第 2 期。

221. 刘甲朋：《新制度经济学教学方法存在的问题及其对策》，《网络财富》2010 年第 1 期。

222. 刘金刚：《正视传统，放眼未来——浅析传统教学模式的利弊及影响》，《职业技术教育》2012 年第 1 期。

223. 刘涛：《人口资源与环境经济学课程教学方法探析》，《北方经济》2012 年第 2 期。

224. 芦蕊：《经济学专业〈经济学说史〉课程教学方法改革探析》，《高教高职研究》2011 年版。

225. 罗纪宁：《论中国管理学理论的基本问题与研究方向》，《经济研究导刊》2005 年第 1 期。

226. 孟品超、汤新昌：《构建自主式教学模式浅析》，《长春理工大学学报（社会科学版）》2011 年第 4 期。

227. 师振华：《谈统计学课程的发展》，《山西经济管理干部学院学报》2004 年第 3 期。

后 记

1200多年以前，韩愈说，"师者，所以传道、授业、解惑也"。此"道"，乃自然界运行之规律、社会发展之趋势以及人们处理相互关系的基本准则。"传道"，旨在使学生具备相应的世界观、人生观和价值观，最终提升其认识能力。"授业"，是传授学业与生存技能，拓展实践技能。"惑"，是指困顿，迷惑。当人们面临未知事物时，有可能不了解其运行规律、不知道如何加以利用，便产生"惑"。教师的职责之一是在学生探索新事物时为其指点迷津，指引其运用已有知识、技能发现未知，并形成创新能力。认识能力、操作能力和创新能力也是"互联网+"时代所必需的能力。全方位的能力提升，要求教师反思传统教学，统筹课程设计，优化"授业、解惑"方法。

在此背景之下，借内蒙古自治区品牌专业和重点专业建设之机，经济系策划了本书。撰写"经济学专业课教学方法改革与探索"的提议得到经济学院所有领导和任课教师的支持。主要任课教师认真查找资料，梳理课程发展历程，反思传统教学方法，并改革创新。本书是集体劳动的结晶。

本书的创意和统筹得益于经济学院乌日陶克套胡院长的智慧，大纲拟定由杨蕴丽教授完成。各章写作分工情况是：乌日陶克套胡撰写序言；杨蕴丽撰写导论、第一章、第十三章和后记；刘涛撰写第十二章和第十五章；齐义军、王传美撰写第二章；曹霞、白杨撰写第三章；张润芝撰写第四章；姜楠撰写第五章；张昆撰写第六章；王传美、麦拉苏撰写第七章；付迪撰写第八章；贾曼莉撰写第九章；岳富贵撰写第十章；包秀琴撰写第十一章；达古拉撰写第十四章；张蕾撰写第十六章。书稿修改和文字校对由杨蕴丽和刘涛完成。

本书在编写过程中，得到内蒙古师范大学教务处王来喜处长、徐宝芳书记，教科院王凤雷教授，法政学院贺瑞副院长、陈江教授等专家的指点。在此，对各位专家的宝贵建议表示衷心感谢。

作为参与式教学的重要实践内容，本书的文字校对还得到学生的大力支持。2014级政治经济学专业研究生、2014级区域经济学专业研究生、2012级经济汉班本科生、2014级经汉班本科生都为本书付出了辛勤劳动。中国社会科学出版社戴玉龙编辑为本书的出版付出了大量劳动，在此表示衷心感谢。如果本书在经济学主干课教学法改革思路上做了一点探索，那么功劳是大家的。

在写作过程中，课题组参考了学术界已有的研究成果，相关部分已用脚注和参考文献标明，在此对原创作者曾经付出的艰辛探索表示由衷的敬意。

由于水平有限，书中疏漏之处，恳请专家和读者指正。

编写组
2015 年 8 月